高端制造业集聚

——基于新经济地理学视角

彭春丽◎著

RESEARCH OF
HIGH-END
MANUFACTURING
INDUSTRIL
AGGLOMERATION ON
NEW ECONOMIC
GEOGRAPHY
PERSPECTIVE

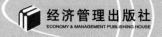

经济管理出版社
ECONOMY & MANAGEMENT PUBLISHING HOUSE

图书在版编目（CIP）数据

高端制造业集聚：基于新经济地理学视角／彭春丽著. —北京：经济管理出版社，2023.6
ISBN 978-7-5096-9296-7

Ⅰ. ①高… Ⅱ. ①彭… Ⅲ. ①国防科技工业—产业集群—研究—中国 Ⅳ. ①F426.48

中国国家版本馆 CIP 数据核字（2023）第 180602 号

组稿编辑：王光艳
责任编辑：王光艳
责任印制：黄章平
责任校对：徐业霞

出版发行：经济管理出版社
　　　　　（北京市海淀区北蜂窝 8 号中雅大厦 A 座 11 层　100038）
网　　　址：www.E-mp.com.cn
电　　　话：（010）51915602
印　　　刷：北京市海淀区唐家岭福利印刷厂
经　　　销：新华书店
开　　　本：720mm×1000mm /16
印　　　张：16.5
字　　　数：306 千字
版　　　次：2023 年 9 月第 1 版 2023 年 9 月第 1 次印刷
书　　　号：ISBN 978-7-5096-9296-7
定　　　价：88.00 元

前 言
PREFACE

　　美国历史学家杰里·布罗顿指出，我们永远无法脱离地图去理解世界，也无法绘制出完全反映现实的地图。在随处可见的地图里，包含了人类对未来世界探索的绝大部分数据：山川地理、星云气象是自然数据，人口数量、交通道路、生活设施等是社会数据，国家边界、区域边界是政治数据，我们还可以往这张地图上添加更多数据，如民族、经济、产业、文化、艺术等，几乎我们能想到的数据都可以叠加，以帮助我们更清晰、更直观地理解现实世界。本书所探讨的问题就是基于这种逻辑，希望能把国家战略与区域发展通过科学处理，在原地图上增加相关信息，为决策者、对本问题感兴趣的研究人员、相关从业者提供一个新视角、新思路，此为本书源起。

　　建设中国特色社会主义现代化国家，高端制造业是现代化国家的重要支撑，其发展自然是国家战略和区域发展的重中之重，因此，新形势下如何整合国家资源，重塑高端制造业体系、优化国家高端制造业布局是首要问题。目前，我国已经进入相关联产业和企业需要抱团发展的新阶段，产业集聚已成为有效提升企业创新效率、提高产业竞争力的重要方式，世界经济地图正在被产业集聚改写。我国有较长的产业集聚发展历史，以珠三角、长三角轻工业区、东三省重工业集聚区为主的产业地图在逐渐发生变化，我国的高端制造业地图势必在未来发生巨大的变化。那么，新的使命召唤将会如何改写高端制造业布局？回答这个问题，首先必须弄清楚驱动高端制造业集聚的内在机制是什么，此亦为本书探讨的主要问题。

　　笔者曾经试图从产业经济学、国际贸易学、政治学等相关学科的现有理论中寻求答案，但无一例外地都不满意：产业集聚往往被当成前提或者已经存在的"黑箱"，空间因素常常被忽视，而地缘政治学对经济的考察又流于表面。在疑问和不满的牵引下，由2008年度诺贝尔经济学奖获得者克鲁格曼创立的新经济地理学闯入了笔者的视野。新经济地理学把空间因素嵌入主流经济学，采用数理建模和计算机模拟的方法，对产业空间均衡分布做出了令人信服的解释。更让笔者激动的是，现有研究表明，新经济地理学理论对发展中国家的解释力远远大于发达国家。至此，研究思路瞬间清晰明朗，经过慎重的可行性分析，笔者选定了新经济地理学作为探讨本书问题的主要研究方法。

然而，笔者以为一路坦途的新经济地理学研究思路，从一开始就遇到了难题：高端制造业属于国家战略性产业，带有浓厚的行政强制性，这与尊崇自由市场经济的新经济地理学有很大的不同，如何既利用新经济地理学现有的理论成果，又作出贴合中国实际、真正有用的研究？为此，笔者找到相关部门、企业家、学界前辈进行了广泛探讨，经过反复推导，构建了一个"空间—技术—区域政策"的研究框架，尝试打通高端制造业从微观到宏观的桥梁；并基于该框架，分别从空间、技术、区域政策三个方面对高端制造业的内在机制进行了考察；最后分别对微观层面的企业选址与迁移决策、中观层面的省级高端制造业动态分布、宏观层面的国家出口竞争力进行了实证检验，结果还算差强人意。

在写作过程中，笔者秉持求真务实和客观公正的态度，对每个数据都尽量找到原始出处，部分文献直接找作者索取，尽量忠于现实、忠于历史，生怕因笔者个人疏忽犯下不可弥补的大错。毕竟作品一旦问世，就将经受世间的反复拷问，唯有谨慎再谨慎。然而，受学识及不可避免的个人因素的限制，书中观点或引用数据可能存在纰漏，欢迎广大同仁批评指正，笔者将万分感激。

随着我国国家战略的深入推进、技术受到的封锁和出口被限制，笔者愈发觉得，高端制造业集聚是整合国家优势资源力量、提高自主创新能力、实现经济高质量发展和国家现代化发展的必经之路。如本书能为相关人士提供一些参考，笔者将欣喜万分。

彭春丽

2023 年 3 月于北京

目 录
CONTENTS

CHAPTER
第三章

空间维度的高端制造业集聚 ················· 052

CHAPTER
第四章

技术维度的高端制造业集聚 ……………………………… **082**

CHAPTER
第七章

高端制造业集聚的国际比较 ⋯⋯⋯⋯⋯⋯ **181**

CHAPTER
第八章

推动我国高端制造业集聚的对策建议 ·················· **219**

|第一章|
问题源起

　　制造业是国家经济命脉所系，高端制造业是实现经济高质量发展、推动产业链升级、维系国防安全的重中之重。当前，我国正处于百年未有之大变局中，新一轮科技革命、产业革命加速推进，国防和军队现代化建设步伐加快，党中央多次强调，要促进国防实力与经济实力同步提升，强调要"充分发挥集中力量办大事的制度优势和超大规模的市场优势，打好产业基础高级化、产业链现代化的攻坚战"[①]。在技术牵引、需求倒逼、政策引领等多重因素的作用下，我国高端制造业的内涵和发展模式正在发生重大变化，正在从军用高端制造业和民用高端制造业两个分立体系向一体化的国家高端制造业体系转型，而国家高端制造业集聚正在成为这种转型变化过程中呈现的典型特征，推动高端制造业布局发生了广泛而深刻的变化。作为本书开篇，本章旨在阐明选择国家高端制造业集聚作为研究对象的背景及意义，并简要介绍本书的研究思路、研究方法、创新之处及主要内容，以便读者能根据需要自行选择阅读方式。

第一节　研究背景及研究意义

　　习近平总书记多次强调，高端制造是经济高质量发展的重要支撑，要强化企业创新主体地位，打造有国际竞争力的先进制造业集群。近年来，为适应经济高质量发展和装备现代化建设要求、促进科技实力与经济实力同步提升，国家大力推动政策制度改革、构建统一大市场，消除制约国家高端制造业要素流动的障碍壁垒，作为国家战略性新兴产业和区域经济发展支柱产业的国家高端

---

　　① 习近平主持召开中央财经委员会第五次会议强调推动形成优势互补高质量发展的区域经济布局，发挥优势提升产业基础能力和产业链水平[N]. 人民日报, 2019-08-27(01).

制造业得到了快速发展：2012~2021年，我国制造业增加值由16.98万亿元增长到31.4万亿元；制造业增加值已经连续12年位列全球首位。我国工业拥有41个大类、207个中类、666个小类，是全世界唯一拥有联合国产业分类中所列全部工业门类的国家，有220多种工业产品产量居世界第一位①。然而，我国仍然存在国家高端制造业集群区域发展不平衡、区域政策同质化、集聚效应不显著等一系列问题。

一、研究背景

(一)区域高端制造业集聚化发展不平衡

传统高端制造业的地理集中，主要表现为同一集团或大型国有企业下属研究院所、下属企业、工厂的地理集中，少数区域内高端装备制造企业间已经形成了较为密切的关联，企业间互相配套、协作创新关系明显，但绝大多数高端制造业基地虽然企业数量众多，但企业间只是地理空间上的集中，并没有形成有机的互动关系，信息流动并没有随着地理集中而加强。同时，高端制造业发展的区域差距正在加速变化，这种区域差异的变化直接体现为企业纷纷在异地选址设厂和高技术人才的流动。与产业分布密切相关的高技术人才则仍然主要向北京、上海、广州、深圳等一线城市流动，而东北地区、中西部地区面临的人才流失现象仍然很严重，高技术人才总量偏少。这些变化无疑都将对区域高端制造业集聚化发展以及区域间差距带来重大影响。

尽管高端制造业的空间非均衡分布和发展已经成为常见的经济景观，却很少有研究对此进行区域间横向考察，绝大部分研究仅从区域本身出发进行解释：一是要素禀赋优势，主要是科技资源基础、地理区位优势；二是政策制度作用，主要是政府激励、制度环境；三是市场因素，包括交易成本、集群内企业关联；四是技术因素，包括两用技术转化、协同创新网络。现有文献很少关注区域间高端制造业集聚化发展的差异化表现，且研究成果无法完全解释这种差异化形成的原因。

---

① 王政. 制造业正从中国制造向中国创造迈进[N]. 人民日报, 2022-03-21(7).

(二)区域高端制造业集聚化发展政策同质化严重

党的十八大以来，各级政府都高度重视高端制造业集聚化发展，并出台了多项产业政策以推动高端制造业集聚化发展。随着高端制造业集聚化发展的区域产业政策陆续出台，各区域产业政策在发展目标、优先发展领域和发展方式等方面都存在着较大的相似之处：在集聚化发展目标上，绝大多数省市提出要提高高端制造业集聚度、扩大集聚规模、优化国防科技工业产业结构；在优先发展领域上，大部分省份以航空航天、电子信息、智能装备等为产业优先发展领域。

高端制造业集聚化发展在推动经济结构转型、提升区域竞争力方面的巨大潜力已经受到重视。目前，各地产业政策都通过项目引导和政府补贴等方式来集聚产业科技资源，但是，短期内国家或区域资源总额是相对固定的，部分区域资源的集中必然使另一部分区域资源分散，即政府推动高端制造业集聚化发展的成本不仅包括直接的投资和补贴优惠，还包括其他区域损失科技产业资源带来的间接成本。因此，尽管产业政策不失为一种政府调节市场失灵的有效方式，但产业政策要真正发挥作用，必须建立在对高端制造业集聚内在机理有深刻认识的基础上，才能使其不仅不会"揠苗助长"，还能有效防范市场失灵。

(三)现有高端制造业布局难以适应新时代国家安全与发展需求

中华人民共和国成立以来，我国国防科技工业布局先后经历了三次较大的调整。第一次调整是"一五"时期苏联援建的156个大型重点项目中包含44个军工项目，安排在中西部的国防工业企业就有35个，其中21个安排在四川省和陕西省(薄一波，1991)，使国防工业布局整体向中西部倾斜。第二次调整是20世纪60~70年代我国以加强国防为中心而实施的三线建设，将绝大部分位于东北部、东部沿海地区的军工及配套企业搬迁至中西部三线地区，如青海、陕西、四川、贵州、云南等地，并在后方腹地新建或扩建大量军工企业，中西部地区至1980年建成了将近2000个大中型军工企业及其配套企业，这次调整使中西部集中了我国绝大部分国防工业，但分散呈"山、散、洞"的空间布局。第三次调整是改革开放后受国家经济重心转移和国际局势缓和影响，我国从1983年开始实施军转民政策，并对三线建设期间形成的企业布局进行调整，鼓励企业从山洞中搬迁至城市，鼓励企业军用技术转为民用以创造经济价值，这次调整使中西部集中的军工企业从偏僻的山区搬出，初步在附近城市呈相对集中分布状态，部分企业迁回上海，或到东部沿海地区寻找市场机会，使向中西部严重倾斜的国防工业布局开始转变。这三次调整的重要特征都带有浓重的计划色彩，调整方向相对固定，且迁移规模巨大，迁移代价较大。

二、研究意义

本书基于新经济地理学研究框架，深入探讨了形成区域高端制造业集聚化发展差距的原因、区域产业政策发挥作用的内在机制，并从国际和国内两个方面进行了实证研究，具有重要的理论意义和现实意义。

(一)理论意义

本书对高端制造业集聚进行了比较系统、全面的理论分析，具有一定的理论创新性。

一是构建了一个内生化的高端制造业集聚微观机制。在克鲁格曼创立新经济地理学以前，产业集聚问题也广被研究，但"外部性"黑箱往往被解释为产业集聚的驱动力，至于外部性是如何形成及其如何内生化，并没有得到很好的解释。本书基于新经济地理学理论，从空间、技术和区域政策三个维度阐释高端制造业集聚的影响因素，并用新经济地理学关于产业集聚的一般均衡分析方法、计算模拟技术、运输成本以及垄断竞争分析框架，分析高端制造业集聚的微观机制和导致高端制造业集聚化发展呈现区域差异的根本原因，从理论上拓宽了研究视野，并构建了一个内生化的高端制造业集聚理论分析框架。

二是拓展了新经济地理学的应用领域。本书在分析新经济地理学经典理论和模型的基础上，重点研究了高端制造业集聚机制，是新经济地理学理论在中国实践中的重要应用。有的学者认为新经济地理学模型过于简单，觉得其脱离现实，不能很好地再现这个世界真实的经济地理。然而，本书理论和实证研究均表明，新经济地理学对不完全竞争、冰山运输成本与规模报酬递增等的假定虽然简单但非常实用，在解释高端制造业集聚、国防科技工业动态空间分布等方面仍然有强大的解释力。本书对高端制造业集聚的研究，也是新经济地理学对中国经济发展的拓展应用。

三是构建了高端装备制造企业选址模型。行业空间布局问题在微观层面表现为企业区位决策问题。本书基于马歇尔外部性与我国高端装备制造企业的实际情况，构建了一个由基本层、空间层和战略层构成的企业选址模型，并按照产品类型对高端装备制造企业进行分类，分别探讨了不同类型高端装备制造企业对不同层次集聚经济的优先程度和敏感性；然后在基本模型的基础上探讨了高端制造业集聚路径，以及"军转民"企业和"民参军"企业的迁移决策与产业空间分布的关系，对进一步理解我国高端制造业集聚规律、政府与市场、军与民的关系有一定帮助。

（二）现实意义

本书对我国推动高端制造业体系建设和高端制造业集聚都有一些重要的启示。主要包括以下四个方面：

一是为政府制定合理的产业政策提供参考。高端制造业既是国家战略性新兴产业，又是区域经济发展的支柱产业，建设以国防科技工业为主体的高端制造业体系，必须坚持强化国家主导，充分发挥市场在资源配置中的作用，而绝非完全依靠市场机制就能实现的。在这种背景下，各地政府普遍通过资金划拨、税收优惠等转移支付手段的政策鼓励高端制造业集聚化发展，那么这些区域政策能否实现预期的效果、政府如何制定合理的产业政策引导高端制造业集聚化发展？本书考察政府税收和补贴政策、政府引导和体制机制环境对高端制造业空间布局的影响，并在异质性企业条件下考察不同产业政策对区域内生产效率和区域福利水平的影响，为区域产业政策的制定提供了参考。

二是为提高两用技术创新水平及转化成效提供参考。两用技术创新是推动高端制造业转型升级的重要动力源泉，如何获得源源不断的两用技术创新动力是本书研究的重要目的之一。考虑到提高集聚区内企业生产效率是产业集聚的重要集聚效应之一，本书基于新经济地理学理论构建的知识溢出模型从微观层面阐释了知识溢出与两用技术创新、高端装备制造企业生产效率的内在机制，重新解释了高端装备制造企业技术创新与空间布局的关系，从而为提高两用技术创新及转化提供新的视角和方法。

三是切实解决高端制造业集聚化发展的区域差异化问题。区域发展不平衡是我国经济发展的重要特征，然而谁也不甘心做"边缘区"。以往对这种区域失衡的原因，存在两类完全不同的解释：一是以李嘉图学派为代表的比较优势论，认为资源禀赋差异造成经济发展差异；二是 Krugman（1999）认为，"理解小的随机事件对经济地理产生的巨大影响，对于认识自然地理方面的潜在差异带来的巨大效应是至关重要的"。本书通过引入异质性高端装备制造企业，运用新经济地理学理论重新解释了高端制造业集聚化发展区域不平衡的原因，从而为边缘区推动高端制造业提供了新思路。

四是为提高我国装备出口竞争力提供对策建议。高端制造业是关系到我国装备制造水平、科技实力以及国家安全的重要战略性新兴产业，其目的绝不仅仅是获得经济利润，还为提高我国先进装备制造水平和高端制造业竞争力提供支撑，巩固提高一体化国家战略体系和能力。本书从产业集聚角度考察制造业集聚与高端装备出口竞争力的关系，为提高我国高端装备出口竞争力提供对策建议。

第二节　相关概念界定与辨析

本节将对"产业集聚""高端装备制造企业""高端制造业集聚"等相关概念进行界定，并对容易与之混淆的名词进行辨析，以减少不必要的误解和进一步厘清本书的研究对象。

一、产业集聚与产业集群

随着产业在一定空间集中的现象越来越常见，学术界和政策制定者对这一现象展开了广泛而深入的讨论，然而不同学者使用不同概念来描述这一现象，最常见的是"产业集聚"与"产业集群"，学术界对这两个名词的理解也存在一定偏差，但又没有形成较为严格的、统一的定义，这在一定程度上造成了混淆和理解上的误差。

（一）联系与区别

"产业集聚"和"产业集群"都是舶来词，引用者往往根据喜好进行翻译，一般倾向于将 industrial agglomeration 译作"产业集聚"，将 industrial cluster 译作"产业群集"（刘友金，黄鲁成，2001），翻译的区别在于 agglomeration 和 cluster 的区别。然而，国外文献对 industrial agglomeration 和 industrial cluster 并没有做严格区分，有时还常用另一个词 industrial district 进行替换。这两个词在同一篇文献里可能同时出现，用于指代相近的含义。如 Krugman 在新经济地理学的开篇

之作 *Geography and Trade* 里既使用了 cluster 的表述，如 a cluster of firms、the cluster of cities，也使用了 agglomeration，似乎更倾向于将 cluster 用于指代名词，而 agglomeration 表示动作，如 reason for agglomeration，但这也不是一成不变的，随后 Krugman（1996）又大量使用 industrial agglomeration，且 agglomeration 的使用频率远远高于 cluster。对新经济地理学做出重要贡献的学者 Fujita 和 Tabuchi 都倾向于使用 industrial agglomeration 的表述。波特在《国家竞争优势》中使用的是 industrial cluster，诸如此类，不胜枚举。可以发现，这两种表述在国外学者中都较为常见，但在新经济地理学家的影响下，industrial agglomeration 是更为常见的表述。此外，从 agglomeration 和 cluster 两个词的本义来看，前者强调的是大量事物集聚的行为或过程，首次使用于 1661 年；后者强调相似事物的集中，并且早在 12 世纪以前就有使用①。可见，仅就词语本义而言，两个词还是存在细微差别的。

从国内学者的使用偏好来说，"产业集聚"的使用频率比"产业集群"要高。截至 2017 年 8 月 22 日，在知网输入"产业集聚"和"产业集群"进行全文检索，前者有 410902 条记录，而后者有 310092 条记录。笔者接着输入"集聚效应"与"集群效应"，分别得到 247731 条和 161656 条记录；"集聚经济"和"集群经济"分别得到了 490983 条和 339258 条记录。尽管这一结果受很多其他因素的影响，如知网的检索设置、相近词语的模糊检索等，但仍可以作为衡量国内学者使用这两个词，尤其是使用"集聚"与"集群"的偏好。

除了使用偏好不同，国内学者对这两个概念也进行了区分。冯霞（2004）较早对这两个概念进行了区分，从"聚"与"群"区别的角度出发，认为产业集聚是地域化经济的初级阶段，一般为属于同一产业不同产业链位置的相关支撑企业或多种产业内相关联企业通过地理接近而形成的一定空间范围内的集中；产业集群则为迈克·波特（1998）所定义的"在某一特定领域内互相联系的、在地理位置上集中的公司和机构集合"，为地域化经济的高级阶段，只有形成了协同效应，根植在当地不断创新的社会文化环境中，才能称为产业集群。两者都是区域经济发展中的空间集中化战略。喻春光和刘友金（2008）认为，两者的本质区别在于企业是否为柔性集聚。王志敏（2007）认为，集聚是一种基于产品链和增值链的简单劳动分工关系；集群则是在集聚基础上基于信息和知识联系的"创新

---

① Merriam-Webster 词典对 agglomeration 有三种解释：the action or process of collecting in a mass；a heap or cluster of usually disparate elements；a large，densely and contiguously populated area consisting of a city and its suburbs。对 cluster 的解释为：a number of similar things that occur together。前者用的是 mass，后者用的是 similar things，由此可见倾向性。

链"机制，从产业集聚到产业集群需要经历孕育、成长和成熟三个阶段。贺灿飞和潘峰华(2007)区分了产业地理集中、产业集聚与产业集群三个概念，认为一定空间的产值或就业集中即为产业地理集中或产业集聚，形成产业地理集中的原因包括内部规模经济和外部规模经济、区域资源优势等，少数大型企业因追求内部规模经济或区域资源优势而在一定地理范围集中、大量中小型企业因追求外部规模经济而在一定区域内集中都可以形成产业集聚，而只有当大量中小型企业间形成较强关联时，产业集聚才真正发展成为产业集群。可见，国内学者对这两个概念的认识相对一致，认为这两个概念都是产业在一定空间的集中，但两者在发展阶段、经济主体间关联、集中效果等方面都存在显著差异，并一致认为产业集聚是产业集群的初级阶段。

(二) 本书界定

本书认为，国内学者对产业集聚与产业集群的概念辨析视角相近，并已在理论上达成共识，但在现实经济活动中，两者的区分并不容易，尤其是涉及集聚区内产业的关联更是难以观测，对集群的识别也难以做到客观。在概念范畴上，产业集聚是一个动态过程，在发展不同阶段表现为不同特征，而产业集群为产业集聚的相对理想状况和目标阶段，是一个相对静态的概念，产业集聚范畴完全可以涵盖产业集群范畴。产业集聚更多关注推动产业集中的机制研究，而产业集群更多关注集群所带来的外部性，是一种事后特征的总结和归纳。此外，我国高端制造业集聚化发展仍处于起步阶段和快速发展阶段，本书的研究目的之一就是探讨形成高端制造业集聚的内在机制，更贴近"产业集聚"的本义。本书认为，产业集聚具有如下特征：

第一，空间范围的多层级性。毫无疑问，产业集聚与地理空间是分不开的，两个距离很远但相互之间存在密切联系的产业是难以称为产业集聚的。然而，我们在讨论产业集聚的空间属性时，涉及的其实是一个相对概念，即产业集聚可以是产业在同一个乡镇的集聚，也可以是在一个市、县的集聚，还可以大到省、国家的集聚。本书讨论的产业集聚也具备以上多层次特征，并不对产业集聚的具体地理范围做出界定。

第二，产业集聚具有相对性。产业集聚既包括企业数量的增加，也包括产业规模的扩大，一个区域的产业集聚并不意味着另一个区域产业规模的降低。更可能的情况是，两个区域的产业规模都在增加，但增长速度较快的区域能够成长为产业集聚区。本书接下来的分析将涉及以上两种情况。

第三，产业集聚是一个动态均衡过程，不仅受到内生因素变动的影响，还很容易因外生因素变动而发生改变。本书从新经济地理学视角出发研究产业集聚，核心研究是产业集聚的均衡分析，即产业集聚是两种相反的作用力不断竞争的结果，集聚的稳定性取决于相对作用力的大小。

二、高端制造业集聚

(一)政府规划或相关政策中的界定

从政策文件来看，关于高端制造业的定义，被普遍引用的是工业和信息化部发布的《高端装备制造业"十二五"发展规划》对高端装备制造业的界定：以高新技术为引领，处于价值链高端和产业链核心环节，决定着整个产业链综合竞争力的战略性新兴产业，是现代产业体系的脊梁，是推动工业转型升级的引擎。现阶段高端装备制造业发展的方向主要包括航空装备、卫星及应用、轨道交通装备、海洋工程装备、智能制造装备等重点领域。优化高端制造业空间布局的两大重点内容是促进区域协调发展和推动产业集聚发展。地方政府也出台了规划性文件对高端制造业产业发展进行部署，例如，《广东省培育高端装备制造战略性新兴产业集群行动计划(2021—2025年)》把打造高端装备制造重要基地作为推动产业集聚的重要方式，并从创新能力、产业规模、企业竞争能力、产业集聚效应等方面设定产业集群发展目标。《上海市高端装备制造业发展"十四五"规划》界定的高端装备产业是指具备技术含量高、附加值高、数字化程度高等特点的装备产业，并把提升高端装备设计、研发、制造与系统集成水平作为打造高水平高端制造产业集群的主要目标。

综合来看，政府规划和相关政策中的高端制造业集群通常仅指民用高端制造业，但对比同时期或相近时期制定的国防科技工业集群，无论是重点领域方向还是产业基地具体区位都保持相近，大体可分为以下三类：

一是聚焦于特定领域类的垂直性高端制造业集聚。例如，湖南湘潭海洋与特种装备基地、岳阳卫星导航产业基地、衡阳核电核能产业基地等。

二是以培育大型龙头企业为核心、鼓励配套企业发展的高端制造业集聚，例如，贵州省在"十三五"规划中以壮大军工重点企业，如贵飞公司、航天风华、黎阳公司等大型骨干企业为核心，通过带动效应、溢出效应带动区域内高端制造业集聚化发展。

三是以园区或基地建设为基础的高端制造业集聚。即通过产城一体、特色小镇、新型工业园区、产业示范区等方式形成"1+N"高端制造业集聚。

尽管政府文件对高端制造业集聚并没有给出明确定义，但从相关文件来看，高端制造业集聚具备以下特征：有龙头企业或骨干军工企业、较为完备的产业链、企业间良性互动、高科技属性明显、企业数量相对较多。

（二）学术界的界定

目前，国内学者主要借鉴产业集群的定义来界定高端制造业集聚，强调集群优势和特征的界定。如乔玉婷等（2012）提出了三个特征：在一定地理空间范围内集中、在特定领域有较强关联、运用两用技术从事生产活动，同时具备以上特征的企业或机构的集合才可称为国防科技工业集群。产业集群的企业和机构既包括通过具有两用技术优势和创新优势的核心企业，也包括与核心企业密切相关的、通过产业链延伸而形成的、以生产两用产品为主的企业，从事两用技术转移或转化的科研机构，为两用技术转移或转化提供服务的教育、培训和投资中介等服务机构。可见，学者对高端制造业集聚等并没有形成统一定义，对概念的界定也倾向于高端制造业集聚的高级形态和相对静态的国防科技工业集群，且都放大了产业集群的正外部性，并没有注意到集聚或集群化发展可能带来的负外部性。

（三）在国家高端制造业体系中认识高端制造业集聚

通过列举高端制造业涵盖的各个行业来界定高端制造业内涵，这种分类方法在执行上有一定优势，有利于地方政府、企业针对特定行业领域对号入座。然而从长远来看，由于高端制造业的内涵是相对的和不断变化的，长期用此方法会不利于执行，也不利于从宏观视角认识高端制造业。

本书立足于形成高端制造业体系大背景下的高端制造业集聚。为方便研究和澄清误解，本书界定的高端制造业，是为国防安全和社会经济生产提供装备或特殊用品研制生产和服务的单位的总称，具有战略性强、技术含量高、附加值高等特点。在本书的研究背景下，高端制造业是面向军用市场和民用市场、生产资源双向流通的国家制造业基础，是未来我国高科技工业的主体构成，是形成一体化战略体系和能力的国家大工业基础的重要组成部分。

高端制造业集聚是高端装备制造单位在集聚力和分散力作用下、在一定空间内相对集中、介于企业和市场的中间组织制度安排，具有以下内涵和特征：

（1）高端制造业集聚是一个动态和相对的概念。高端制造业微观企业在一定空间内相对集中，集聚规模可能随时间发生变化，并没有固定的场地边界和规模标准。

（2）高端制造业集聚是在集聚力和分散力作用下的动态均衡结果。集聚力主要是集聚的正外部性，即马歇尔"外部性"；分散力主要为挤占效应和拥挤成本。尽管新经济地理学也主要关注正外部性，即集聚力的研究，但在界定高端制造业集聚时树立全面均衡的观念仍然尤为重要。

（3）高端制造业集聚本质是一种效率优先的制度安排。此处的效率优先有两层含义：一是经济活动的相对集中意味着区域发展必然不是完全均等的，意味着区域发展存在差距；二是产业集聚并不只是资源禀赋的集中，还有利于生产效率提升、创新效率提高和产业升级等的集中。

第一个层面的效率优先，需要区分的是平等与公平。区域间发展不均等并不意味着不公平，因此，不能将高端制造业集聚与区域间发展差距相对立。福利经济学第二基本定律表明，通过改变初始条件、在市场自由交易后同样可以实现帕累托最优。政府的作用就是通过政策引导高端制造业集聚化发展，实现效率和公平兼顾，这也是本书的研究重点之一。

第二个层面的效率优先，需要辨别真伪高端制造业集聚，以及判断高端制造业集聚是否过度。辨别和判断的重要标准是，高端制造业集聚是否实现了帕累托最优和是否具有可持续性。我们所认同的高端制造业集聚，是介于企业和市场中间状态的制度安排，是运输成本（包括交易成本在内）和规模经济的权衡博弈。高端制造业集聚不可持续的原因通常包括两个方面：一是政府的过度干预，二是市场的无效率。

（4）高端制造业集聚具有空间、产业和战略的三重属性。产业属性和空间属性是一般产业集聚都具有的双重属性，但高端制造业集聚的战略属性更加突出。影响高端制造业集聚的因素，除一般的产业和空间因素外，还包括战略层面的因素，即政策因素，这也是本书构建高端制造业集聚理论分析框架的重要依据。

（5）理论上，完全自由市场条件下的高端制造业集聚是企业最大化自身利益的区位选择结果，但现实世界的高端制造业集聚关系到国家战略产业的布局，政府在高端制造业集聚过程中扮演着重要角色，在市场经济不完善条件下政府还可能是最重要的因素。值得注意的是，政府通过转移支付等方式虽然可以改变高端制造业空间分布的初始条件，但产业集聚能否持续、能否形成集聚效应，关键还要看企业区位决策是否实现了资源的最优配置。

基于此，本书讨论的高端制造业集聚，不包括计划经济体制下国家统一规划安排形成的产业空间布局，主要指在国家主导下充分发挥市场资源配置功能、企业具有区位自主选择权的高端制造业集聚。

第三节　国内外相关研究综述

近年来，学术界从企业、产业、区域、技术创新等层面对高端制造业集聚进行了研究，其中的大量理论模型和实证分析研究成果为本书研究提供了重要的依据。下面对与本书研究有关的代表性观点进行评述。

一、国外相关研究综述

国外相关研究主要集中在对国防科技工业的绩效表现、国防科技工业与区域经济发展的关系两方面。Joshua Drucker(2012)认为，承担军品订单或者为军品提供配套生产与服务的产业发展受军事活动影响，承包商的分布也会在空间上呈现差异性，从事军品生产的企业既可能分布在大型城市，也可能分布在小型城市或非城镇区域，而服务业则主要分布在人口密集的大型城市。在另外两份报告 *Spatial Distribution of Supply Chain of Defense Contracting Industries* 和 *Comparative Identification of Defense-Oriented Economies* 中，Joshua Drucker 进一步考察了美国军品制造企业空间分布，发现为国防承包商提供零部件配件生产的上游企业主要集中在五大湖区和全美大中型城市，对国防订单依赖程度较大的区域主要集中在印第安纳州、密歇根州、俄亥俄州、威斯康星州，但在其他州也有零星分布，并通过对三个典型区域 Colorado Springs、Hartford 和 New London 的相似处和差异性进行定性和定量分析，验证了上述结论。在另一份对美国红石兵工厂的区域经济效应的报告中，Joshua Drucker(2012)将美国红石兵工厂对区域经济的影响分为直接影响、间接影响和诱导影响三类，其中间接影响就是对当地产业链的带动影响，而诱导影响是红石兵工厂员工消费支出带来的当地经济增长，并用 2011 年的估计数据发现，红石兵工厂带来的间接影响和诱导影响约为直接影响的 56.8%。Rechard Bitzinger(2014)认为，随着世界武器生产需求下降，许多第二梯队的国家甚至是第一梯队的国家将放弃一部分武器装备生产，武器装备生产将越来越多地集中在少量大型企业，更加一体化，随着全球化进程的不断加快，越来越多的武器装备生产将通过跨国合作完成。LM Vinha（2010）认为，国防工业产业集群的现象将越来越普遍，也体现为多层次性，如美国或澳大利亚的国防科技工业通常集聚在少数某些区域，而在有些国家，如以色列，国防科技工业产业集群在全国范围内分布，波兰等国家以军舰制造与维修产业集群为主。Isabel Marques 等（2003）认为，三个方面的因素将不断推动国防科技工业产业集聚化发展和区域经济增长和竞争力提升：一是高素质和受过高等教育的劳动力不断增加，二是互补性产业活动的增加，三是区域内知识的积累和技术创新。而随着经济增长越来越依赖弹性资源，国防科技工业产业集聚的过程将加快。Dunne（1995）认为，规模经济和学习经济有助于提高国防工业运行成本绩效，并推动形成国防科技工业集群。

相较于高端制造业集聚，国外学术界对一般性产业集聚的研究文献可谓汗牛充栋，仅新经济地理学对产业集聚的研究文献就已经非常丰富了。新经济地理学对一般性产业集聚的研究成果对本书研究高端制造业集聚有一定启示，与本书密切相关的研究将在每一章分别进行综述，在此不再赘述。

二、国内相关研究综述

国内高端制造业集聚研究多从产业组织、两用科技成果转化、协同创新等角度展开，研究方法以产业组织理论和创新理论为主，从空间层面考察产业集聚的研究较少。

（一）高端制造业集聚机制

赖琼玲（2007）认为，内部动力和外在诱因两方面因素共同推动产业集聚，其中，内部动力来源于产业自身特征和产业发展的一般规律，集群化发展能有效地降低集团化生产成本和节约交易费用，并形成知识溢出提高整体竞争力；外在诱因为政府政策的推动，并将世界各国国防工业集群化发展的路径总结为三种模式：第一，"政企互动、市场为主"型，即政府通过政策等方式予以引导和鼓励，充分发挥市场资源配置作用和价格机制作用，通过企业间追求利益最大化的市场行为，形成以企业为主体、市场为主、政府为辅的方式发展工业产业集群，例如20世纪90年代美国中部、西部、西北部形成的多个以大型企业为核心、众多相互关联中小型企业在一定地理空间集聚而发展的国防产业集群，波音和麦道公司合并后形成的航空工业集群；第二，"积极规划、政府引导"型，即充分发挥政府在产业集群形成过程中的积极作用，通过制定规划和相关政策引导产业转轨和调整，自上而下地形成国防工业集群，例如俄罗斯在苏联解体后通过颁布一系列发展战略规划和相关政策，鼓励组建生产效率更高的国防工业综合体，鼓励企业进行纵向兼并和横向联合，集中国防工业优势资源，形成科研教育生产一体化的国防工业生产体系；第三，"科技带动、点面结合"型，其中"点"是龙头高科技企业，"面"是相关联配套企业，两者间与当地经济密切关联，形成点面结合型、与地方经济发展密切关联的国防工业产业集群，例如在英国、法国的工业一体化进程中出现的国防科技工业集群，绝大多数是高科技龙头企业带动而形成的。

（二）高端制造业集聚与技术创新

通过高端制造业集聚推动国家科技创新被历史证明是卓有成效的做法，如美国硅谷、意大利 Emilia-Romagna、德国 Baden-Wuttemberg、日本筑波科技城、伊斯坦布尔国防科技工业群等对推动国防科技创新和国家技术进步都做出了重要贡献，在理论界受到了一定关注。相关理论研究主要集中于集群协同创新的内涵、机制、影响因素和管理机制，而对产业集聚内生的技术创新研究较少。欧洲创新环境研究小组（GREMI）曾从人力资本、创新文化、教育体系、设施情况等方面对硅谷的创新网络环境做了系统研究。总结国内外研究文献可以发现，对高端制造业集聚与技术创新的关系，以研究协同创新和创新网络为重点，研究内容主要以运行机制描述、影响因素分析等定性描述为主，缺少定量研究，更鲜有理论上的创新。董晓辉和张伟超（2014）认为，两用技术产业集群协同创新的动力来源于安全需求和发展需求牵引、政府激励、制度环境、协同创新文化等因素。钱春丽等（2013）从网络视角出发，认为国防科技产业集群创新主体间的学习和管理过程是形成价值增值和知识创造的关键，产业网络层、社会网络层和创新网络边界共同构成了国防科技产业集群创新网络，其中，大型军工企业和国防工业是创新网络的主体，主导创新过程，其他主体通过网络治理进行联合行动，以最小化交易成本的方式进行协同创新。王威和郭立宏（2004）认为，产业集聚是国防工业和区域经济发展的结合点，是国防科技成果和民用工业基础融合的载体。

（三）关于高端制造业集聚效应

赖琼玲（2007）认为，国防工业集群化发展不但有利于推动军工集团和国防工业发展战略调整，而且可以推动区域产业转型升级以及培育核心竞争力，由于国防工业的特殊战略属性和财政优势，其在一定空间的集中有助于增加区域内中央转移支付数额。此外，国防高科技企业对当地企业的知识溢出还有助于带动区域产业链发展、提高区域整体竞争力。马红光（2002）认为，国防科技工业通过民品生产培育与地方经济的共生关系，并通过产业关联带动效应，促进当地企业发展和产业链发展，从而带动当地经济增长。这里的共生关系和关联带动效应可以理解为企业在区域内的产业前后向关联，是新经济地理学重点关注的外部性之一。然而新经济地理学并没有深入关注形成这种外部性的根本原因，只是从宏观层面对国防科技工业与区域经济发展进行定性分析。余映雪等（2008）认为，国防与经济两个系统在资源和空间上都存在很大互通性，并提出以军工优势资源为核心、通过不同方式与地方民企进行整合的建议。

（四）微观企业的实证研究

作为高端制造业集聚的微观主体，高端装备制造企业越来越受到学界的关注与研究，研究内容包括企业技术创新、企业经营效率、企业竞争力等。

王柏杰和李爱文（2016）运用随机前沿分析方法（SFA）测算了我国"十大军工集团"所属的63家国内上市公司的技术效率后发现：产品差异化、企业规模、企业注册地经济发展水平、市场竞争程度、股本结构变动均对高端装备制造企业技术效率的提升具有促进作用，并随民用程度的提高而增强；股权集中与较高的国有持股比例则不利于企业技术效率的提高。于志军等（2015）采用随机前沿分析方法对安徽省8家企业技术创新效率进行测算后发现，被测企业的平均技术创新效率水平较低。虽然上述结果较为准确地反映了我国高端装备制造企业生产效率的现况，但均没有进一步对企业生产效率的影响因素进行分析。张旭等（2014）采用SFA方法以2007~2011年我国68家上市企业数据作为样板实证研究发现，风险水平、交易成本、监督管理、产权结构和信息沟通是影响企业证券化效率的主要因素。

此外，还有从微观角度考察高端装备制造企业竞争力和两用技术转移的研究。如陈江（2013）从需求角度出发，认为高端装备制造企业要在市场竞争中获得持续竞争力和提升品牌价值，处理好与顾客的关系非常关键。尚涛和张近乐

（2013）认为，技术领先性是高端装备制造企业的主要竞争优势来源。尚涛
（2015）认为，技术转移是高端装备制造企业获得技术积累的主要来源之一，也
是其重要的竞争优势来源。

第四节　本书主要内容

本书基于新经济地理学的理论模型和分析框架，广泛考察国内外高端制造
业集聚现象，综合分析影响我国高端制造业集聚现象与影响其发展的内在因素
和外在因素之间的关系，探索影响高端装备制造企业区位决策的内在机制与外
在环境，致力于解释高端制造业集聚的内在机制、非均衡分布、对装备竞争力
的影响、产业政策可能对区域内高端制造业集聚化发展和区域福利水平带来何
种影响等，从而为政府调整产业政策和企业区位决策提供参考。

本书从问题提出、实践基础、理论分析、实证研究与应用研究五个部分，
分八章展开研究。

第一部分为导论，即第一章。主要内容包括：研究问题的背景和研究意义；
对产业集聚、产业集群、高端装备制造企业、高端制造业集聚等容易混淆，与
本书研究密切相关的概念进行界定与辨析；国内外研究现状；研究思路、目标
和方法，并对本书创新点和不足之处进行说明。

第二部分为理论分析部分，包括第二章至第六章。理论分析部分采取"总—
分—总"的逻辑结构，其中，第二章为理论分析总体框架构建，第三章至第五章
为理论分析框架的具体研究，第六章为理论分析框架的整体研究。

其中，第二章基于高端制造业属性与新经济地理学理论核心思想，构建"空
间—技术—区域政策"的高端制造业集聚理论分析框架。第三章至第五章分别从
空间、技术和区域政策三个维度对高端制造业集聚的影响因素和内在机制展开
研究。第三章的空间维度因素主要包括运输成本、规模经济和外部性。第四章
为技术维度因素与高端制造业集聚，共考察三方面内容：知识溢出外生条件下
的高端制造业空间分布，知识溢出内生条件下高端制造业集聚与知识溢出的内
生互动机制，以及通信技术进步带来的运输成本下降是否导致高端制造业集聚
现象的消失。三部分层层递进和不断深入，构成相对完善的"知识关联"体系。
第五章的区域政策维度分析主要内容：不同税率和补贴政策对高端制造业空间

分布的影响，以及区域政策对国防科技工业空间分布的长期影响。第六章则是从企业区位定位微观层面的应用研究，包括异质性高端装备制造企业的区位决策和迁移决策研究，以及企业选址的国内外案例研究。

第三部分为实证研究部分，即第七章，采用并列和递进结构层层深入，既对理论分析框架进行检验，也为解决问题提供参考依据。第七章为高端制造业集聚的国际比较，分为定性描述与实证研究两部分：定性描述主要对美国、日本、意大利等发达国家高端制造业集聚现状、集聚特征、集聚模式等进行分析，实证研究则运用全球面板数据检验高端制造业集聚绩效，主要是通过构建计量模型对高端制造业集聚与出口竞争力的关系进行检验。

第四部分为推动高端制造业集聚化发展的对策建议，即第八章，是解决问题部分，分别从空间、技术和区域政策为中央政府与地方政府推动高端制造业集聚提供对策建议，并对全书进行了总结与展望，总结全书理论和实证研究的主要工作和核心观点，并指出进一步研究的方向。

第五节 主要创新点及不足

一、主要创新点

本书基于新经济地理学理论，从理论和实践两方面深入探讨形成高端制造业集聚的微观机制、区域产业政策发挥作用的内在机理，在研究视角、研究方法和研究内容方面都有一定的创新。

一是构建了一个内生化的高端制造业集聚微观机制。本书关于高端制造业集聚的微观机制研究，拓展了现有研究对高端制造业集聚的认识，实现了相关研究从微观到宏观的可能，具有一定的创新性和理论价值。本书基于新经济地理学视角，构建了一个"空间—技术—区域政策"三维度的高端制造业集聚理论分析框架，并从这三个维度对高端制造业集聚的影响因素运用均衡分析方法、计算模拟技术和实证研究等分析工具，研究高端制造业集聚的微观机制和导致区域发展不平衡的根本原因，从理论上拓宽了对高端制造业集聚机制的研究视野。

二是论证了新经济地理学对中国高端制造业发展的适用性，拓展了新经济地理学的应用范畴和研究领域。虽然有人认为脱离现实的假定使其不能很好地再现这个世界真实的经济地理，然而本书理论分析和实证分析均表明，新经济地理学关于不完全竞争、冰山运输成本与规模报酬递增等的假定虽然简单但非常实用，在解释高端制造业集聚、动态空间分布等方面具有强大的解释力，也是新经济地理学在中国经济发展理论和实践中的拓展和应用。

三是创新性地从新经济地理学视角研究区域产业政策对高端制造业空间分布的影响。当前对区域推动产业政策的研究较少关注异质性企业。本书对区域政策的研究不仅考虑了不同补贴形式对高端制造业空间分布的影响，还从企业选址和迁移角度考察了异质性高端装备制造企业空间集聚路径。同时，本书还考察了区域政策的长期影响，并以三线建设为例，实证检验了区域政策对当前及今后高端制造业空间分布的长期影响。

四是为提高我国装备出口竞争力提供新思路。本书运用国际面板数据对制造业集聚与装备出口竞争力关系进行实证研究，不仅拓展了对集聚效应实证研究的范畴，还为提高我国装备出口竞争力提供了新视角。装备出口竞争力是国家高端制造业实力的重要体现，本书从产业集聚角度考察制造业集聚与装备出口竞争力的关系，结合我国经济发展的实际情况，为提高我国装备出口竞争力提出了对策和建议。

二、有待进一步研究的问题

本书基于新经济地理学理论分析框架研究高端制造业集聚，具有一定的创新性和价值，但也存在许多不足之处，有待进一步研究。

一是新经济地理学理论本身的缺陷。任何理论都不是十全十美的，新经济地理学理论作为本书的基础理论本身也有一些缺陷，如"冰山运输成本"的假定过于简单、静态均衡分析难以反映真实的产业空间分布演化规律、对理论模型和计算机模拟的依赖导致与真实世界的脱离等。本书虽然试图通过引进异质性企业和区域政策以克服上述缺陷，但仍难以完全反映高端制造业集聚现状。如何让理论研究更加贴近现实世界是笔者今后的工作重点。

二是实证研究工作不足。本书虽然利用国内外可得到数据对高端制造业集聚进行了实证研究，但工作远远不够，对数据的收集整理工作仍有待加强，而高端制造业集聚与企业创新效率、资源配置效率等的关系，还有待进一步挖掘和检验。

三是分析较为宽泛。本书力图构建一般性的高端制造业集聚分析框架，对很多问题的讨论还有待进一步细化，如对高端制造业集聚化发展过程中涉及的两用技术转移、知识产权制度、采购制度等更为深入、具体的问题，都是今后值得进一步关注的方向。

| 第二章 |

高端制造业集聚理论分析及框架构建

尽管从新古典经济学、古典区位理论到区域经济学、经济地理学等多个学科流派，都对空间经济组织和集聚机制进行过讨论，但只有新经济地理学将空间因素引入主流经济学的一般均衡理论框架中，使得空间作为解释经济活动地理集聚现象的内生因素进入研究者视野。新经济地理学理论及诸多模型揭示了产业集聚机制，是本章构建高端制造业集聚分析框架的理论基础。

本章首先梳理了新经济地理学理论的核心思想、创立历程及发展状况，接着总结了现有新经济地理学模型中所揭示的集聚机理，最后研究了新经济地理学应用于我国高端制造业集聚研究的可行性，并在此基础上结合我国高端制造业的集聚特征，构建了"空间—技术—区域政策"三维度的高端制造业集聚理论分析框架，这是第三章、第四章、第五章、第六章理论分析的基础。

第一节　新经济地理学理论的核心思想

新经济地理学诞生于新贸易理论（NTT），由经济学家保罗·克鲁格曼（Paul Krugman）开创，并在创立后被大量学者不断补充和完善，其核心思想集中体现在克鲁格曼的《地理与贸易》（*Geography and Trade*），以及克鲁格曼与藤田昌久、维纳布尔斯合著的《空间经济学：城市、区域与国际贸易》（*The Spatial Economy: Cities, Regions and International Trade*）中。下面将从研究对象、研究重点和研究方法三个方面概括新经济地理学的核心思想。

一、新经济地理学的研究对象：侧重描绘经济集聚过程

经济活动在某一空间集聚的现象很早就引起了经济学家的关注，然而，新经

济地理学理论在以下两方面区别于以往任何经济学派：一是引入收益递增和运输成本解释经济地理；二是对经济活动集中的过程从三个层次进行了详尽的描绘。

第一，强调收益递增和运输成本对经济地理的普遍影响。从李嘉图提出比较优势到 20 世纪 80 年代的很长一段时间里，经济学家习惯采用比较优势来解释贸易（经济地理）的形成。他们采用规模收益不变的模型将比较优势模型化，并假设运输成本为零，认为生产要素禀赋决定贸易进出口国家和经济活动地理分布，而忽视了收益递增的情况。新经济地理学家认为，即使在无外生差异（资源禀赋等）的情况下，经济空间也会分化，形成这种结果的主要原因是收益递增和运输成本的存在。克鲁格曼在《地理与贸易》一书中指出，收益递增在各个层次上对经济地理都有普遍影响：在行业层次上，收益递增是产业地方化的必备条件，只有当存在收益递增时，才能使得"一个大的生产中心能够比一个小的生产中心支持更有效率、更多种多样的供应商"，从而形成产业地方化现象；在中等层次上，新经济地理学理论延续杜能关于"城市为制造业集聚地"的定义，认为城市的形成与维持本身就是收益递增现象；在最高层次上，收益递增导致国家各区域发展不均衡以及国家向不同专业生产分化。

以往贸易理论在解释贸易和经济空间时，往往将世界假定为无运输成本的空间，从而回避了实际的地理问题。以克鲁格曼为首的新经济地理学家将保罗·萨缪尔森（Paul Samuelson, 1952）提出的"冰山成本"，即将运输成本抽象为货物在运输途中"融化"的那部分价值，引入经济空间的影响因素中考虑，从而将经济地理均衡关系转化为规模报酬递增与运输成本之间的权衡关系。运输成本通过影响公司选址对经济地理产生影响，既包括终端产品运输到消费者的成本，也包括中间产品运输到上游生产者的成本。"可移动要素"和制造业倾向于集中在市场需求大的区域，以节省运输和贸易成本，从而形成核心区，相对边缘区拥有成本低廉的优势，形成核心—边缘模式。因此，核心—边缘模式与运输成本成反比：当运输成本很高时，在消费者份额较大的区域形成核心区，随着运输成本进一步降低，制造业前向关联和后向关联共同决定经济活动是集聚还是分散。

第二，新经济地理学理论以集聚过程为关注重点。尽管新经济地理学理论在许多方面继承了传统经济地理学、古典区位理论的思想，但只有从新经济地理学理论开始才真正深入到了经济空间形成的内部。马歇尔很早就讨论了经济活动的集中现象，受限于模型处理技术，其关注重点主要集中在集聚的好处上：有利于形成对劳动者和厂商都有利的劳动力共享市场；集聚区产品种类多样化，增加了核心区消费者可选产品种类和中间投入品种类；经济互动集聚区信息流动速度快，即技术外溢。新经济地理学理论试图打开"集聚"的黑箱子，关注经济活动集中过程的微观经济学基础，其经典模型"核心—边缘"模型就从微观角度回应了"集聚是集聚经济的结果"的质疑。"核心—边缘"模型通过构建数理模型分析了两个对称经济系统分化为核心区与边缘区的演化过程。在这个演化过程中，企业层面的规模经济、运输成本和生产要素流动通过循环累积机制，不断发生相互作用，推动在产业、城市乃至国家层次形成集聚经济和推动经济空间演化。

在"核心—边缘"模型（CP 模型）基础上，经济学家在理论和实证方面都做出了大量探索，不断放松假定并增加模型设定复杂程度，以解释不同层次经济活动的集中现象。在产业层次上，推广基础模型从两个地区到多个地区与连续空间、从两个部门到多部门，新经济地理学家用图灵方法证明了基础 CP 模型仍然有意义，原本对称的地区因为关键系数的微小变化，如制造业份额、运输成本等的变化，经过集聚因素不断循环累积，最终形成产业中心。在城市层次上，新经济地理学在连续空间考察城市层级体系的演化以及城市规模的维持，与城市经济学关注城市空间结构、单个家庭和企业区位选择的微观经济学基础不同，新经济地理学城市模型遵循从微观企业区位选择到宏观城市规模与城市层级体系演化过程的研究框架，认为城市演化是市场潜力与经济区位共同作用的结果，重点关注城市异质性等宏观层面的问题。在国际层面上，重点探讨贸易自由化、国际专业化与贸易等因素对国家内部经济地理的影响，在放松对称性假定、中间产品前后向关联等条件下，新经济地理学国际模型显示，产业关联效应推动特定产业向部分国家集聚。

通过对不同层次经济集中过程的研究，新经济地理学显示出了其应用的普遍性。三个层次的模型分别对应区域经济学、城市经济学和国际经济学，但都可以运用新经济地理学的理论来解释。同时，在模型假定和建模过程中，新经济地理学并非为了创新而排斥其他学派，而是充分吸收其他经济学思想，如吸收赫克歇尔—俄林（Heckscher-Ohlin）贸易模型、新经济增长理论等，从而大大拓展了新经济地理学的应用范围，也显示了新经济地理学的包容性。

二、新经济地理学的研究重点：集聚力

经济地理最大的特征是集中，即生产活动的集中。因此，尽管新经济地理

学承认集聚力和分散力同时存在，但其关注重点是集聚力。结合克鲁格曼及其他学者研究成果，可将集聚力的来源分为外部环境和内在动力两方面。

(一)外部环境：偶然性或历史性因素、与距离相关的因素

外部环境因素是不以企业决策为转移、客观存在的因素，按照新经济地理学理论，推动经济活动空间集聚的外部环境因素主要包括偶然性因素，以及与距离相关的基本因素。

经济地理的初始优势可能由偶然性或历史性因素形成，通过路径依赖和"锁定"，不断循环累积而形成差异化的空间分布。偶然性的历史事件对经济地理演化可能起着关键性作用。例如，克鲁格曼在《地理与贸易》中引用的多尔顿地毯业及相关行业集中的案例中，推动地毯行业在多尔顿集中的初始因素是婚礼上的一个礼物。又如，战争、微小的随机扰动因素等造成劳动力从其他地区向特定区域的大量集中，在长期的循环累积过程中推动该区域形成生产集中地。克鲁格曼进一步考察了美国工业化的历史，并发现几乎所有的生产中心都始于一次偶然的事件。偶然的、不可预测因素是无法模型化的因素，在此之后，便在循环累积过程中发挥出滚雪球般的作用。

距离是研究经济地理的核心特征，是企业选址、城市兴起和国际贸易不可绕过的部分，包括产品从生产者到消费者的距离、产品从上游企业到下游企业的距离、生产要素从其他地区到厂商的距离。经济活动的集中过程本质上是产品与生产要素与目的地距离的缩短，因此，与距离有关的集聚力来源包括：节省运输成本、追求规模经济和外在性。第一，在单位运输成本外生情况下，厂商节省运输成本和贸易成本的有效方式是距离消费者和下游厂商更近，厂商因而有动力根据产品情况集中选址在消费市场中心或下游厂商周边。第二，规模经济包括内部规模经济和外部规模经济：内部规模经济是随着技术进步，同等数量生产要素投入能生产出更多的产品，从而实现收益递增，内部规模经济形成市场力量，从而导致不完全竞争；外部规模经济是随整个行业产出规模增加平均成本下降的经济，来源于一定空间内距离较近的多个企业。内部规模经济是外部规模经济的实现基础，前者通过形成市场力量带来外部规模经济，两者都不随单一企业决策所改变。因此，为追求规模经济，尤其是外部规模经济，与上下游企业共享销售、生产和运输等服务和基础设施，节约库存成本、销售成本及其他成本，使企业有动力缩短与相关联企业的距离，从而形成生产中心。可以说，节省运输成本和追求规模经济是经济地理的最基本要素，也是研究任

何与空间相关问题必须考虑的影响因素。

马歇尔外在性也是与距离密切相关、推动企业在一定空间集聚的重要因素，不随单个企业决策而改变。如上文所述，马歇尔外在性包括三方面：共享的劳动力市场、集聚区多样化的中间产品和最终消费品以及知识溢出。集聚区劳动力市场为劳动力和企业都提供了风险缓冲，劳动力在集聚区可以较好地避免失业风险，而劳动力市场也具有为企业提供劳动力蓄水池的功能。多样化的中间产品和最终消费品种类能够为企业和消费者提供更加专业化和个性化选择，而多样化带来的竞争也有利于企业和消费者享受到更加合理的价格。集聚区企业间的知识溢出既包括面对面的"隐性知识"溢出，也包括随人才流动、合作研发、产品生产等形式的知识溢出，而寻求这种知识溢出最有效的途径莫过于地理上的接近。

（二）内在动力：市场性因素和心理预期

内在动力是由企业或要素所有者特性和决策所决定的、推动经济活动空间集聚的因素。内在动力因素主要包括与市场密切相关的因素以及心理预期因素，两者在微观层面影响经济活动中每个主体的空间决策行为，从而影响经济空间。

与市场密切相关的影响集聚的因素主要包括：需求偏好、需求市场规模以及市场关联度。第一，对多样化产品的需求偏好推动经济活动集中。需求偏好是指消费者或企业对劳务、消费品或中间产品表现出的特性，包括对多样性的偏好，对邻近市场的偏好，以及对产品与劳务的其他偏好。例如，消费者总是在同等效用水平上偏好多样的消费品种类，因而新经济地理学采用 D-S 模型中不变替代弹性效用函数描述消费者效用，并表明消费者多样化偏好推动厂商在一定空间集聚。又如，消费者或下游厂商对市场距离远近的敏感度较高时，区域内产品竞争激烈，消费者对产品的选择仅由企业距离决定，即地方化程度较高，不容易形成集聚中心。如果市场需求方对距离敏感度较低，更容易受产品差异化影响，即对产品多样化的偏好大于对邻近市场距离的偏好，那么经济活动集聚过程就更容易形成。第二，需求市场规模越大，企业越有可能集聚在特定空间。需求市场包括消费者市场、下游企业市场、政府及需求中介市场。人口集聚地的企业数量也相对较多，而随着企业数量增加，消费者可选的消费品种类也在增加，从而进一步吸引人口流入，周而复始形成更大的生产中心。下游企业市场规模越大，对上游企业吸引力也越大，例如，在大型企业周边更容易形成生产集聚中心，如美国底特律汽车中心、日本丰田城等的形成。政府对经济地理起着多重作用，政府既是采购需求方，也是政策制定者。政府采购的特征是大批量大额度，且在同等情况下更加倾向于采购本地供应商产品，因而在政府周边容易形成集聚中心。第三，市场关联度越强，越容易形成集聚中心。新经济地理学引用赫希曼（Hirschman，1958）提出的前向关联与后向关联效应，认为在其他条件都相同情况下，企业更倾向于在制造业生产中心进行生产，因为可以较低价格从生产中心购买到所需原材料。推动市场关联起作用的仍然是企业内部规模经济，只有当这种关联内化为企业成本的降低，企业才有动力在一定空间集聚。

心理预期和历史性偶然性因素共同决定经济空间的均衡结果。心理预期长期没有得到经济学家的重视，克鲁格曼是第一位提出心理预期对空间均衡具有决定性作用的经济学家。克鲁格曼（1991）所说的心理预期是"自我实现的预言"①，在很多情况下这种自我预期决定了最终的经济地理是单中心均衡、多中心均衡或是分散。例如，当投资人预期其他人都会投资到某一特定行业，或向某一空间集聚时，他根据这种预期决定是否投资以及是否搬迁到该地区。当大多数人都预期资本会向某一空间集聚，他们因而也将资本投入该地区，从而推动该地区形成新的集聚中心。这种心理预期不仅在产业层面起作用，对宏观经济地理也发挥着重要作用。当市场主体的决策依赖于其他人的表现时，心理预期机制开始发挥作用，然而这种心理预期的方向是不确定的，也很有可能会被不对称信息误导。当决策人预期集聚利益会超过迁移成本和原有效益时，集聚极有可能发生，而此时任何不利于集聚的信息都将降低决策人的心理预期，从而增加经济空间均衡结果的不确定性。

三、新经济地理学的模型与方法：空间动态多重均衡

在外部环境与内在动力共同作用下，经济活动的空间分布处于不间断动态演化中。与传统经济学的唯一均衡解相比，新经济地理学模型往往存在多重均衡解，而空间动态演化就是在多种可能经济地理结构中选择一种。新经济地理学理论在处理经济地理结构过程中有两方面突出贡献：描述了经济地理结构是如何在集聚力与分散力的相互作用下形成的；采用动态演化方法处理历史性和偶然性因素对经济地理结构的影响，模拟多重均衡的实现。

---

① 原文为 self-fulfilling prophecy。

首先，将集聚力和分散力模型化，并提出经济空间结构演化是集聚力与分散力的均衡结果。新经济地理学文献中提到的集聚力主要包括三种：关联效应、厚市场(劳动力蓄水池)、知识溢出及其他纯外部经济，即马歇尔的三种外部经济；分散力主要也包括三类：不可流动要素、地租与通勤成本、拥挤成本及其他纯不经济(Fujita and Krugman，2004)。集聚力是促进经济活动空间集中的力量，而随着分散力的增加，要素预期在集聚区所获得效益低于边缘区效益，将纷纷逃离集聚区导致形成分散布局。不可流动要素，如土地、自然资源、基础设施等具有地方属性，不因距离变小而增加外部性，而地租和通勤成本的增加、拥挤成本及其他纯不经济因素，均降低了集聚区实际工资和对劳动力的吸引力，均将对经济空间形成分散。集聚力与分散力对可移动要素的空间分布起着相反的作用：当集聚力占主导时，均衡结果为可移动要素在某一空间内集聚，反之，均衡结果则为分散布局。新经济地理学并不是第一个提出集聚力与分散力的理论，却是第一个将两者模型化并用于解释经济地理的理论，为经济地理的定量研究提供了途径。

其次，运用一种叫特别动态方法(ad hoc dynamics)的演化方法，分析历史性和偶然性因素对经济地理的影响。动态演化方法源于数学领域，与生物学"演化博弈论"中的"复制动态"(replicate dynamics)①相似，特别动态方法考察不同参数水平下集聚状态的可维持性，从而求出稳定均衡结果。以往人们假定经济动态演化来源于个人理性行为的最优决策，并求出传统经济学规模报酬不变模型的唯一均衡解，然而面对可能存在多重均衡解时，经济人理性如何在多种均衡结果中进行选择成为难题。由于经济空间演化过程是自我加强的循环累积过程，采用跨时期最优模型将陷入无限循环求解中，使得问题复杂化。动态演化方法将历史性和偶然性因素视为突变因素，在一定程度上简化了对经济空间动态演化的分析，虽然并没有为任何决策过程的动态演化找到依据，但有助于对多重均衡结果进行分类以及后续深入分析。新经济地理学运用动态演化方法，从理论上论证了多重均衡的存在，从而使运用数值模拟方法观测历史性因素或心理预期对经济地理的影响成为可能。

尽管多重均衡在理论上已经得到了较为完善的解释，但真实经济空间是否存在多重均衡仍然被质疑。例如，Davis 和 Weinstein(1996)通过对日本 114 个

---

① 演化博弈论认为，人不是完全理性的博弈方，而是通过不断试错达到均衡，这种过程与生物进化过程相似。复制动态是演化博弈论的核心概念，由 Taylor 和 Jonker 于 1978 最先提出，是指使用某一纯策略的人数所占比例的增长率等于使用该策略时所得支付与群体平均支付之差，或者与平均支付成正比。

城市的制造业进行实证分析发现，城市人口和制造业受临时性强烈冲击的影响并不大，从而怀疑多重均衡模型是否具有普遍意义。其他学者如 Rhode（2003）、Brakman 等（2004）也都发现一个地区的工业和城市发展受战争因素影响不大，例如美国加利福尼亚和联邦德国的城市在战后都恢复迅速。

第二节　D-S 模型与新经济地理学

新经济地理学与传统经济地理学的重要区别就在于其采用了独特而有效的建模技术，使得经济学家能够将经济地理结构动态变化过程模型化，并对经济活动空间分布进行一般均衡分析。新经济地理学的建模技术主要包括四个方面：D-S 模型、冰山成本、动态演化与计算机，而 D-S 垄断竞争模型是最关键的技巧。

一、D-S 模型概述

收益递增思想在很早就由马歇尔（1890）运用于解释产业集聚动因，但一直以来经济学界并没有找到合适的方法将规模报酬递增思想模型化，只有在迪克西特（Dixit）和斯蒂格利茨（Stiglitz）（1977）提出了 D-S 垄断竞争模型之后，才真正将罗宾逊（J. Robinson）和爱德华·张伯伦（Edward Chamberlin）的不完全竞争思想模型化，为新经济地理学的创立提供了理论依据。

D-S 模型是由迪克西特和斯蒂格利茨在 1977 年所发表的《垄断竞争和最优产品的多样性》论文中提出的。D-S 模型的核心内容包括消费和生产两方面：消费方面，构造包含产品种类的不变替代效用函数（CES），并推导出需求函数和张伯伦 dd 曲线与 DD 曲线；生产方面，假定每个企业生产差异化产品，且生产的固定成本和边际成本不变，并结合需求函数和新厂商自由进入条件，从而求得均衡结果。因此，D-S 模型巧妙地将消费品种类的市场均衡转化为企业追求规模经济和消费者多样化偏好的权衡博弈结果。

D-S 模型的重要贡献是将垄断竞争模型化。D-S 模型关于规模报酬递增的关键假设是，商品总成本等于固定成本与不变的边际成本之和，规模报酬递增指的是，随着商品生产数量增加，单个商品生产成本反而下降。模型的垄断竞争体现在：一方面，由于已经假定厂商存在内部规模报酬递增，当市场上同时存在生产同一种产品的两个企业，那么其中一家企业一定可以采用生产单一产品来降低单位成本，从而压低价格挤占市场，将价格降到更低的厂商最终将另一家厂商挤出市场，从而实现垄断；另一方面，差异化产品之间存在一定替代性，且新厂商可以自由进入市场直至利润为零，厂商并非完全垄断市场，因此厂商是垄断竞争的。在模型设定方面，为体现垄断竞争思想，除设定厂商的规模报酬递增外，还假设消费者效用函数为不变替代效用函数，这种效用函数既满足传统效用函数的凸性特征，体现消费者的多样性偏好，还能实现消费者多样化模型化的一般表述。在离散产品情况下和连续产品情况下，效用函数可分别表述为：

$$u \equiv U\Big(x_0, \ \Big[\ \sum_j x_j^{(\sigma-1)/\sigma}\ \Big]^{\sigma/(\sigma-1)}\Big)$$

$$u \equiv U\Big(x_0, \ \Big[\int_i^n x_i^{(\sigma-1)/\sigma}\mathrm{d}i\Big]^{\sigma/(\sigma-1)}\Big)$$

该效用函数即 D-S 效用函数，其中 x_j 表示第 j 种潜在商品，x_0 表示所有作为计价物的其他商品，σ 表示产品间的替代弹性。可见，消费者费用随着产品种类增加而增加。同时，在消费者效用最大化条件结合厂商利润最大化问题和市场自由进入条件，可求得市场均衡时商品种类(厂商数量)和产量，以及商品价格，从而将规模报酬递增融入主流经济学的一般分析框架中，掀起了第二次垄断竞争革命[1]，也带动了新贸易理论、新经济增长理论和新经济地理学的创立。

二、新经济地理学与新贸易理论、经济地理学

在由 D-S 模型带来的第二次垄断竞争革命中，克鲁格曼的贡献最大，先是成功将 D-S 垄断竞争模型应用到国际贸易理论中，创立了新贸易理论，又在此基础上开创了新经济地理学分析范式。因此，新经济地理学与新贸易理论之间存在思想和建模技术上的延续，相反，与在名称上更为接近的经济地理学在诸多方面存在本质上的不同之处。

---

① 第一次垄断竞争革命为 20 世纪 30 年代由 John Robinson 的《不完全竞争经济学》和 Edward H. Chamberlin 的《垄断竞争理论》掀起，改变了经济学家处理垄断竞争的方法。

（一）新贸易理论与新经济地理学

新贸易理论的创立标志是克鲁格曼于 1979 年发表的《报酬递增、垄断竞争与国际贸易》（*Increasing returns, monopolistic competition, and international trade*）。在该文中，克鲁格曼假定国家偏好为 D-S 效用函数，厂商具有边际成本递减特征，因而市场结构为垄断竞争市场，即使在两国技术、要素禀赋、偏好等因素都相同的情况下，规模经济仍然会推动贸易发生。因此，克鲁格曼第一次在国际贸易理论中实现了垄断竞争和规模报酬递增的模型化，这对古典和新古典范式的传统贸易理论形成冲击。传统贸易理论认为要素可得性、生产技术、偏好等"第一性"优势决定了国家间贸易能否发生，然而基于比较优势的传统贸易理论无法解释现实世界中两个要素禀赋相似的国家间的贸易现象。此外，尽管许多传统贸易学者隐约意识到贸易中存在的规模报酬递增，其他经济学家如 Nicholas Kaldor、Thomas Schelling 和 Paul Romer 也曾讨论过规模报酬递增，但由于不能对规模报酬递增和垄断竞争进行模型化处理，都没能推动垄断竞争革命。

从新贸易理论到新经济地理学是研究角度的转换。新贸易理论研究重点是在规模报酬递增和垄断竞争条件下研究产业间贸易和产业内贸易模式，而新经济地理学则是探讨贸易模式和区位选择问题，主要表现为贸易模式与集中问题。克鲁格曼在研究国际贸易问题时发现，现实世界的要素和商品都可以自由流动，但商品存在运输成本，而国际经济学为简化研究，往往假定要素不能流动且商品运输成本为零，那么如何在国际贸易中引入空间区位问题成为关键问题，而这正是新经济地理学关注的核心问题。实际上，新贸易理论中已经蕴含了新经济地理学的早期思想。例如，克鲁格曼在 1980 年发表的《规模经济、产品差异和贸易模式》（*Scale economies, product differentiation, and the pattern of trade*）中提出"本地市场效应"，即拥有较大国内需求市场的国家是贸易出口国。"本地市场效应"中包含的新经济地理学思想是，在存在规模经济条件下，厂商集中于大市场周边，可以实现更大规模生产，从而降低生产成本。然而新贸易理论没有提到的是，企业集中于大市场周边同时节省了运输成本和贸易成本，后者进一步降低了厂商成本。

新贸易理论与新经济地理学对集聚的解释有较大差异。由于新贸易理论并未考虑区位因素，集聚在新贸易理论中表现为经济规模。新贸易理论假定外生的经济规模，而新经济地理学在允许要素流动情况下将经济规模内生化。

(二)新经济地理学与经济地理学

传统经济地理学又称为正规经济地理学(Proper Economic Geography),是地理学与经济学的交叉学科,应用了大量的经济学分析方法,主要研究经济活动空间方面的问题。经济地理学发展历史久远,最早可追溯到 1882 年葛茨(W. Gotz)在《经济地理学的任务》中区分出经济地理学和商业化地理学,标志着经济地理学从地理学中独立出来。经济地理学从成立到发展至今,其研究范畴和研究方法不断拓展,发展出区域经济地理学、部门经济地理学以及企业地理学等多个分支。经济地理学与新经济地理学之间虽然只相差一个"新"字,但并不意味着后者是对前者的完全否决与替代,只是两者在理论依据、研究方法和关注重点等本质问题方面存在较大分歧(见表 2.1)。

表 2.1 新贸易理论、经济地理学与新经济地理学比较

分类	新贸易理论	经济地理学	新经济地理学
研究目标	考虑两个具有相同要素禀赋、技术和偏好,但经济规模不同的经济体贸易模式	考虑空间异质性因素,以解释每种经济地理形成的原因和集聚过程	构建适用于不同空间规模和不同集聚类型的一般均衡模型
研究方法	采用主流经济学建模方法,D-S 垄断竞争模型	以分散的实证研究为特征,多以案例研究为主	采用数学建模和数学模拟而非实证研究
市场结构	垄断竞争	完全竞争	垄断竞争
贸易结构	产业间和产业内贸易	产业间和产业内贸易	产业间和产业内贸易
空间结构	唯一均衡	唯一均衡	多重均衡
影响集中的因素	外生给定 国内需求偏好	要素投入、市场规模、区域环境和交通	运输成本 前后关联
理论框架和因果机制	侧重通过建模,由经济学逻辑决定	综合考虑多种因素、多种模型,如社会网络理论、文化理论、制度经济学和演化经济学等	由特定条件下生产函数和效用函数的均衡结果决定
经济空间的含义	空间因素外生,主要指地理区位	不仅包括绝对地理空间,还包括相对空间,如社会历史因素形成的空间	现实意义上的绝对空间,通常是理想化的几何学空间

在理论依据上，经济地理学认为以马歇尔和韦伯为代表，研究单部门企业的古典区位理论无法揭示现实中存在的很多区位现象，如跨国公司的空间格局及演变等，而古典区位理论严重依赖新古典经济学和静态分析，对现实存在的规模报酬递增、不完全竞争以及经济空间动态演化等复杂情况不再适用。因此，经济地理学转向以廖什的"中心区位论"为代表的近代区位理论和偏重于定性分析的推论方法，充分考虑区位的动态化发展和除经济成本与理论之外的其他因素，如考虑信息、折旧、文化等因素对区位的影响。而新经济地理学受古典区位理论影响较大，其核心思想仍可溯源至马歇尔、韦伯、杜能等关于区位的研究。如杜能(1986)对影响集聚的因素、运输成本对核心区的形成作用等的论述，与新经济地理学的理论发现本质上是一致的；韦伯关于集聚因素、劳动力成本、运输成本对工业区位选择的论述与新经济地理学关于"集聚力"和运输成本对要素流动方向起重要作用的思想不谋而合。也正因为如此，经济地理学批判新经济地理学仍停留在对古典区位理论的创新和完善上，不能成为"新"的理论。

在研究对象和研究方法上，相比理论模型，经济地理学更加关注现实问题的解决，因而研究具有个性化和部门化，例如，关注人口问题、资源环境问题、国家收入差距问题、区域经济发展不均衡等问题，而新经济地理学更加关注理论建模，研究更具有一般化，例如构建区域发展模型、城市模型和国际模型，试图用一种模型去解释一系列现象。在研究方法上，经济地理学多采用田野调查、统计—归纳、案例研究等社会学和管理学方法，而新经济地理学依赖大量理想化的假设条件，对现实经济空间问题进行简单化处理。

在对经济活动集聚的影响因素和集聚机制方面，集聚是新经济地理学的核心内容，但却只是经济地理学关注的区域空间结构中很小的一部分。经济地理学对集聚机制的论述分散在区域空间结构的研究中，认为集聚受区位因子影响，如成本因子和收入因子等经济因子、自然环境等非经济因子。具体而言，要素投入、市场规模、区域环境和交通等因素决定经济活动最终的区位。而新经济地理学更加强调前后向关联、运输成本对产业集聚的作用，或者说受建模技术的制约，只能对产业前向关联与后向关联进行模型化处理。

三、新经济地理学的新发展

新经济地理学从创立至今，理论发展日趋成熟，而实证和政策研究方面虽然相对发展较为缓慢，但已经逐渐成为新经济地理学未来发展趋势。

新经济地理学理论模型从第一代基础 CP 模型到第三代模型，不断放松理论模型假设条件和拓展研究范畴，历经了三个主要发展阶段（见表 2.2）。第一代模型以 CP 模型为代表，模型假定只有两部门经济系统和不考虑金融约束条件，而要素流动是推动经济活动空间形成的重要因素。第二阶段在 CP 模型的基础上放松资本、增加部门数量和拓展研究范畴，根据可跨区域流动的要素类型，这一阶段拓展的主要模型包括：自由资本模型（FC）（Martin and Rogers，1995）、自由企业家模型（FE）（Ottaviano，1996；Forslid，1999）、资本创造模型（CC）（Baldwin，1999）、垂直关联模型（VL）（Venables，1996）等。其中，自由资本模型假定资本流动，而工人不可流动；资本创造模型假定企业和人力资本可流动，而无技能的工人不可流动；资本创造模型假定资本不能流动但能够被创造；垂直关联模型则假定劳动力不可流动，产业集聚通过中间产品交易完成。第二阶段的特征是，以 CP 模型为核心拓展研究区域发展和产业地方化，但模型仍以静态模型为主。第三阶段即 21 世纪初至今，在第二阶段基础上发展出多个理论流派，但研究方法至今仍没有重大突破。正如克鲁格曼 2010 年在美国地理学会上所说，新经济地理学已经到了中年阶段。中年阶段的新经济地理学面临两个困境：一是如何回应批判，尤其是经济地理学者的批判；二是如何接近地气，即怎样让新经济地理学不再停留在理论和计算机模拟层面，而能解释现实经济现象甚至对将要发生的现象进行预测。两个困境实际上是相互关联的，第二个困境直接决定了能不能得到传统经济地理学者的认可。因此，这一阶段的新经济地理学呈现出三大发展趋势。

表 2.2　新经济地理学主要发展阶段

时间	主要特征
20 世纪 90 年代初期	以克鲁格曼创建的基础核心—边缘模型为代表
20 世纪 90 年代中期和晚期	在 CP 模型基础上拓展至区域发展、城市形成、产业地方化、产业集群形成
21 世纪以来	发展出多个流派和多种模型，技术变化、知识溢出、政策性分析以及实证研究等受到越来越多的关注

第一大趋势是考虑微观主体异质性对新经济地理模型的影响。同质性企业

假定是 CP 模型的核心假定之一，其巧妙地简化了区域生产活动的分析，随着异质性企业贸易理论的发展，经济学家试图将异质性企业理论融入新经济地理学中，并进一步放松消费者同质化偏好的假设条件，从而形成"新"新经济地理学。例如，Baldwin 和 Okubo（2006）在研究不同生产率的企业区位选择问题时，发现生产率较高的企业选择核心区而生产率较低的企业选择外围地区，企业的异质性减弱了本地市场效应。Forslid 和 Okubo（2015）则把规模经济引入运输中，并发现中等生产率的企业在核心区域，而较高和较低生产率的企业则留在边缘区域。Okubo 则通过在新经济地理学模型中引入异质性企业开展持续性研究，从不同角度和不同层面考察异质性企业的空间分布，并形成了一系列研究成果，包括国际贸易层面的贸易自由化、外包等对国家工业生产率布局的影响（Helble and Okubo，2008；Okubo，2009；Baldwin and Okubo，2014），区域层面的市场融合、税收等对企业布局的影响（Okubo et al.，2010；Okubo，2012；Okubo and Tomiura，2014），以及对产业层面的研究（Okubo et al.，2016）。除 Okubo 外，其他研究学者在放松同质性企业假定的研究方面也做出了一定探索。例如，Ottaviano（2010）认为企业和消费者的微观异质性研究将推动新经济地理学发展到新的阶段。此外，国内学者何雄浪等（2013）、安虎森（2013）、颜银根（2014）等都在推动异质性企业研究方面，尤其是在中国的实证研究方面做了许多开创性工作。

相比新经济地理学中越来越多包含异质性企业的研究，融入异质性消费者（工人）的研究相对较少。新经济地理学假定消费者在消费偏好、技能熟练程度、储蓄习惯、迁移偏好等几乎所有方面都是相同的，这一假定与同质化企业假定类似，虽然简化了模型，却与现实世界相差甚大。因此，随着离散选择理论的发展，经济学家逐渐放弃消费者同质性偏好这一假定。例如，Tabuchi 和 Thisse（2002）将离散选择理论应用到经济地理模型中发现，异质性偏好是一个强烈的分散力。Murata（2007）进一步研究表明，当异质性偏好较小时，企业都会选择大规模生产技术；异质性偏好较大时，企业都会选择小规模生产模式；当异质性偏好程度中等时，大规模生产技术和小规模生产技术同时存在。而生产技术的选择直接关系到经济地理类型，小规模生产技术将使得经济活动相对分散，而大规模生产技术则推动经济活动集中。此外，还有少量研究关注异质性工人对经济地理的影响。例如，Mori 和 Turrini（2005）采用异质性工人假定，认为在均衡时熟练技能工人集聚在有较多熟练技能工人和收入较高的区域。Russek（2010）采用同一假定，证明低技能劳动者流动会加速熟练技能工人集聚并影响集聚模式，且当贸易成本较高时，无技能劳动和熟练技能工人的流动相互强化，从而均衡时同一地区同时两种劳动者；而在运输成本较低时，低技能工人将会趋于分散布局，而熟练技能工人仍趋向于集聚。然而，Wrede（2013）研究发现，核心区域对熟练技能工人更有吸引力，技能熟练程度与工资高低和集聚规模呈正相关。越来越多的研究假定异质性偏好和异质性劳动者，并在新经济地理学模型中将其内生化，成为新经济地理学发展的重要趋势。

新经济地理学被诟病的重要原因是过分强调理论模型、与现实严重脱节，因而对实证研究的关注成为近年新经济地理学发展的第二大趋势。实证研究主要围绕本地市场效应、市场准入与工资、多重均衡结果等多方面开展。本地市场效应是新经济地理学的主要结论之一，针对本地市场效应的实证研究也相对较多。例如，Davis 和 Weistein（2003）基于经济合作与发展组织（OECD）国家制造业数据的实证分析表明存在本地市场效应。后续研究将 Davis 和 Weistein 的方法应用到其他国家和地区数据来检验本地市场效应，如 Domeque 等（2005）、范剑勇和谢强强（2010）等。在新经济地理学模型中，核心区工资水平要高于边缘区工资水平，Brakman 等（2000）对德国城市工资数据来检验了这一结论，这一结论在放松均衡时实际工资相等的假定条件下仍然成立（Brakman，2004）。其他学者则进一步考察了市场准入、市场潜力等对工资收入差异的影响，如 Fally 等（2010）利用巴西各区微观数据检验了市场准入与工资的关系，Fallah 等（2011）在市场准入的基础上引入技术溢出，并检验了美国城市的市场准入与工资水平分布。新经济地理学结论表明存在多重均衡，且历史性和偶然性因素会改变均衡时的集聚状态，这一结论在实证研究中也被充分关注。其中，开创性的文献是 Davis 和 Weinstein（2004）对日本战后城市发展受"二战"影响的研究，发现城市人口和制造业受临时性强烈冲击的影响并不大，从而怀疑多重均衡模型是否具有普遍意义，这一结论得到后续研究的支持（Rhode，2003；Brakman et al.，2004）。然而，Bosker 等（2007）认为 Davis 和 Weistein 的结论可能是因为没有考虑城市间的空间依赖，接着在其基础上考虑城市间的空间依赖，证明德国战后城市发展情况支持两个稳定均衡结论，从而证明多重均衡的存在。但 Bosker 等也承认，如果不考虑城市间的空间依赖就难以发现多重均衡。

此外，实证研究除在研究主题方面有新的突破外，在研究样本中的国家也有所丰富，越来越多的学者将目光投向发展中国家，尤其是中国。实际上，克鲁格曼也承认新经济地理学对现实解释的局限，他认为"新经济地理学模型更适用于解释美国 19 世纪初的制造业产业带的现象，而难以解释现在和未来的经济地理现象"。这也是学者在做实证研究时会得出与新经济地理学模型相反结论的原因。但是，新经济地理学并没有过时，反而对解释发展中国家的经济地理现象颇具说服力，例如我国正在发生的经济地理现象，因此，将新经济地理学模型应用到发展中国家(尤其是中国、印度、巴西等国家)的经济地理现象成为新的研究趋势。例如，Bosker 等(2012)采用县区经济估计数据对我国经济地理长期进行计算机模拟，发现放松户籍制度后劳动力流动加快将推动继续形成核心—边缘结构的空间分布。陈建军等(2009)对 222 个城市面板数据的实证研究表明，知识密集程度、信息技术水平、城市和政府规模对生产性服务业集聚均有显著影响。Lee(2012)发现靠近海岸距离、集聚效应、同种产品现有企业数量是影响中国出口企业区位决策最重要的三个因素，高学历人才数量越多，企业越容易集聚。Ghani 等(2014)检验结果表明基础设施质量、劳动力教育水平、劳工法、家庭生活质量是构成区域吸引力的主要因素。

第三大趋势是关注知识溢出或知识外部性对集聚的影响。为方便构建精巧的微观模型基础，新经济地理学在创立和发展初期仅仅考虑金钱外部性，并未将知识外部性或技术溢出纳入模型框架中，然而这并不意味着新经济地理学框架无法分析知识溢出机制。例如，Fujita (2007)构建了知识创造与转移的动态微观模型，Karlsson 和 Grasjo(2014)在新经济地理学框架中引入知识外部性和知识溢出，认为跨区域知识溢出效应潜力越大，企业就越可能集聚在该区域。尽管目前关于集聚的知识溢出机制研究相对较少，但随着知识溢出在区域经济增长方面扮演越来越重要的角色，相信将知识溢出机制纳入新经济地理学统一分析框架的研究将会越来越多。

第三节 新经济地理学主要模型揭示的产业集聚机制

集聚是新经济地理学的核心内容，集聚机制也是诸多模型关注的焦点问题。从前文可知，新经济地理学的重要贡献是构建了区位内生的经济活动空间模型，从而揭示了经济活动空间分化过程，即集聚过程。新经济地理学理论揭示的集聚机制，即微观主体的区位决策如何影响大量经济活动集聚在特定空间分布的规律，而经济活动特指生产活动。绝大多数新经济地理学模型中集聚机制的本质都可归结为循环累积机制，即"正反馈"机制。CP 模型是新经济地理学的核心模型，也是大多数后续模型的共同基础，是理解和拓展其他模型中产业集聚机制的重要基础。

一、核心—边缘模型中揭示的产业集聚机制

核心—边缘模型探讨了两个具有对称结构的区域，如何通过可移动要素（工人）的流动演化为以报酬递增行业（制造业）为主的核心区和农业边缘区，以及消费者偏好、运输成本等关键参数的改变如何对区域经济活动布局带来"突变"。对称区域受到轻微扰动后就在循环累积机制的作用下不断自我强化，而这种"正反馈"机制的运行需要依赖消费部门与制造业部门的前后向关联。

前向关联和后向关联由 Albert Hirschman（1958）提出，当某一产业带动下游产业的发展时即产生了前向关联，当下游产业带动上游投入产业的发展时即产生后向关联，这种前后向关联也同时构成核心—边缘模型中的集聚力。CP 模型中假定制造业产品的运输存在"冰山"形式的运输成本，这种运输成本随距离远近而成比例变化。因此，企业偏向于在距离消费者近的地方进行生产。同时，模型假定产品生产是报酬递增的，即产品生产规模越大成本越低，因而企业偏向于在消费者市场规模较大的区域生产，以在实现规模经济的同时节省运输成本和贸易成本。有了这两个假定条件后，就可以用前后向关联来理解 CP 模型中的产业集聚过程了：

首先，南方和北方是两个初始条件对称的区域，即土地规模、农民数量、工人数量相同，消费者效用函数相同。但是农民不可以在区域间移动，而工人可以自由移动。其次，农产品无运输成本，意味着农产品的运输成本和贸易成本无须通过价格歧视转移到消费者身上，因而两个区域农产品价格一致，农民收入相同。最后，制造业产品的运输成本为"冰山"形式，且每个企业只生产一种产品。初始条件下，由于两个区域工人数量相同，区域产品种类相同，因而工资率也相同。

在这些与现实并不完全相符的强假定下，由于工人可以在两区域内自由移动，在某些偶然性因素扰动下部分北方工人迁移到南方，即使迁移数量非常少，但在合适条件下也足以引发两个区域工人和企业的重新分布，从而实现经济活

动空间分化。考虑到工人在这个经济系统中具备的双重身份：一个是作为消费者，花费自己的收入购买农产品和工业制品；另一个是作为生产者，生产制造业产品。如果工人的迁移行为带来了消费市场价格指数的变化，说明产生了成本（前向）关联；如果迁移行为带动了生产规模的变化，说明产生了需求（后向）关联。首先考虑生产规模的变化。工人从北方迁移到南方后，由于模型假定工人的收入完全用于支出，使得南方支出份额增加。同时，迁移行为并没有改变工人的消费偏好，且制造业产品存在运输成本，消费者更加偏好当地的制造业产品，因此，北方工人的迁移使得南方消费者市场规模增大。企业偏好在市场规模较大区域进行生产，南方消费市场规模的增大将导致企业增加，即存在本地市场效应。根据模型假设，新企业进入实质上就是工人迁移，而新迁入的工人又会产生需求关联带动新的企业进入该区域，如此循环累积不断强化从北方到南方的迁移行为。其次考虑消费市场的变化，当工人迁移到南方后，他们参与到南方制造业产品生产中，使得南方制造业产品市场种类（规模）增加，价格指数下降，而北方制造业产品价格由于工人的迁移而上升，运输成本的存在使得北方制造业产品相对于南方制造业产品价格更高，即生活成本更高。因此，在名义工资相等的情况下，工人向南方迁移带来实际工资的分化，南方工人实际工资高于北方工人实际工资。南方实际工资的上涨，吸引更多工人迁移到该区域，这个过程实质上是由于生活成本下降而带来的工人迁移，即成本（前向）关联。和需求关联一样，成本关联同样会带来不断强化的工人迁移，如果没有受其他因素影响，这个迁移过程会一直持续到北部所有工人和企业都迁移到南方，而形成以南方为制造业中心、北方为不可移动的农民及无运输成本的农产品为主的边缘区域，也就是形成核心—边缘模式，这个集聚过程可以通过图 2.1 简要表述。

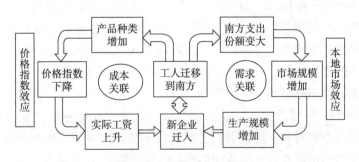

图 2.1 工人迁移到南方的需求关联与成本关联示意图

从图 2.1 可以发现，受到偶然性因素扰动而迁移的工人通过前后关联效应带动了制造业向一个区域的集中，触发这种制造业集聚的因素包括两个方面：一是工人可以自由移动，二是区域间的贸易自由度较高。如果工人不可以自由移动，那么小部分工人的迁移无法给两个区域的经济带来永久性的改变；如果贸易自由度较低，即使对称的经济系统受到偶然性因素影响，也能够在区域内进行调整，重新找到均衡，而不会发生区域间的要素流动和制造业集聚。核心—边缘模型认为只有同时满足这两个条件，才能形成循环累积机制，从而推动产业集聚区形成。

在核心—边缘模型中，前后关联产业集聚机制的区位指向不明确，两个对称区域成为制造业核心区的概率相等，完全由偶然性因素决定。同时，制造业集聚到什么程度为止呢？克鲁格曼（1991）在模型中并没有直接指出，但提到了一种分散力：本地市场竞争效应，即工人在劳动力市场较小的区域面临的竞争要小于在劳动力市场较大的区域。当工人向南方迁移，南方劳动力市场规模增加，劳动力竞争变得激烈，工人在南方较难找到合适的工作，因而可能会离开南方；此外，对企业而言，在企业数量较多的区域进行生产面临的竞争压力要比企业数量较少的区域竞争压力大，盈利能力较小，使得企业有离开该区域的倾向。这种本地市场竞争效应也是不断自我强化的，与前后向关联形成的集聚力相对大小共同决定了经济活动的最终空间分布：当竞争效应产生的分散力大于集聚力时，区域集聚过程将停止，迁出企业和工人大于迁入企业和工人数量；当分散力小于集聚力时，区域集聚过程将一直持续。

二、其他模型中揭示的产业集聚机制

根据 Baldwin 和 Forslid（2005）的分类，其他新经济地理学模型主要包括自由资本模型（FC 模型）、自由企业家模型（FE 模型）、资本创造模型（CC 模型）、垂直关联模型（VL 模型）（Venables，1996）、全域溢出模型（GS 模型）、局部溢出模型（LS 模型）、核心—边缘垂直联系模型（CPVL 模型）（Fujita et al.，1999）、自由资本垂直联系模型（FCVL 模型）（Robert-Nicoud，2002）、自由企业家垂直联系模型（FEVL 模型）（Ottaviano，2002）。这几类模型揭示的集聚机制本质上仍然通过循环累积机制，使得前后关联效应不断自我强化，从而形成产业集聚中心。不同模型的区别在于，流动要素和集聚力来源不同（见表 2.3）。

表 2.3 新经济地理学各主要模型比较

模型	可流动要素	不可流动要素	集聚机制	均衡结果	集聚力与分散力
CP 模型	工人	农民	工人跨区域迁移带来的需求关联与成本关联，形成循环累积效应	计算机模拟出多重均衡结果	集聚力：需求关联与成本关联 分散力：本地市场竞争效应
CPVL 模型	无	工人、农民	上下游企业垂直关联	计算机模拟出多重均衡结果	集聚力：需求关联与成本关联 分散力：本地市场竞争效应
FC 模型	资本	资本所有者、农民	本地市场效应	解析解	集聚力：本地市场放大效应 分散力：本地市场竞争效应
CC 模型、GS 模型	无	资本、劳动	资本存量的空间差异带来需求关联，形成循环累积效应	解析解	集聚力：需求关联 分散力：本地市场竞争效应
FE 模型	熟练技能工人	普通工人	工人跨部门迁移带来的需求关联与成本关联，形成循环累积效应	计算机模拟出多重均衡结果	集聚力：需求关联与成本关联 分散力：本地市场竞争效应
LS 模型	无	资本、劳动	资本存量的空间差异带来需求关联与成本关联，形成循环累积效应	解析解	集聚力：需求关联与成本关联 分散力：本地市场竞争效应

（一）垂直关联模型（VL 模型）

垂直关联模型在 CP 模型基础上增加了一个制造业部门，即存在两个垄断竞争的上下游制造业部门，并考察两个对称区域在偶然性因素扰动下经济活动空间内生分布变化，因此又被称为 CPVL 模型。和 CP 模型类似，CPVL 模型中制造业集聚通过前后向关联的循环累积机制完成，并存在多重均衡结果。但 CPVL 模型的循环累积机制与 CP 模型相比，在三方面有重要突破：第一，同质化劳动力假定，即农业人口和制造业工人之间可以相互转化；第二，劳动力不能跨区域流动，唯一可流动的是制造业产品和农业产品；第三，存在两个位于产业链上下游的制造业部门，其中一个部门需要另一个部门的产品作为投入品，但两个部门都满足垄断竞争和报酬递增属性。

尽管 CPVL 模型与 CP 模型相比有三方面重大突破，但集聚过程与 CP 模型中揭示的集聚过程有着异曲同工之妙。CPVL 模型的集聚过程同样通过需求关联和成本关联形成循环累积效应而完成，本地市场竞争效应同样对集聚过程形成分散力。假定在偶然性因素扰动下，北部农业人口转入最终消费品制造业部门，使得对中间投入品的需求增加。由于中间投入品存在跨区域运输成本，为降低运输成本，企业偏好在北部购买中间投入品，北部中间投入品需求市场规模变大，也就是产生本地市场效应。中间投入品需求规模的增加，提高了中间产品制造企业的利润，利润空间的存在吸引新企业进入中间产品市场进行生产，也就意味着中间产品制造业部门的工人数量进一步增加，即需求关联，这个过程循环反复，形成制造业向北部集聚的重要集聚力。此外，假定在偶然性因素的扰动下，北部新企业进入中间产品制造业部门，使中间投入品种类增加。对于北部消费品制造部门而言，使用本地中间投入品替代从南部进口中间投入品，有利于节省运输成本，从而降低生产成本。制造业部门生产成本的降低和利润的增加，进一步吸引新企业进入制造业部门，也就是产生成本关联，并形成循环反复效应，推动制造业向北部集聚。在需求关联和成本关联的作用下，如果不考虑本地市场竞争效应带来的分散力，这个集聚过程将一直持续到所有制造业都从南部转移到北部为止。然而，随着北部制造企业的增多，竞争程度变得激烈，企业盈利能力下降，对制造业集聚产生分散力。与 CP 模型相似，CPVL 模型强调运输成本对均衡结果的影响：只有当运输成本处于中间水平时才会形成核心—边缘结构，运输成本很高或很低时，制造业在两个区域分散分布。

（二）自由资本模型（FC 模型）

自由资本模型在 CP 模型基础上引入资本要素，并考察初始资本禀赋对两个国家经济活动（企业）空间分布的影响。相比 CP 模型，FC 模型更加简洁，无须通过计算机模拟即可求得均衡解，且存在唯一均衡解而非多重均衡解。更重要的是，FC 模型的集聚过程通过本地市场放大效应完成，而非循环累积机制。

FC 模型假定流动要素可以在空间上与其所有者分离，因而需求关联和成本关联都无法形成循环累积效应：由于资本产生的收益无法在其使用区域消费，而由资本所有者所在区域决定，资本的生产活动无法通过需求市场规模的扩大而带来正反馈，即生产转移可以带来生活成本变化，而生活成本改变无法带来生产转移；资本产生的收益在资本所有者所在区域消费，就无法使该资本使用区域扩大生产规模形成规模经济，即资本支出的转移可以带动生产转移，但企业生产的转移并不能导致支出转移。

与 CP 模型的循环累积机制不同，FC 模型中资本是唯一可以跨区域流动的要素，因而集聚过程通过资本的流动形成本地市场放大效应、带动企业集聚而完成。由于资本使用区域与资本收入支出区域没有关系，资本流动受名义收益率而非实际收益率驱动。在对称 FC 模型中，由于资本和劳动力初始禀赋相同，两区域市场规模相同，资本名义收益率也相同，对称 FC 模型只存在一个对称的内部均衡，即维持初始状态。在非对称 FC 模型中，资本向市场规模较大的区域流动，而随着该区域使用的资本增多，资本名义收益率增加，进一步吸引更多的资本流入，这就是本地市场放大效应，而在模型假定中，物质资本的集中即为制造业集中。

（三）资本创造模型（CC 模型）

与 CP 模型、VL 模型、FC 模型的集聚依赖要素（劳动力、中间品或资本）流动不同，资本创造模型的集聚过程源于资本的创造与折旧，即制造业的自我成长。CC 模型的优势在于，和 FC 模型一样可以得出所有内生变量的显性解，且引入资本创造和资本折旧，对现实的解释能力更强。在 CC 模型中，资本和劳动等生产要素不能流动，但由于资本创造速度不同带来的两区域资本存量差异，客观上形成与资本可以在两个区域流动相同的结果。CC 模型假定资本作为企业的固定成本来使用，且每个企业只生产一种产品，每种产品生产只需要以单位资本作为固定成本，因此，资本的存量代表企业的数量，资本存量越高，意味着制造业份额越高、制造业越集中。CC 模型中假设资本生产部门为完全竞争、规模报酬不变，因此，两个区域间的资本积累存在零和博弈的此消彼长关系，整个经济系统的资本增长率为零，即资本生产技术为外生技术。也正因为如此，CC 模型得出与新古典经济增长理论类似的结论，即制造业核心区形成经济"繁荣区"，制造业不断集中，资本回报不断增加，成为佩鲁（Perroux，1955）的经济"增长极"，而边缘区为"衰退区"，制造业不断下滑，形成"塌陷区"，使经济增长无法持续。

在 CC 模型中，两个初始条件对称的区域形成制造业集聚的最基本条件是存在自由贸易。当贸易自由度超过临界值，其中一个区域在偶然性因素扰动下（沿袭克鲁格曼假设），支出份额增加，资本租金上升，因而资本收益上升，资本生产扩大，资本生产速度加快，资本存量增加，即制造业份额上升，并进一步提高支出份额，形成需求关联的循环累积机制。而这一过程在另一区域朝着相反方向发展：由于支出份额下降，资本收益率下降，资本生产速度小于资本折旧速度，资本存量减少，而存量的减少进一步导致支出份额下降，形成资本损耗的循环过程。这个过程在两个区域分别循环，直到资本存量不再变化，即资本创造与资本折旧相等，此时两个区域的资本净增加和净损耗均为零，即区域间资本存量差额最大且不变，最终形成核心—边缘结构。在 CC 模型中，同样存在本地市场效应和循环累积机制。本地市场效应体现在，区域内支出份额的增加导致资本存量增加，即制造业生产份额的增加；循环累积机制体现在，资本积累的空间差异带来制造业生产份额的差异，而生产份额差异影响支出差异，支出份额差异进一步影响资本积累的空间差异，形成循环累积的正反馈机制。但是，CC 模型由于不涉及劳动力流动，即不存在需求市场规模变化，因而也就不存在类似 CP 模型的成本关联。

(四)自由企业家模型(FE 模型)

尽管克鲁格曼(1991)和 Venables(1995)都认识到偶然性因素和心理预期对多重均衡的重要作用，但在模型求均衡解时仍然采用 ad hoc 动态演化方法，而非基于微观主体的心理预期。为解决这个问题，Ottaviano(2001)突出在区位选择过程中企业家的作用，在 CP 模型的基础上构建了自由企业家模型。FE 模型不仅在垄断竞争、规模报酬递增、冰山成本等基本特征方面与 CP 模型一致，其集聚过程和 CP 模型一样需要生产要素流动、生产要素与要素所有者不可分离且要素流动受实际收益率驱动。

在 FE 模型中，同样假定两个对称区域和两种劳动力，但将劳动力分为不可跨区域流动的普通劳动力(无专门技能)和可跨区域流动的人力资本企业家或掌握专门技能的劳动力，传统部门只使用普通劳动力，而工业部门同时使用普通劳动力和人力资本，且每个企业使用一个单位的人力资本。FE 模型的集聚同样通过需求关联和成本关联的循环累积效应完成，也同样存在本地市场效应，其集聚过程可描述如下：假定北部人力资本预期在南部存在较好的潜在发展机会，那么北部人力资本向南部迁移。一方面，这种迁移使南部支出份额增加，支出份额增加即市场规模变大，要求有更大的生产转移，也就是市场放大效应，生产转移意味着更多人力资本迁入南部，即需求关联；另一方面，由于人力资本迁移到南部，南部制造业种类增加，价格指数下降，实际工资上升，吸引更多人迁移到南部，即成本关联。FE 模型与 CP 模型集聚机制类似，但存在三个方面显著不同：FE 模型中工业品的价格取决于不流动要素价格，而 CP 模型中工业品价格取决于流动要素价格；FE 模型中工业生产部门同时雇用人力资本和普通劳动力，流动要素成本只占总成本的一部分；FE 模型中的心理预期在微观主体区位决策中占据重要地位，并将心理预期引入多重均衡选择过程中，而 CP 模型并未重视心理预期。这些方面的不同使得 FE 模型的集聚力不如 CP 模型强，反过来说，FE 模型分散力强于 CP 模型中的分散力。

（五）全域溢出模型（GS 模型）和局部溢出模型（LS 模型）

全域溢出模型和局部溢出模型都是在资本创造模型基础上发展而成的，两个模型重点关注经济活动区位的内生变化与区域经济增长互动问题。但与 CC 模型中外生技术不同，GS 模型和 LS 模型都假定技术是内生的，即均衡时经济增长率不变，从而将内生经济增长理论引入新经济地理学，从而实现了新经济地理学在时间维度上的跨域。同时，与其他模型相比，这两个模型的重要意义还在于将知识溢出带来的技术外部性或纯粹外部性引入新经济地理学，使得内生区位选择真正有了微观基础，而非由于"集聚经济"才集聚，具有划时代的意义，后续研究受其启发，将内生经济增长理论和知识溢出、知识创造、知识学习等知识关联与经济活动空间分布融合研究，成为新经济地理学的发展趋势。

尽管 GS 模型和 LS 模型显示的集聚机制仍然是通过循环累积效应实现的，但这两个模型中的循环累积效应并非通过物质要素流动，而是和 CC 模型一样通过资本创造与累积发生。知识溢出在模型中指的是过去的研发（R&D）活动对当前创新和经济增长率的"溢出"，GS 模型与 LS 模型的区别就在于知识溢出的影响范围不同。GS 模型假定知识溢出不随距离衰减，因而新进入企业区位选择与现有企业所在区位没有关系，因为知识量在任何位置都相同，因而不存在成本关联的循环累积效应。而 LS 模型假定溢出效应随距离衰减，即越接近知识源，溢出效应越强，也就意味着企业接受的知识溢出包括本地知识溢出和部分外区域知识溢出。知识溢出效应越明显，资本生产成本越低，因此资本生产速度越快，资本创造速度超过资本折旧，从而实现资本净增长，资本累积导致的支出转移效果因而也更加明显。这种由于资本生产成本降低而形成的支出转移，也就是成本关联的循环累积效应。此外，FCVL 模型、FEVL 模型分别在 FC 模型和 FE 模型基础上引入投入产出关系，前后向关联的循环累积机制仍然是推动制造业集聚的驱动力。

三、新经济地理学产业集聚机制述评

以上新经济地理学模型从多个角度关注产业分布空间差异内生性问题，在不同流动要素条件下揭示了推动制造业集聚的内生驱动力，即成本关联与需求关联带来经济外部性，这种外部性在一定的运输成本、贸易成本条件下能够自我强化，形成制业源源不断的集聚力。值得注意的是，新经济地理学模型中集聚不一定要通过要素转移而完成，两区域间要素也不一定是"零和"的此消彼长关系，原因是集聚表示的是制造业生产份额、支出份额的相对大小，资本创造带来的经济增长同样可以形成产业分布的差异；部分模型涉及知识溢出的技术外部性和内生经济增长理论，突破了过去新经济地理学被批判的"集聚经济导致集聚"的循环论证。

虽然新经济地理学模型的均衡解由最初的 CP 模型借助计算机模拟多重均衡解，发展到了可以直接用笔计算出解析解，求解过程大大简化，但伴随求解过程简化的后果是模型的解释范围大大减弱，对现实的适用范围缩小。循环累积效应机制并非新经济地理学的首创，新经济地理学模型的价值在于从微观基础上解释循环累积效应的形成，但其引以为傲的"微观基础"并没有真正完整地解释清楚集聚的内生性。例如，现有新经济地理学模型假定劳动力可以无成本地转移，事实上劳动力转移存在机会成本和跨部门的转换成本，企业雇主的劳动力需求存在波动，劳动力与雇主间供给需求关系决定工资率，而工资率影响劳动力的空间分布，即内生决定经济活动空间分布。又如，新经济地理学模型中已经出现的经济外部性、知识关联间的内在联系如何影响经济活动区位，也都需要进一步做出微观经济学的解释。

就本书研究的高端制造业集聚问题而言，现有新经济地理学模型从不同角度为本书提供了启示和分析范式。然而，也要看到，一个理论学派的生命力在于，既要具有一般性的理论原则和分析范式，又要具有对新生现象的包容力。新经济地理学模型对垄断竞争和规模报酬的处理、对微观主体影响经济活动宏观分布的途径、对集聚力与分散力的分析等为本书研究提供了巨大的思考空间。

事实上，新经济地理学本身就是一个包容性极强的理论框架，连克鲁格曼都承认，新经济地理学对当今中国经济空间布局的解释力非常强，产业集群无疑是近年来中国产业经济发展的重要特征，高端制造业集聚为中国制造业发展甚至整个产业经济注入了空前的经济活力。本书将主要围绕我国高端制造业集聚化发展实际特征情况，吸纳现有新经济地理学理论成果，在理论上提炼出一个适用于我国实际情况的一般性分析框架。

第四节　高端制造业集聚理论分析框架的构建

现有新经济地理学研究大多针对一般制造业的集聚，然而高端制造业集聚不仅具备一般产业集聚的产业属性和空间属性，还具有较强的战略属性。新经济地理学集聚机制是否适用于高端制造业集聚，以及应用到高端制造业集聚需要做哪些改进有必要进行深入研究。下面将首先考察高端制造业集聚的三重属性，接着考察高端制造业集聚与新经济地理学（NEG）结合的可行性研究，并在此基础上构建一个新经济地理学高端制造业集聚的理论分析框架。

一、高端制造业集聚的三重属性

高端制造业集聚在空间、产业和战略层面都呈现出一系列与一般产业集聚不同的特征。

（一）空间属性

高端制造业集聚的空间属性主要指空间特征对产业集聚的影响，高端制造业集聚的空间特征包括自然地理空间的"第一性"特征和"第二性"特征。

"第一性"特征主要指自然地理优势。传统区位理论和国际贸易理论强调资源禀赋对产业分布的决定性作用，资源禀赋充裕的区域在发展相关产业方面优势较大，例如，靠近海域的沿海地区更有利于船舶维修服务业的发展。与一般产业集聚不同，高端制造业集聚的"第一性"特征还体现为地理空间的高科技战略地位，如安全性较高的内陆地区更有利于装备核心组件制造业的布局，这也是高端制造业集聚战略属性的重要方面。

"第二性"特征主要指空间邻近优势，新经济地理学认为这是形成产业空间分布的主要原因，在空间上接近其他经济主体将为产业发展带来优势，从而推动形成高端制造业集聚。与一般产业集聚不同，高端制造业集聚的"第二性"优势可通过在空间上邻近大型集团或优势民营企业获得。

（二）产业属性

一般产业集聚的产业属性主要表现为产业关联、要素流动等市场机制作用下通过市场交易形成集聚力，从而推动产业集聚。高端制造业集聚的两用技术特征和高科技属性尤为突出，这也决定了两用知识溢出在产业集聚过程中起重要作用。

两用技术的转化或转移本质上是两用知识溢出。知识从原军用部门向邻近民用部门扩散或从原民用部门向邻近军用部门扩散传播，推动两用技术转化或转移，从而形成高端制造业集聚。两用知识溢出既可能发生在同一产业内，也可能发生在不同产业间，范围不局限于单个产业，产业集聚的部门也不局限于企业，还包括研究机构等。

（三）战略属性

战略属性是高端制造业集聚区别于一般产业集聚最大的不同之处。高端制造业集聚不仅具有经济属性，还具有政治属性和军事属性，是实现国家战略的重要组成部分。

战略属性决定了高端制造业集聚受政策干预较多，所以处理好政府与市场的关系尤为关键。为了实现国防建设与经济建设协调发展、促进国防实力与经济实力同步提升的战略目的，区域政策干预的目的要求便是既要实现区域经济利益最大化，又要综合考虑安全利益最大化，且随着国家战略和安全形势的变化做出改变。

（四）三重属性的关系

高端制造业集聚的三重属性间相互影响，但相互影响的机制不同。空间结构的调整影响产业结构调整与变化，产业结构调整对区域空间结构（"第二性"特征）形成起重要作用，政策干预则通过影响高端制造业集聚主体的心理预期从而影响产业结构和区域空间结构的调整与变化。同时，政府实现国防建设与经济建设协调发展，必须正确处理政策干预与市场的关系，理性政府要及时根据产业结构变化和区域空间结构变化调整政策，即一方面政策引导产业结构和区域空间结构的调整与变化，产业结构和区域空间结构变化对政策的反馈也会引起政策变化，三者之间的关系是相互的(见图2.2)。

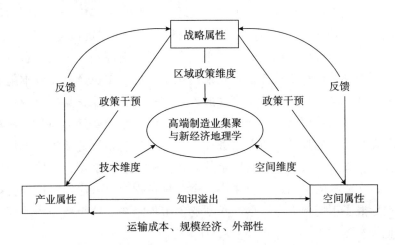

图2.2　高端制造业集聚理论分析框架示意图

二、高端制造业集聚与新经济地理学结合的可行性研究

通过上节对新经济地理学集聚机制的梳理发现，区位内生决定过程实质上是规模报酬递增与运输成本的权衡过程，而需求关联和成本关联形成的集聚力，市场拥挤效应形成的分散力，是导致产业集聚与分散的重要内在驱动力。可以说，没有规模报酬递增和运输成本，就不能满足新经济地理学理论研究的基本假定，更不可能适用于新经济地理学理论成果。

(一)报酬递增的适用性

新经济地理学理论认为，报酬递增是产业集聚的基本前提，即平均成本随产量递减，否则集中生产与分散生产没有差别。高端制造业的高技术产业属性和多样化偏好是报酬递增的主要源泉。

较高的固定成本和高科技含量的生产技术决定了高端制造业规模报酬递增特征显著。固定成本大多属于一次性投入，不随产品产量变动而变动。与一般制造业相比，高端制造业科技含量较高，固定投入通常还包括前期研发投入和知识产权等"无形"资产投入，对市场潜在企业形成一定的进入门槛。航空产业、高端制造业、核电产业、航天产业等都属于知识密集型企业，要求较长时间和较大数量的研发投入和硬件设施投入，而一旦固定成本投入生产，边际成本相对较低，增加单位投入所产生的价值远远大于单位成本，即生产规模越大，单位产品的平均成本越低。例如，高端装备制造业的固定成本主要包括产房、磨具、机床等生产设施，而边际成本则主要包括设备原料、工人工资以及其他管理成本，原料价格和工人工资在短期内是不变的，单位产品的成本随着成本的分摊而不断下降。高端制造生产性服务业同样属于知识密集型产业，后期投入成本较低且产品价值远远大于边际成本，具备规模报酬递增特性。例如，提供软件开发和维护的高端制造业服务商，固定成本包括硬件成本、软件成本等一次性投入，而边际成本为相对固定的人员工资和管理费用，软件安装与维护量越多，单次服务的平均成本就越小。企业具备规模报酬递增特性，就在特定产品领域形成了市场势力，即形成垄断竞争市场结构，这与新经济地理学的分析逻辑也是一致的。

企业层面的规模报酬递增不仅源于较高的固定成本，还源于外部性。外部性包括技术外部性和经济外部性，外部性通过降低产品边际成本从而形成规模报酬递增，通过"干中学"积累人力资本被认为是形成发展中国家规模报酬递增和经济增长的主要源泉（Lucas，1988）。技术溢出是企业获得新技术的重要来源，企业在同一地区集聚使该区域的知识来源多样化，企业间通过交流合作获得互补性技术和信息，提高生产效率和降低边际成本，形成规模报酬递增。高端制造服务商空间集聚区域内存在大量技术溢出，包括军工技术向民用领域溢出、民用技术溢出以及两用研发活动的外部性等，这种技术溢出既包括企业内部的技术溢出，也包括企业间的技术溢出。企业间的技术溢出，如合作项目、技术学习等方式有利于提高企业生产效率、促进企业创新，从而实现规模报酬递增。例如，Blazek 和 Sickles（2010）对美国"二战"期间造船业的发展进行研究发现，一定区域内的知识积累有利于形成企业间的技术溢出和提高企业生产率。此外，企业内部的技术溢出和货币外部性也是企业规模报酬经济的重要来源，企业生产部门间通过共用生产设备、研发团队、管理团队等方式降低固定成本和边际成本，而企业内部产品多样化和资源多样化提高了企业获取新知识的速度和便利度，这些都成为企业规模报酬递增的动力源泉。

消费者的多样化偏好也是高端装备制造企业规模报酬递增的重要原因。多样化需求是人类最原始的欲望和追求，也是人类劳动的唯一动机（休谟，

1997)，消费者追求多样化的需求配置，是高端装备制造企业生产的动力。O'Sullivan(2001)将城市的出现和存在归因于人类不能自给自足的事实，即人类通过集中和交换可获得的多样化产品种类。无止境增长的消费需求与有限的现有产品种类之间的矛盾不断催生出新的产品和企业，而这些新企业生产差异化产品并获得价格上的定价权和市场势力，从而形成规模报酬递增。彼此分割市场无法满足日益增长的需求，而这种新的需求成为高端装备制造企业发展的动力和规模报酬递增的来源。

综上所述，假定高端制造业集聚规模报酬递增是与事实相符的。

(二)"冰山"运输成本的适用性

"冰山"运输成本是新经济地理学简化模型的重要技巧，且运输成本与产业集聚间存在非线性关系。客观上说，只要产品的生产与消费在时间或空间上分离，就存在运输成本，节省运输成本是企业靠近消费市场的重要动机。Baldwin(2003)将运输成本拓展为所有贸易成本，而Spulber(2007)进一步将其概括为4个T：①狭义运输成本，即克鲁格曼在模型中使用的运输成本；②时间成本，不仅包括运输过程中所花费的时间，还包括信息从市场到生产者的反应时间；③交易成本，主要包括因距离相隔造成习惯、政治和法律的差异给商业活动带来的成本；④关税和非关税成本，如贸易政策、投资规定、环境管制标准等。新经济地理学对运输成本采取"黑箱"处理，并不深究其来源及构成，从其对产品价值的损耗角度将其假定为"冰山"形式。

本书讨论的高端制造业集聚现象既包括区域、城市和地方层面，也包括国际贸易层面，在空间尺度上与新经济地理学研究尺度一致。高端制造业的产品与CP模型中的工业制造品一样会存在运输成本，还表现出其他制造业或生产性服务业所不具备的特殊性。首先，高端制造业产品信息从市场到企业的过程中存在较大时间成本和信息获取成本。高端制造业部门的需求信息传递到高端装备制造企业需要的成本远远大于一般的信息传递成本。高端制造业的需求信息需要通过严格的流程和复杂的审批程序才能抵达高端装备制造企业，这需要耗费比普通行业更多的时间成本。此外，需求信息从高端制造业部门到高端装备制造企业需要比普通行业更多的信息获取成本。其次，高端制造业产品从生产到消费者过程中存在较大交易成本。高端制造业产品通常不是直接交付到产品需求者处，而是先到采购部门，且多通过提前订货和分批次采购完成交易过程，时间和空间上的分隔增加了交易的中间环节，从而增加交易成本；而普通工业消费品以零售和批发为主，在时间和空间上都更加便捷。

两种情况的特殊性都与交流程度密切相关，而与距离关系不大，它不仅影响区域间贸易顺畅程度，还影响区域内部经济主体互动情况，而新经济地理学的运输成本仅表示与距离相关的影响产品跨区域贸易的成本。因此，考察高端制造业集聚时不仅需要考虑广义的运输成本，还有必要考虑影响区域内各经济主体互动效率，即一体化程度。

前文对报酬递增和"冰山"运输成本的分析，表明新经济地理学理论对高端制造业集聚的适用性。

三、"空间—技术—区域政策"的高端制造业集聚理论分析框架

我国高端制造业集聚具有空间、产业和战略的三重属性，国家指导调控作用明显，区域政策和知识溢出在高端制造业集聚中扮演重要角色，现有新经济地理学理论并没有充分考虑这些因素对产业空间分布的影响。因此，本书对高端制造业集聚的研究，将在新经济地理学基础上进行调整，加入技术和区域政策因素，分别从空间、技术和区域政策三个维度分析高端制造业集聚内在机制，并构建一个由"空间—技术—区域政策"构成的理论分析框架。

本书构建的高端制造业集聚理论分析框架由空间、技术和区域政策三个维度构成(见图2.2)：

(1)空间维度是新经济地理学对本书研究高端制造业集聚的核心贡献所在，也是影响高端制造业集聚的基本维度。结合现有新经济地理学理论成果以及我国高端制造业集聚化发展实践，空间维度将重点研究与距离密切相关、影响集聚力的运输成本，规模经济和外部性因素。

(2)技术维度在新经济地理学理论中并没有被充分重视，但却是影响高端制造业集聚的关键。本书将重点考虑两用知识溢出效应与高端制造业空间布局的关系。

(3)区域政策维度是高端制造业集聚区别于一般产业集聚的重要特征，在新经济地理学的基本理论中并没有被充分重视，是本书对新经济地理学理论的重要拓展之一。区域政策维度将重点研究地方政府的税收政策、补贴政策对高端制造业空间布局的影响，并在此基础上分析区域政策对高端制造业集聚的长期影响。

（4）空间维度是整个理论分析框架的基础，不论是技术维度因素还是区域政策因素，都需要在一定空间范围内进行，并通过影响空间维度因素发挥作用；技术维度和区域政策维度是本书在新经济地理学理论基础上进行的拓展，对一般类型的产业集聚不一定适用，但对国家主导的高端制造业具有更强的针对性。

值得说明的是，新经济地理学强调集聚力的来源包括外部环境和内在动力两方面（见本章第一节），而内在动力因素与市场机制密切相关，是影响所有类型产业集聚的基本因素，国内外学者已经有过很多研究，且无论是空间因素、知识溢出还是区域政策，其影响高端制造业空间分布过程中都依赖市场机制发挥作用，在对三者的研究中均涉及内在动力因素的讨论。因此，本书不再将市场因素单独作为一个维度进行讨论。本书接下来的第三章、第四章、第五章将分别对每个维度的影响因素及其与高端制造业集聚的内在机制进行深入研究。

|第三章|
空间维度的高端制造业集聚

本章所讨论的空间是相对的，即地理尺度对研究非常关键，不同地理尺度的集聚和分散所涉及的影响因素不同，在某一空间尺度上正确的东西在另一空间尺度上未必也是正确的；不同空间尺度上各种作用力的特性和系统平衡点是不一样的，不同距离尺度的集聚经济作用的类型也不一样。从整个宇宙来看，地球上所有生物、所有产业都集聚在地球，所以只有在人类寻求到其他适宜人类生存的星球并能实现星际航行后，讨论分散才有意义。从整个地球来看，人类生活在仅占地球表面积不足30%的陆地，人类所占的空间相对地球表面积是极为渺小的，而地球资源的分布是分散和极具差异性的，因此，人类和产业在分布上的分散化和差异化是必然的，这种必然的分散性也是讨论集聚的初始条件和前提。正因为分散是集聚的必然前提，所以凡是能推动人类及生产活动场所靠近的力量就是集聚力，反之则为分散力。

在建立了上述两点共识后，我们讨论影响高端制造业集聚就有了思想基础。由于我们假定人都是理性人，理性人总是寻求成本最小化和效用最大化的方式来做出选择，影响成本和效用的因素来自各个层面，本章要探讨的是空间层面影响高端制造业集聚与分散的因素。主体间交易能使得双方都获益，但距离的存在使得有形物体和无形知识信息在主体间交易时产生损耗和额外的成本，这些发生在交易过程的成本属于直接成本，包括运输成本和贸易成本，广义的运输成本包括贸易成本。此外，距离减小还会带来非交易性的间接成本减少和收益增加，包括规模经济和外部性。

第一节　考虑区位因素的基本前提

一、经济活动的不可分性

经济活动的不可分性是区域经济学和经济增长理论的构建基础，也是本书把区位因素引入高端制造业集聚研究的依据。发展经济学家罗森斯坦·罗丹（P. N. Rosenstein-rodan）1943 年在《东欧和东南欧国家工业化的若干问题》中重点论述了三种不可分性：①生产函数的不可分性。即生产过程由不可分的生产工序组成、各离散生产单位之间的生产是不可分的，也可称之为投入品的不可分性或整体不可分性（lumpiness）。如投入产出过程中的固定资本投入就具备典型的不可分性，这也是报酬递增的来源。这种不可分性通常具有时间上的不可逆性、最小单位必须是一个整体，比如道路、通信等基础设施的建设，必须提前投入一定规模的资本，而这种资本一旦形成规模就能在较长时间内发挥作用、形成规模经济。②需求的不可分性。也被认为是需求的互补性，即消费者对商品的需求不是孤立的，而总是互补的，这种互补有两方面含义：一是理性消费者只有在满足了基本需求后才会去满足更高层次的需求；二是消费者偏好同时消费两种互补的商品，且消费者总是具有多样化产品偏好。因此，产业的发展有赖于互补产业的发展，一个地区的产业往往是关联互补的，如果投资只集中在某一部门，那么产品的需求市场很容易遭遇瓶颈，为了拓展市场，使得多样化产品都形成有效的需求市场，国家或地区就必须在各个产业或各个部门进行广泛投资，换言之，为了形成广大的市场，关联互补的产业就要在同一空间内形成一定规模。③储蓄的不可分性。即储蓄与投资规模是不可分的，在储蓄较低的情况下投资率也较低，只有在大量储蓄情况下，投资才有可能。此外，罗丹还引入心理活动的不可分性，即投资者的心理区域只有在产业发展到一定程度，或投资达到一定规模，才能形成积极的心理预期，而这种积极的心理预期会进一步提高投资热情。

这四类不可分性都要求资源配置在空间上具有一定规模：生产函数的不可分性决定了最小单位是一个整体且固定资本较大的企业在一定空间形成一定数量规模的集聚区，以追求规模经济和正外部性；需求的不可分性使得关联互补的产业间存在密切的要素投入和需求市场关联，关联互补产业在同一空间集聚，能有效降低寻求市场的风险和投资风险，并降低企业营运成本；储蓄的不可分性在宏观上决定了企业投资要充分考虑区域经济水平，资本密集区域更容易吸引企业入驻，并使得企业在同一空间形成一定规模；心理预期的不可分性只有在空间内形成一定规模才对投资活动和经济活动具有拉动作用。

经济活动的不可分性同时也决定了资源可行配置集为非凸性，即空间不可能定理所述：均质空间内不存在包含运输成本的竞争均衡。假定 A、B 区域的企业最多可以生产一单位产品 i，假定产品运输成本为 t，即产品跨区域移动时，

只有 $x_i/t\,(t>1)$ 能够抵达目的地。如图 3.1 所示，三角形 *OEF* 和 *OE′F′* 分别表示企业在 A 地和 B 地的生产可行配置集，而对于这两个三角形的并集则为尚未选址的企业所有可行配置集。可以看出，由于存在运输成本，其可行配置集表现为非凸性。在非凸性可行集条件下，如果每个企业都接受竞争性价格，那么经济系统将不存在竞争性均衡，因为沿着可行集边界总能找到更高利润的生产集。

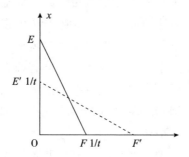

图 3.1　均质空间的可行配置集

因此，空间不可能定理表明不可分的经济活动要实现空间均衡至少需要满足一个条件：非均质空间或不完全竞争。新古典经济学保留非均质空间条件而假定完全竞争，用"第一性"自然资源禀赋决定的比较优势解释竞争均衡，而新经济地理学理论则同时假定非均质空间和不完全竞争，对经济活动中的区位因素进行更深入和更微观的挖掘。

二、高端制造业经济活动的不可分性

对于高端制造业经济活动而言，不可分性主要体现为资本的不可分性和需求的不可分性，这种不可分性决定了空间选择的重要性和外部性，主要体现在以下几个方面：

高端制造业前后向关联大，部分产业前期固定投入大、产业链长，都体现了生产函数的不可分性。这种不可分性主要体现在两个阶段：技术的转换阶段和产品的生产阶段。在技术的转换阶段，科技成果的转化过程不能脱离技术成果的发明方而独立存在，其在前期投入研发的固定资本也成为实现规模经济的主要来源，另外转化也不能脱离企业独立完成。在产品生产阶段，高端制造业的产业链较长，往往需要大量中间要素投入，且其自身也作为中间要素被投入到另一产业，各生产工序间具有强烈的不可分性。以航天产业为例，卫星、火箭、航天飞机、卫星遥感等航天产品的研制需要大量前期投入和中间投入品，只有前期进行大量投资、中间投入品产业发展壮大，才能支撑上游企业完成组装工作，而这些中间产品生产的扩大又会进一步产生对各自投入品的需要，从而促使产业链不断延伸。例如，为研制长征五号系列运载火箭，建成了一大批配套设置和带动了大量相关企业发展；为进行火箭测试，中国 2013 年研制完成了 70 吨级的世界最大推力的振动台[①]；为方便获得研制大火箭所需材料和制造工艺，在天津滨海新区建成航天产业基地，该基地承接焊接、铸造、铆接、复合材料等多个火箭研制相关项目[②]。由于劳动分工和产业分工的演进，一个企业不可能同时完成包括原材料、中间投入品生产研制等在内的所有工序，这就决定了具有密切前后关联的企业必须把区位作为成本的重要因素考虑进来。

高端制造业产品需求的不可分性。《国家新型工业化产业示范基地认定和管理细则》对高端制造业的认定，既包括民用核能、民用航天、民用航空、民用船舶、电子信息和民爆器材等由传统优势军工产业向民品市场延伸发展而形成的产业，也包括充分利用优势前沿军工技术、通过两用技术转化而形成的节能环保、新材料、新能源、高端装备制造、安防产品等新兴产业和高技术产业。这些产业间形成高度互补关联的需求市场，例如，电子信息产业中的大数据、数据检索查询等必须依赖于航空航天、船舶等具体产业而发展，人们在使用航空、航天等产业的产品时，往往希望其同时具备上网、云同步等功能，即对芯片的互补需求，这些互补需求带动相关企业在同一地理空间集中。电子信息产业与其他产业间的互补关联较强，随着科学技术的发展和人类对满足自身无限需求的追求，需求互补的不可分性将起着越来越重要的作用。

三、高端制造业经济活动的不可分性与运输成本、规模经济和外部性

高端制造业经济活动的不可分性决定了运输成本、规模经济和外部性等与距离密切相关因素对高端制造业分布的重要作用。主体间通过产品或服务产生

---

① 中国研制出世界最大振动台有助长征五号研制[N]. 中国新闻网，2013-07-19.
② 中国新一代运载火箭天津基地一期工程顺利完工[N]. 中国新闻网，2012-01-31.

相互关联，而相互关联的过程产生运输成本，节省运输成本的动机使得生产者有向较大市场靠近或上游企业向下游企业靠近的倾向，即经济决策中包含区位因素。

（一）不可分性与运输成本

产品或服务在不同生产单位之间的传输产生运输成本，其前提是生产必须在相关联的不同生产单位间分开进行，即生产函数的不可分性。如果生产函数是可分的，或者说任何一家企业可以独立完成所有的工序，那么位置的选择对企业而言无关紧要。生产函数的不可分性，使得要素必须在不同生产单位间传输，即从一个生产单位的边界突破另一个生产单位边界并进入该生产单位内部，以离散的整数形式进行。传统以军工产品为主营业务的企业与以民用产品为主营业务的企业之间界限分明，在早期相对分立时期，或非两用领域的企业间，生产函数是可分的，不存在要素传输，运输成本为无穷大。随着军用产品、民用产品之间的界限被打破，尤其是体制性障碍的消除，使得军用产品、民用产品企业间建立新的生产函数，要素在企业之间传输，形成运输成本。

（二）不可分性与规模经济

要素不可分性使得企业只有在形成一定规模后才能从事生产活动，也使得企业在一定范围内扩大生产可以大大节省单位成本和提高生产效率和创新效率，形成规模经济，这里的要素可以是劳动、资本或其他生产要素。Hansen Gary 认为，劳动是不可分的，劳动者要么工作，要么失业，不存在中间状态。同时，随着劳动分工的不断深化，劳动力专业性不断增强，人力资本的不可分性逐渐体现出来，即劳动者要么在从事技术转移工作，要么在产业部门从事产品生产工作，即使劳动者同时具备两方面能力，同时从事两份工作也是不太可能的事情，或者说中间必须有调整成本。生产要素（劳动、资本等）不可分性（非凸性）带来规模经济，高端制造产业和知识密集型产业技术研发和转化难度较大，对人力资本要求较高，劳动的不可分性及劳动分工的细化使得在一定范围内扩大生产，单位成本反而下降，即形成规模经济。

（三）不可分性与外部性

外部性是指一种经济活动对另一种经济活动带来的非市场影响，当企业在进行的经济活动中并不需要付出全部的成本或不能获得全部应得的收益时，就说明存在外部性。一方面，技术和知识的不可分性导致技术外溢和外部性，知识和技术具有不可分性意味着新知识的产生要建立在现有知识基础之上，即知识积累到一定规模后就能实现技术或知识上的突破，一定区域范围内的知识积累对区域内的所有企业都会带来外部性，即使与企业不具备投入产出关联的企业也能享受到技术外溢和知识外溢带来的好处，如降低学习成本和创新成本等；另一方面，高端制造业的发展扩大了与之具有需求互补关联产业的需求市场，从而降低了该互补产业的市场搜寻成本，即获得正外部性。

第二节 运 输 成 本

一、运输成本与产业集聚

运输在人类生产和经济活动中扮演着不可或缺的角色，经济学家很早就关注到运输对贸易及企业区位选择的影响，如亚当·斯密在《国富论》中就详细论述了"制约市场范围的最主要因素是运输能力"，而真正把运输成本引入经济空间区位、用以解释产业集聚的是区位经济学的开山鼻祖约翰·冯·杜能，杜能之后的马歇尔、韦伯、克里斯泰勒等著名经济学家进一步将运输成本引入更多产业领域的空间布局研究中。

(一)杜能对运输费用与农业区位的研究

杜能是德国早期资产阶级经济学家，在 1826 年将其多年对孤立国生产布局的研究成果出版成书《孤立国同农业和国民经济的关系》(以下简称《孤立国》)，该书被视为经济地理学的开山之作。在该书中，杜能运用会计学方法，把运输费用纳入生产成本计算范围，认为运输费用是孤立国生产布局的重要问题，并提出了"孤立国"的农业区位模型。在杜能的"孤立国"模型中，孤立国的生产布局以单一城市为中心，城市是唯一制造品供给者，而农产品全部由外圈供给。城市周围从近到远形成界限分明的六个同心圆产业带：最近的第一圈是自由农业带，生产蔬菜、水果、牛奶等新鲜易腐农产品，原因是距离越近，从城市取得肥料和向城市运送产品的费用越低；第二圈是林业带，向城市出售燃料和木材，只有燃料和木材的销售价格足够补偿生产成本、运输成本和地租时，这些产品才有可能运送到城市出售；第三、第四、第五圈是谷物带，不同圈层农作物和轮作周期不同；第六圈是畜牧业带，此处地租较低，谷物价格较低，生产成本低，但运输费用相应增高；畜牧业带之外是尚未开发的荒野，尚未形成规模和固定产业。

杜能的"孤立国"是一个过度理想化的国家，模型只考虑了第一产业的生产布局，而假定工业全部集中在城市，虽没有明确提出产业集聚，但产业的集约化发展是模型隐含之义。杜能最先把运输费用引入产业布局中，并通过数学方法揭示了农业生产布局的客观规律，即厂商最优布局是实现生产费用、运输费用和销售价格最低，以实现产品利润最大化，并指出农业生产的单位产品利润是 $V=P-(C+T)$，式中，P 为农产品价格，C 为生产费用，T 为运输费用。在生产条件和运输条件不变的情况下，与消费者距离的远近成为农业生产区位选择考虑的首要因素。此外，Fujita 和 Krugman（2004）还指出，杜能的研究与克鲁格曼的核心—边缘模型有很大相似之处，都认为运输技术的发展加速了经济活动在中心区域的集聚，但杜能仍然假定市场完全竞争和规模报酬不变，并事先假定城市是制造业的集聚区，而在克鲁格曼的核心—边缘模型中，制造业可能在任一区域集聚。

总之，虽然杜能没有直接描述运输费用与产业集聚的关联，甚至连"集聚经济"概念也是在 80 年后由韦伯提出，但他开创性地把运输费用与产业布局联系起来，可见其对运输成本的理解极为深刻。"马在运输途中要消耗谷物""途中购买饲料所付的价格并不真正等于当地出售的价格，还需支付店主或中介人所得的交易的好处"等思想可以视为"冰山运输成本"的雏形。

（二）劳恩哈特对运输成本最小化与工业区位的研究

19 世纪末，德国第一次工业革命初步完成，机械工厂的兴起大大推动了劳动的分工，而铁路运输建设和德意志的统一扩大了工厂选址范围，工业布局和工厂迁移成为产业发展迫切需要解决的问题。作为建筑科学工程师的威廉·劳恩哈特（Launhardt）在工作中常常要涉及运输成本、线路规划与定价等工作内容，而这些内容与空间经济学研究的基本问题密切相关。劳恩哈特最先提出将运输成本最小化作为厂商最优区位决策问题，并将网络节点分析方法用于工厂布局问题中。为找到"在生产区位中保持平衡"的运输成本最小极值点，劳恩哈特构造区位三角形，并结合几何学和微积分进行最优化处理，这种最优化的方法被称为"结点原理"，这是劳恩哈特对运输和空间经济学最重要的贡献之一。此外，劳恩哈特还首次定义并计算了商品的市场范围，并认为商品价格随着运输成本的增加而上升，并假定两个不同区域的同质化产品厂商竞争的最后区位布局为笛卡儿椭圆形，同时还研究运输对生产和消费产生的影响，描绘了市场密度均质化和单一厂商情况下的"劳恩哈特漏斗"状商品交易价格曲线。劳恩哈特在1885年出版的《经济学的数学基础》一书中首次对交通运输的经济学分析比区域霍特林（Hotelling）的研究早了四十余年，这一贡献在之后近五十年内都没有被超越。

虽然劳恩哈特没有直接描述过产业集聚现象，但其关于市场范围和运输费用的分析无疑已经有了产业集聚的影子，他考察了运输成本的降低对市场组织和生产的影响，认为市场范围的拓展导致制造业中心在特定领域的分工更加细化，这和后来韦伯提到的集聚经济是不谋而合的。同时，相比于杜能，劳恩哈特对运输成本的研究更为深入和复杂，对微积分的应用为"边际革命"做出了卓越贡献，也为后来研究者从微积分和几何学角度理解运输成本对产业集聚的影响提供了重要的方法，对工业区位的研究比杜能农业区位布局理论更贴近实际。

遗憾的是，由于语言问题，劳恩哈特在1885年的著作直到1993年才被翻译为英文，Pinto（1977）认为导致劳恩哈特的贡献没能及时被后世发现的可能的原因有以下三个：一是劳恩哈特是工程师，而非经济学家；二是相关研究发表在工程类杂志而非经济学期刊；三是他采用抽象的数学方法和几何学方法进行研究，而这种抽象的研究方法与德国当时主流的历史环境不符。无论如何，我们应当为人类历史上有如此伟大的发现和跨学科的研究成果而感到庆幸，这也再次提示我们，空间经济学是一门跨学科的严肃科学，相关领域的理论突破都无一例外会大大推动其发展。

（三）马歇尔关于运输成本的研究

作为新古典经济学的集大成者，马歇尔在《经济学原理》（1890）中最早关注到产业集聚现象并深入探讨其形成原因。"受交通条件所限，只能利用自己的资源进行商品生产，本地人对一般商品的消费也只由当地生产部门提供"，这是地方性工业的原始形态；"有了自然因素和社会因素的影响，再加上某一偶然事件的出现，一种工业就在一个地区或一个国家繁荣起来了"。马歇尔对产业集聚形成原因的阐释是极具开创性、富有洞见和奠基性的，后来学者对产业集聚的研究绝大部分可以追溯到马歇尔的研究。不仅如此，马歇尔还认识到交通运输条件对产业集聚的影响，并专门讨论了交通运输工具的进步对工业空间分布的影响。

马歇尔进一步指出，交通工具的价格下降，使得距离相隔较远的主体间进行思想、信息交流更加方便，所支付的成本也更低，从而影响工业布局。具体而言，交通条件的改善，运输费用和贸易关税降低，将缩减人们从远处购买商品的成本，当这种费用小于本地该种商品的价格时，人们就会更多地从远处购买这种商品。长久发展下去，这种商品的相关工业部门就会集中在某一特定的地方，形成地方性工业。可见，节省运输成本的动机会在一定程度上促进地方性工业的形成。然而，马歇尔视运输成本为一般的生产成本，但运输成本降低带来的劳动分工及工人集聚，必然会带来规模报酬递增，这与新古典经济学完全竞争市场和规模报酬不变的假定相违背。因此，新古典经济学尽管认识到运输成本对工业布局的重要影响，但将运输成本视同生产成本的处理方法，使得空间因素变得无足轻重，运输成本因素逐渐从主流经济学中淡化。

（四）韦伯关于运输成本与集聚经济的研究

阿尔福尔德·韦伯（Alfred Weber）是古典区位理论的集大成者，也是工业区位理论的奠基人，被称为"杜能最真的传承者"（Blaug，1979），其在《工业区位理论：区位的纯粹理论》（1909）中首次系统阐述了集聚经济的相关概念和原理，并在《工业区位理论：区位的一般理论及资本主义的理论》（1914）中结合资本主义国家人口集聚和城市兴起现象研究工业区位布局。韦伯从"成本最小法则"出发，认为工业最优区位是成本最小的位置，并主要从运输成本、劳动成本和集聚因素三方面来研究厂商移动规律，而运输成本和集聚经济则是韦伯工业区位理论的核心。

为寻求成本最小的区位、构建一般理论体系，韦伯引入"区位因素"概念，并按照其作用机制分为两大类：影响企业区域性分布的基本因素以及在区域分布中对企业起到集聚或分散的因素。接着，韦伯又将区位因素从不同维度进行分类：①一般区位因素和特殊区位因素，一般区位因素是最普遍、最基本的成本构成要素，包括运输成本、地租、劳动力成本、固定资产折旧率等七类，特殊区位因素是区域特征对成本的影响因素，如气候、水质等因素，一般区位因素是影响不同区位因素的"公因子"，也是工业区位理论的研究重点。②区域因素和集聚因素，前者主要包括决定工业布局的区域性因素，如自然资源禀赋、运费等；后者为促使工业趋于集中或分散的衍生因素，如城市化带来的公共设施及其他便利条件、环境污染等。③自然技术因素和社会文化因素，自然技术因素是指由于自然条件或技术变化使工业成本或利润发生的变化，社会文化因素是社会、文化、消费偏好、政策等因素的变化使得企业成本或利润发生变化。通过层层分析，韦伯认为一般区位因子都可以归于运输成本和劳动成本（工资）两类，而集聚是不同微观主体（企业）区位决策的偶然结果。

运输成本在两个层面影响工业布局。第一个层面是韦伯的运费指向论，在原料产地和消费地给定的前提下，运费是影响工业布局的唯一因素，工厂最优区位是运费最小的区位。韦伯定义运费为重量和距离的函数，并提出根据原料指数和区位权重来确定工厂区位的区位法则。因此，在原料地区位周边将集聚一批原料指数（Material Index，Mi）大于1的工厂，从而形成企业集聚区，其他情况也类似。第二个层面是运输成本影响集聚经济，从而影响产业集聚。韦伯是第一个提出集聚经济概念的经济学家，他认为集聚经济是工业在一定地方集聚产生的成本节约，集聚的节约又包括每阶段产品单位成本节约的绝对节约，以及因生产单元而产生节约增加的相对节约。按照形成集聚的原因，韦伯认为工业集聚为可分为两种类型，一是由于技术或生产因素，通过扩大规模或进行生产协作而产生的成本节约，为追求集聚利益而形成的纯集聚；二是为节省运费或劳动力成本带来的偶然集聚。当集聚所带来的好处要大于所需支付的运输费用时，工业集聚便是有利可图的，此时集聚区不是运费最小区位，但集聚区增加的运费要小于因集聚而节省的其他方面的成本；当集聚节约小于运费节约或劳动节约时，工业是否集聚由运费最小法则决定。

韦伯延续了成本最小这一经典原则，但在运输成本和产业集聚方面的研究相对杜能和劳恩哈特显然更为深入。韦伯首次明确提出集聚经济，区分集聚因素和分散因素，并构建了一般意义上的工业区位理论，认为运输成本和劳动力成本是影响工业布局的一般性区域因素，而集聚因子和分散因子之间的博弈是推动工业企业转移和重新布局的主要原因。然而，韦伯对运输成本的认识仍然局限在直观的运输费用上，且主要注意力集中在厂商生产成本方面，对需求市场关注较少。同时，韦伯虽然描述了运输成本变化与产业集聚间的关联，并提出了集聚经济的概念，但仍然在完全竞争市场假定基础上展开研究，对产业集聚的认识仍然停留在集聚表面，囿于种种因素未能深入集聚的"黑箱"。尽管如此，韦伯对19世纪工业革命以来出现的企业迁移及全球产业重新布局等现象仍然具有重要解释力。

（五）近代区位理论中运输成本逐渐弱化

随着工业和服务业的发展、城市化进程的加快，以克里斯泰勒的中心地理论和廖什的市场区位理论为代表的近代区位理论，既传承了古典区位理论的部分思想和研究方法，也为现代区位理论的创立及发展奠定了基础。近代区位理论不再满足于古典区位理论普遍遵循成本最小化原则的最优区位法则，而将市场、利润等多种因素引入对工业企业或服务业的区位决策中。

中心地理论是现代区位理论的代表理论之一，这一理论集中体现在《南部德国的中心地原理》（1933）中，其创立者沃尔特·克里斯泰勒（Walter Christaller）是现代区位理论的代表人物，也是城市地理学的奠基人之一。克里斯泰勒对德国南部城市化过程的大量调查报告显示，市场、交通以及分散原则在很大程度上决定了中心地的分布、范围和数量，这也被称为中心地的分布规律。与杜能和韦伯的区位理论相比，克里斯泰勒的中心地学说并没有突破性的革命，但通过将产业范围拓展到非生产性服务业，对两者的理论进行了必要的补充。中心地理论假定商品和服务在任何中心地都按相同价格销售，但消费者支付的购买价格中包括销售价格和运费，即运费由消费者承担，交通系统、人口分布、消费方式等在各个维度都呈均质化分布。中心地系统是相对于分散区域的居民点而言的，为使居民提供各种商品货物和服务的产品市场的空间均衡，系统的最大半径是产品或服务的最大销售距离，销售距离越大，运费越高，需求也随之下降；不同等级的中心地所提供商品和服务的数量和种类不同，中心地越小，其对外围区影响也越小。此外，高等级中心地数量少，而低等级中心地数量多。克里斯泰勒仍然遵循运费最小化的约束条件，提出均质化条件下外围区的理想形态如下：以单个企业为中心地的外围区形成圆形市场区；多个企业在完全竞争条件下形成正六边形的市场区结构，理想的正六边形市场区既能使周边最短，还能使各销售区域不存留任何空当区。此外，克里斯泰勒还指出，这种分布格局不受地理单元大小变化而变化，也就是说即使人类经济活动在非常小的地理空间进行，其空间布局也总是非均衡的，永远存在密集程度较高的中心区与相对分散的外围区。因此，经济活动空间布局的合理化并不是要实现其均衡分布，而是应当在承认存在中心区和外围区的前提下，确保区域间合理的差异，从而推动社会经济福利水平的提高和总体经济的发展。

市场区位理论是现代区位理论的另一种代表理论，由廖什在《经济空间秩序——经济财货与地理间的关系》（以下简称《经济空间秩序》）（1945）中提出。

廖什赞同克里斯泰勒的蜂窝状正六边形是理想经济空间结构的结论，但他认为运费最小化不再是企业空间布局的基本动力，而应该综合平衡收入和成本，纯利润最高的位置才是理想区位。因此，廖什从市场角度入手阐述了区位的动态变化过程，认为个体的区位选择会引起"反作用"，这种反作用包括对竞争者、消费者和供应者的影响，并不断放大微观个体对区位决策的影响，形成了区域间相互关联的"区位体系"。廖什认为，"一个合适的区位，必然是一个能保证事情会更妥善发展的区位"。并从《经济空间秩序》的开篇就指出现实的区位问题与合理的区位问题不能混淆，合理的区位选择在产品生产地和消费地之间会出现具有特征性的区位规律：以消费者为中心形成，生产者集中在其周边形成供给区域；以生产者为中心，消费者集中在周边形成消费区域，两者合称为市场区，"这两种基本类型是一切区位决定的核心"。在市场区的基础上，廖什进一步提出经济区的三种主要类型：单一的市场、区域网状组织和区域体系，并指出经济区和市场区是通过各种纯经济力相互作用发生的，主要分为两大类：追求专业化分工和大规模生产的经济力推动经济活动在一定空间内集中；节省运输成本和生产多样化产品的经济力推动经济活动呈分散分布，而在所有的经济形态中，蜂窝六边形是最理想的形态，其运输距离最短，需求最大，无论对于生产者还是消费者都是最有利的。然而，在现实条件下，由于地理价格政策、运费率、运费和自然条件以及人类差别的影响，使得理想的经济区不可能完全按照理想的形态排列。

中心地理论和市场区位理论都是建立在理想假定条件下，经高度抽象和大量数学推导形成的相对理想化的区位模型，二者都认为正六边形是对生产者和消费者都最有利的空间结构形态，但这在现实生活中无疑是不可能实现的。然而，正如克里斯泰勒指出的那样，重要的是哪些规律能够实用，并且能真正解释复杂的经济地理现象及其活动。两者相对于杜能、韦伯等古典区位理论而言，引入了对区位的宏观动态分析，并且进行了初步的一般均衡分析，对最优区位的认识也比单一的运费成本因素更加丰富了，为我们研究高端制造业集聚机制提供了重要启示。

（六）现代区位理论中对运输成本与产业集聚的研究

对古典区位理论和近代区位理论做出贡献的经济学家主要来自德国，而在第二次世界大战以后，德国战败，世界经济发展中心转移到美国，发达国家和发展中国家经济迅速发展，全球经济差距加大，这些都为与空间相关的经济理论发展提供了肥沃的土壤和丰富的分析素材。可惜的是，随着科技进步和交通运输更为通达，运输成本在企业选址和产品定价中的重要性逐渐下降，其作为重要的空间因素在经济理论中长期被忽视。廖什之后，艾萨德、阿郎索和胡佛等学者的研究重点转移至产业集聚，并在一定程度上深化了对运输成本的认识。

艾萨德(Walter Isard)在《区位与空间经济》(Location and Space-Economy)(1956)和《区域科学导论》(Introduction to Regional Science)(1975)中对微观企业区位选择到产业集聚的分析给出了折中的解释，提出集聚经济和反集聚经济，认为规模经济、区位经济、城市化经济是推动形成集聚地的三类集聚力。同时，艾萨德也看到用距离选择代替区位选择只是均质化假设条件下对运输成本的技术处理，与非均质化的显示情况不符；运费不仅与距离相关，还包含与距离无关的费用，如装卸费等。

阿郎索(William Alonso)在《区位和土地利用》(1964)中延续了杜能的多圈层理论，但仍然假定均质空间和完全竞争，采用工人的通勤成本替代农业中的运输成本，描述远离城市中心带来的空间成本，并用中心商务区(CBD)替代城市，建立一个类似孤立国的单中心同心圆模型，把区位选择问题变成距离选择问题，对研究运输成本和产业集聚机制有一定启示。但阿郎索仍然假定CBD是预先存在的，而其他产业按照距离远近在CBD周边分布，且回避了规模报酬递增，并没有真正阐释产业集聚形成的原因和真正动力。

胡佛(Edgar M. Hoover)(1970)在《区域经济学导论》中考察了运输费用结构、规模经济和集聚经济等内容，认为自然资源的优势、集中的经济性和运输成本是构成复杂经济空间活动的"三块基石"，并对每块"基石"进行了详细论述。胡佛将运费分为场站作业费用(相当于交易费用)和线路运输费用(相当于传统意义上的运输费用)，并指出运输的地理距离、使用交通方式、提供服务和数量等都直接影响运输费用高低。同时，将运输成本的范畴从工业领域拓展到产业领域，从而将信息、服务等在产业活动中发生的无形物转移所耗费的成本纳入运输成本范畴，使得运输成本从实物运费拓展至更广领域，为加深对运输成本的理解提供了启示。

20世纪80年代，随着新经济地理学的兴起，空间问题和运输成本重新回到主流经济学视野。新经济地理学采用萨缪尔森的"冰山"运输成本技术，实现了运输成本、不完全竞争以及规模报酬递增的协调，并通过建模和计算机模拟技术使用证明，运输成本的降低同时影响经济集聚的集聚力与分散力，使得经济活动在空间结构上表现出集聚和扩散的动态变化。Baum-Snow（2007），Baum-Snow 等（2012）和 Garcia-Lopez 等（2013）发现，运输成本下降会导致人们迁移到低密度的外围区，从而是一种分散力。Duranton 等（2013）发现，高速公路越多的城市往往越分布生产更多大重量产品的企业。Redding 和 Turner（2015）在新经济地理学模型基础上探讨了多区域条件下基础设施改善对经济活动空间布局的影响，将运输成本分为商品运输成本和人的通勤成本，认为运输成本下降和交通设施改良对人和企业的影响不同。林理升、王晔倩（2006）对运输成本与中国制造业区域分布的实证研究表明，运输成本导致制造业在沿海地区的选址具有优势，从而使得制造业倾向于集中在沿海城市。Leamer 和 Storper（2014）发现信息时代的经济发展越来越依赖于复杂的未编码信息，尽管运输成本在下降，但互联网技术的发展对影响经济活动空间分布的集聚力与分散力同时起作用，在一定情况下还可能促进产业集聚。总之，大量实证研究均表明运输成本高低是影响产业集聚的重要因素，但不同学者对两者之间的关系有不同结论（何雄浪和李国平，2007；路江涌和陶志刚，2007）。

二、运输成本的内涵及范畴界定

运输成本是空间维度最基础的概念，也是有着深远历史的概念，地理学、城市规划、区域经济学等不同学科学派都试图定义运输成本，而随着时间推移和经济发展，运输成本所涵盖的范畴也不断拓宽。

通俗来讲，运输成本是因距离而产生的空间摩擦，是交易费用的一种形式。流传较广、得到广泛认可的是 Spulber（2007）的"4T"定义：①运输成本（Transport costs），商品抵达消费场所消耗的成本；②时间成本（Time costs），即使通过互联网或电话会议等现代化技术手段，分散在不同地点的企业之间仍然存在沟通障碍和时间延迟，而这种时间成本对快节奏的商业社会来说是非常重要的；③因距离而产生的交易成本（Transaction costs），包括不同区域的交易习惯、政治和法律等差异带来的交易成本；④关税和非关税成本（Tariff and non-tariff costs），如不同国家的环境管制标准、反倾销行为以及限制贸易和外国投资的法规。一般而言，距离越远运输成本越大，但运输成本往往还取决于很多其他的因素。例如，我国便捷的高速公路网络和铁路网络使得网络节点间的运输成本往往低于非网络节点间的运输成本，如从长沙到南京的运输成本可能比从长沙到湖南省某个村庄的成本还要低。此外，也有大批学者认为运输成本还应该包括要素流动成本，如工人往返产生的通勤成本，劳动者在不同部门流动产生的转换成本等。

尽管国内外学者对运输成本的范畴与对象方面的认识存在不统一之处，但对运输成本的定义应当与所研究对象保持一致，尚无异议。本书以高端制造业集聚现象为研究对象，研究过程中涉及的运输成本为产品或服务抵达消费者所产生的成本，是包括运输费用和交易成本在内的广义运输成本。尽管运输成本是广泛存在的，但本书关注跨区域间产品和服务的运输，因此忽略区域内运输成本，而主要关注跨区域运输成本对高端制造业集聚的影响。

三、我国运输成本的经验分析

为考察运输成本对产业集聚的影响，首先要对运输成本进行测度。新经济地理学采用"冰山"运输成本解释产业集聚现象在理论上无疑取得了巨大成功，但在实证经验研究中的应用并不多。运输成本和产业集聚都是不可直接观测的变量，其测度问题也就变为如何选取易测量且贴近变量本义的代理变量问题。

目前对运输成本的测度主要分为两类：第一类为绝对值法，通过直接观测获得数据，如直接测量运输距离、运输时间或运输花费，以及通过贸易引力模型进行估算（Chaney，2008；Helpman et al.，2008；许统生等，2011；钱学锋和梁琦，2008）；第二类为相对值法，采用冰山运输成本测度运输费用与商品价值的比重。两类测度方法在不同文献中都有运用，学者通常根据研究问题和获取数据的不同采用不同的观测变量，如林理升和王晔倩（2006）采用劳动力流动成本作为运输成本的代理变量，刘烨和雷平（2015）采用销售费用率衡量冰山运输成本，Hummels 和 Skiba（2004）以运费率与商品价格的比率衡量冰山运输成本，并发现平均运费成本会增加一倍，离岸价（FOB）增加 80% ~ 141%，意味着高品质产品所需运费也高，无法解释 Alchian Allen 假说①。Lugovskyy 和 Skiba（2009）引入一般化的冰山运输成本，该成本是产品边际劳动成本和产品数量的函数。Glaeser 和 Kohlhase（2014）采用运输行业收入占 GDP 比重衡量运输成本，发现美国运输成本在 1890 ~ 2001 年下降了 90%，但这种下降趋势在 20 世纪 90 年代以来逐渐变缓，技术发展也使铁路、公路等固定交通设施推动形成城市中心的作

---

① 该假说认为企业会出口高品质产品，而将低品质产品留在国内销售，即 shipping the good apples out。

用逐渐下降。Combes 和 Lafourcade（2005）则建立了更为复杂的运输成本函数，认为劳动力、基础设施、税收等因素能较为准确地衡量跨区域运输成本。

由于引力贸易模型主要用于测量国际运输成本，而本书研究对象主要为中国境内运输成本和区域间运输成本，因此本书运输成本将采用"冰山"形式。然而，在进行精准的模型计算前，运用现有数据加深对我国运输成本变化趋势的认识是非常有必要的。按照 Glaeser 和 Kohlhase（2014）的测算方法，从历年《中国物流年鉴》和《中国统计年鉴》查找到社会物流总费用、社会物流总额和 GDP 数值，计算我国社会物流总费用与 GDP 的比值，这一比率也是国际物流界通常用来衡量一国物流发展水平的标志。从图 3.2 可见，从 1991 年到 2016 年我国社会物流总费用占 GDP 比率从 23.5% 下降至 14.9%，其中运输费用占 GDP 比率由 13.3% 下降至 8%，整体呈下降趋势。与 2016 年美国 7.5% 的低比率相比，我国物流成本相对较高，运输费用相对较高。然而，单独看这一个比率就断定中国的物流效率低效显然缺乏说服力，且这一比率只是粗略估算，尚未包含社会物流总额等价值因素，因而仅作参考。同时也应看到，近年来我国物流产业发展迅速，交通基础设施建设日趋完善，整体运输成本大大降低。

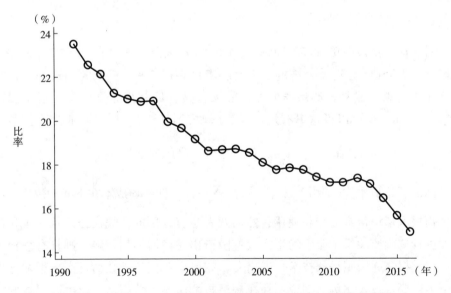

图 3.2　1991~2016 年我国社会物流总费用占 GDP 比率变化趋势

第三节　规模经济

新经济地理学的重要标志是含有规模经济的一般均衡分析模型，同时规模经济也是与距离相关、影响产业空间分布的重要因素。本节首先讨论规模经济与产业集聚的关系，接着试图分析为什么规模经济在国防科技工业空间布局中扮演着重要角色。

一、规模经济与产业集聚

规模经济与新古典经济学语境下的完全竞争是冲突的，而新经济地理学模型将规模经济和不完全竞争纳入一般均衡分析中，使规模经济成为经济活动空间布局中不可忽视的因素。

（一）规模经济的内涵

对规模经济最简单直接的理解是，因规模扩大而带来的节约。《新帕尔格雷夫经济学大辞典》对规模经济的定义是：考虑在既定的（不变的）技术条件下，生产 1 单位单一或复合产品的成本，如果在某一区间内生产的平均成本递减（递增），那么就可以说这里有规模经济（规模不经济）。假定企业生产函数为 $y=f(X)=\exp(\ln x_1, \ln x_2, \cdots, \ln x_n)$，生产单位产品的成本为 $F+\sum_i^n x_i r_i$，生产 α 单位产品的平均成本为 $(F+\alpha\sum_i^n x_i r_i)/\alpha < F+\sum_i^n x_i r_i$，即平均成本在下降。规模经济和规模报酬递增常常被交替使用，然而两者是有区别的：规模经济从成本角度出发进行刻画，如果企业平均生产成本随产出规模增加而下降，则具有规模经济；规模报酬递增则是从技术角度出发，如果企业生产函数满足产出增加比例大于生产要素投入比例，则说明存在规模报酬递增。然而，企业生产成本的来源有很多方面，不仅包括生产要素的投入，还包括由管理费用、融资成本等导致的平均成本的可能下降。因此，从成本角度定义的规模经济比规模报酬递增涵盖的范围更广，同时，规模报酬递增是规模经济的核心内容，由于任何企业

都要涉及生产要素的投入与产出，在大多数场合两者可以等价使用。

从不同角度可以将规模经济进行不同分类。如西托夫斯基（Scitovsky，1954）根据平均成本下降的原因将其分为内部规模经济和外部规模经济，前者来源于单个企业内部产出规模的扩大，后者来源于行业而非企业本身产出规模的增加。马歇尔从分工和专业化投入角度，将规模经济分为内在经济和外在经济。他认为："我们把由于生产规模扩大而引起的经济性分为外部经济和内部经济。外部经济是指有赖于本企业的溢出经济，而内部经济则是有赖于个别工业企业的资源、组织和经营效率的经济。"

与规模经济相对应的是规模不经济，即规模扩大导致平均成本上升，包括内部规模不经济和外部规模不经济，如企业生产经营到一定规模后，协调成本和管理成本急剧增加，导致平均成本上升，这是内部规模不经济；同一地点企业规模扩大后，导致环境污染严重、交通拥堵、租金上涨等，从而导致平均成本增加，这是外部规模不经济。

规模经济是一个适用性较广的概念，不仅适用于农业、工业生产，也适用于服务业，如销售、培训等领域。规模经济能有效降低企业平均生产成本，所以必然成为企业追求利润最大化的目标，以努力实现内部规模经济和外部规模经济。因此，探寻规模经济的来源也成为经济学家关注的重点。

（二）规模经济的来源

按照胡佛（1937）的观点，规模经济从微观到宏观包括单个工厂、企业及产业三个层面规模扩大带来的经济，每个层面对应的规模经济来源和实现方式不同：单个工厂的规模经济主要来源于对固定资本的分摊和员工熟练成本，管理成本分摊所起作用较小；单个企业规模经济不仅来源于工厂层面的规模经济，还来源于对管理成本和交易费用的分摊，企业为了节省交易费用而进行纵向一体化，从而导致规模经济；单个产业的规模经济主要是对应马歇尔所说的与地点相关的外在经济。特定行业在某一空间的集中将带来外在经济，马歇尔将其概括为四个方面：第一，某行业在某一地方长久设立，能使该行业的技能和生产上的发明、改良得到迅速的传播和研究使用，并成为新思想产生的源泉。第二，辅助行业会在附近产生，为它组织运输、提供工具和原料。第三，在一个区域里，如果同一种类产品的产量很大，即使用于这个行业的个别资本规模不很大，使用高价的机械仍然是经济的，甚至有时也能达到非常高的程度。第四，某行业在地方的集中能对技能提供市场而使地方行业得到很大的利益。雇主更容易找到所需要的专门工人；有技能的人也自然到那里去寻找职业。

根据国内外文献研究成果，可将规模经济的主要来源简要归纳为两方面：一是分工和专业化；二是不可分性。亚当·斯密就指出分工和专业化会带来规模经济："有了分工，同数量劳动者就能完成比过去多得多的工作量。"杨格（1996）进一步指出，工厂或产业部门的规模扩大不是形成规模经济的根本原因，分工和专业化才是："分工的发展使得企业内部经济分解为产业化程度更高的各个企业的内部规模经济和外部规模经济，这种形式的变化，不仅对充分发挥资本化的生产方式的优势有重要作用，而且可以发挥并不依赖于技术变化的某些自身的优势。例如，可以实行更高程度的管理专业化，可以促进产业经营的更好地理分布。"马歇尔认为，内在经济的来源是分工和机械的使用，包括生产和管理的分工、工人的劳动分工两种。管理或生产要素的不可分性导致企业生产必须承担一定的固定成本，而规模的扩大使单位产品分摊成本减少，从而实现规模经济，这里的固定成本可能是企业内部设备，也可能是公共基础设施。

（三）规模经济与产业集聚

企业追求规模经济必然要求产业集聚，集聚有助于实现规模经济。

一方面，尽管企业规模不是形成内部规模经济的根本原因，但企业追求内部规模经济必然要求扩大生产规模，从而导致区域生产密度的增加，直接形成产业集聚。企业通过横向一体化或纵向一体化的方式能实现生产的快速增长和扩张，降低平均生产成本。因此，企业间为共享管理成本、降低交易成本等，在一定空间集聚并形成产业集聚。另一方面，追求内部规模经济使得企业有动力集聚劳动力、资本等生产要素，而生产要素的集聚将带来要素成本的下降，从而吸引更多企业在空间上邻近要素集聚区，导致产业集聚。然而，马歇尔认为外部规模经济对企业集聚更重要。企业在一定空间集聚，新技能、新技术和新思想一经诞生将首先在当地传播和扩散，集聚区内企业也是最先获得动态信息，因而最易获得经济性。企业并不一定通过扩大自身规模来寻求规模经济，而可以通过邻近的其他企业获得规模经济，即获得外部规模经济。企业由于资金约束、战略定位等原因，扩大生产规模不一定对企业发展有利，而与在地理上邻近的上下游相关联企业合作，通过企业间合资建厂、建立战略联盟等方式相互促进、协同发展，获得外在经济，同时空间邻近还有利于节约产品运输成本，大大降低了交易成本、库存费用；靠近技术研发能力较强的企业、迁移到技术溢出效应较强的区域，都能在一定程度上节省研发成本，从而实现规模经济。

内部规模经济和外部规模经济不是完全分开的，在多数情况下，实现内部规模经济的同时也有外部规模经济，杨格（1928）指出，某些生产原料和设备的企业的内部经济可以看作其他企业的外部经济。无论如何，企业为追求规模经济都有动力扩大规模或在空间上接近其他企业，从而实现产业集聚。传统经济学家在讨论集聚的形成时很容易陷入克鲁格曼所说的"集聚经济导致集聚"的循环论证中，即企业集聚是为了追求集聚经济，而集聚经济的形成是因为企业在空间中的集聚，从而忽略了真正的本质原因。克鲁格曼在新经济地理学的开创性著作《地理和贸易》中指出："我已经说明了收益递增在许多层次上影响了经济地理。在最低的层次上，一些特定的行业的区位——汽车在底特律，芯片在硅谷——很明显通常反映的是被'锁定'的转瞬即逝的优势。在中等层次上，城市本身的存在就明显是一种收益递增现象。在最高的层次上，整个区域的不均衡发展可以是由累积过程驱动的，这些过程又是根植于收益递增的。"因此，规模经济是形成产业集聚的重要原因，甚至可以说是根本性原因。接着，我们再往上回到规模经济的来源上，即专业与分工和生产不可分性。不可分性在前文已经详细论述过，此处重点论述专业与分工与产业集聚的关系。

杨格定理认为，产业间分工是规模报酬递增的媒介……一系列工业过程中的重要部分就是要考虑靠近某种原材料或便宜的动力供给地，也要考虑靠近其他产业或廉价的交通地，以及靠近人口更密集的中心（阿林·杨格，1999）。杨小凯进一步证明了杨格定理，认为分工的深化是交易费用与分工经济的权衡，并将分工、交易费用、规模经济和一般分析引入对产业集聚的研究中，为我们更好地理解规模经济与产业集聚的关系提供了新视角。分工和专业化不仅有利于提高企业生产效率，降低生产成本，形成企业内部规模经济，还在不断深化分工和专业化过程中推动产业集聚和本地大市场的形成。在分工和专业化前，一个工厂或作坊要完成所有的工序，并且工厂需要集聚所有与生产相关的投入要素，随着分工的深化，工厂将一部分工序分离出去，负责这部分工序的企业最先在原来的工厂附近产生，这是因为分工和专业化不是一个瞬间完成的过程，而是通过学习和积累在较长时间内逐渐完成的。同时，分工层次的增加将带来交易成本的增加，原来的企业制度无法有效降低因分工带来的交易费用增加，这里的交易费用就包括管理费用、运输成本等在内的成本。按照科斯理论，企业是对价格机制的一种替代，企业和市场是可以相互替代的协调社会生产的方式，但仅仅依靠企业和市场是无法完全实现交易费用最低的资源最优配置，而大量企业在一定空间中集聚形成的组织形态就成了有效解决生产效率增加或分工层次深化与降低交易费用两难问题的中间性制度组织形态。

因此，规模经济是一种集聚力，但不一定形成产业集聚，因为形成规模经济的根源是分工与专业化，而分工的增加将导致交易次数增加、交易费用上升、交易效率下降。因此，"如果交易效率低，则会因层系增加以及进一步的横向和纵向分工，使所得的收益不够补偿交易费用。在这种情况下，每个人都会选择自给自足，即自给所有的中间产品和消费品"（杨小凯，1999）。此时也不存在产业集聚现象。只有在分工收益超过一定程度，形成专业化生产时，集中在一个地理空间交易比分散交易更有效率，即分工经济超过交易费用（运输成本、贸易成本等）时，也就形成了产业集聚。所以，企业面临规模经济和交易费用的权衡结果导致了产业集聚这种空间组织形态的形成，集聚有利于实现分工收益（钱学锋、梁琦，2007），而分工的演进推动产业集聚的动态变化。事实上，克鲁格曼所开创的新经济地理学用来解释产业集聚形成原因的循环累积机制正是"规模经济"与"集聚"的相互促进，生产成本效应正是因为形成了企业规模经济，从而吸引更多企业集聚。

二、高端制造业经济活动的规模经济分析

高端制造业发展的本质是资源的优化配置，通过技术创新、资源优化配置，降低生产成本，实现规模经济。事实上，不论是对政府、产业还是企业而言，能实现该目标固然是最理想的，但这个目标在经济学上是否合理？由前文可知，规模经济的两个主要来源是分工与专业化、不可分性。下面将分别从这两方面考察其基本性质。

首先，高端制造业发展是分工深化的结果。市场规模的扩大推动分工深化，分工的深化反过来又扩大市场规模，加深市场一体化程度。亚当·斯密最早指出，分工起因于交换能力，分工的程度受交换能力大小的限制，或者说，要受市场广狭的限制。杨格进一步深化了市场范围的定义，并将斯密定理阐释为"分工一般的取决于分工"，前一个"分工"侧重于同一产业内的分工深化，后一个"分工"则是产业间分工或社会分工，即组织内分工与社会分工相互影响、累积循环（钱学锋、梁琦，2007），市场规模的扩大是分工深化的原因，而分工深化又进一步扩大市场规模，市场规模和分工深化形成循环累积过程，推动市场规模不断扩大和分工不断深化。同时还提到，"迂回方法的经济，比其他形式的劳动分工的经济更多取决于市场的规模"。杨小凯和黄有光（1999）认为市场的功

能除了实现交易，还可以通过自由竞争对交易伙伴实施适当压力，从而有效降低合作风险、最大化交易主体的效益。值得注意的是，杨小凯和杨格所说的市场及市场规模概念都远远超越了斯密所说的市场。市场规模扩大，可供选择的潜在贸易伙伴增加，增加了现有贸易伙伴违约的机会成本，在一定程度上提高了交易效率，降低了交易费用，使分工带来的收益增加，从而推动分工深化。

具体到我国实际情况，第一，制度安排推动分工不断深化。从交易费用角度来看，市场分割障碍消除是一种减少交易费用和提高交易效率的制度安排。杨格定理认为，供给和需求是分工的两个侧面，交易费用的下降使得供给增加，而供给的增加又带来需求的扩大，供给与需求的扩大将推动市场规模不断扩大和分工不断深化。第二，高端制造业迂回生产程度普遍较高。劳动分工和专业化需要通过迂回生产实现规模经济。根据迂回生产理论，不论是何种形式的生产活动，其最终目的都是满足终端消费者的多样化需求偏好，即消费品。而为了生产产品而先生产工具就是"迂回生产"。也就是说，生产的复杂程度越高，迂回程度也越高。高端制造业对部分产品还有特殊要求，相较于一般产业的迂回程度更高，因此，也使得高端制造业能通过劳动分工的深化实现规模经济。

其次，两用生产活动具有典型的不可分性。这种不可分性在前文中已有论述，此处结合规模经济再稍加论述。应当注意的是，由不可分性带来的固定成本分摊是形成企业内部规模经济的根本原因，而这种具备不可分性的固定资产本身具有折旧和使用限制，即并不是分摊越多越好，而是在一定范围内分摊就可以实现规模经济。因此，对于进行转型的企业而言，原有的生产工艺、设备或科研技术专利是具有不可分性的属于企业的固定资产和沉没成本，但如果仅仅依靠这些沉没成本要在长期内实现规模经济是不太现实的。所以，相对于分工，不可分性对规模经济的作用要小得多。

劳动分工的深化和生产不可分性决定高端制造业具有规模经济的一般特征，然而，这些特征无法概括高端制造业集聚的所有特征，否则也就没有必要单独研究高端制造业集聚现象了。

三、规模经济、分工与高端制造业集聚

上述的这种规模经济一定会推动形成高端制造业集聚吗？本书认为，尽管目前我国高端制造业集聚规模较小、集聚效应尚不明显，但在劳动分工的不断深化和规模经济的作用下，高端制造业集聚化发展是必然趋势，这一趋势即使

在没有政府强力推动下也能自发形成。我国高端制造业集聚在形成原因和形成方式上都具有浓厚的中国特色，下面将重点讨论规模经济与"中国特色"和高端制造业集聚的关系。

新经济地理学理论认为，历史性或偶然性因素对产业集聚和最终的均衡结构起着关键作用，研究高端制造业发展和产业集聚不能脱离历史和时代背景。我国高端制造业发展的历史背景是，早期主要是仅服务于国防科技工业，实行严格的计划订货制，上下游企业间实行一对一配套制度。在中华人民共和国成立后的很长一段时间内，整个中国经济在改革开放前都是与世界分离的，这就意味着，我国经济是在封闭条件下发展起来的。根据迂回生产理论，封闭经济体的发展过程必然是一个分工深化和生产迂回程度提高的过程。事实也证明，我国经济领域都形成了相对独立、较为完整的高端制造业产业链体系。在长期封闭的时期里，我国核工业、电子工业、航空、航天、兵器、船舶等工业领域都形成了门类齐全、配套健全的科技工业体系；国民经济虽然经历过大起大落时期，但总体也形成了相对独立和较为完整的工业体系。一旦工业体系间的制度壁垒真正被打破，资源在系统中能够自由流动，直接后果是，国有企业和民营企业都面临强有力的横向竞争，使得其容易向市场机制过渡，这也是中国改革能够成功实现转型的重要原因。横向竞争还使得交易伙伴间压力增加，企业可以通过市场竞争性配套替代企业纵向一体化配套和以往装备生产的一对一配套产生的双重加价问题，降低交易风险，减少交易成本，从而促进分工的深化。

企业必须集中起来才能从分工中获得更多的好处[1]，即现阶段只有通过集聚才能实现分工效益，分工、规模经济与产业集聚的关系如图3.3所示。从前文分析可知，高端制造业集聚有利于提高交易效率，增加分工效益，企业在一定空间内面对面学习和交流的便利性导致缄默知识的传递更加容易，并形成学习效应，增加了技术创新和进一步分工的可能，导致分工深化，分工深化将进一步促进规模经济的实现，并吸引更多企业集中。现阶段，我国正处于从纵向一体化的企业制度安排向市场化制度安排过渡的中间阶段，相关政策透明度不断提高，从事两用经济活动的企业在一定空间集聚分享各自掌握的政策信息，以降低相关交易风险，提高分工效益和实现规模经济；此外，高端制造业所涉

---

[1]　维达尔·白兰士的原话出自其1921年出版的遗著《人文地理学原理》："所有社会，无论落后还是发达，都面临着同样的两难困境：个人必须集中起来才能够从分工中得到好处，但是各种困难又限制了个人的集中行为。"转引自藤田昌久，等. 集聚经济学[M]. 刘峰，等译. 成都：西南财经大学出版社，1883：4。

及行业多属新兴行业，不确定性和风险较大，信息对企业具有至关重要的作用，高端制造业集聚作为一种中间组织状态，部分抵消了纯粹市场关系中的机会主义行为和不确定性，使得集聚区内企业拥有集聚区外企业无法模仿的竞争优势，从而提高集聚租，集聚租的增加又会进一步带动企业进入集聚区。

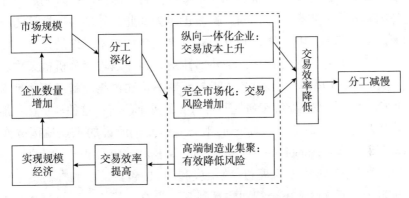

图 3.3　分工、规模经济与产业集聚的关系

综上，高端制造业集聚能有效降低高端制造经济活动中的交易成本和风险，从而提高交易效率，实现规模经济，而规模经济的实现将带动更多企业在一定空间集中，从而形成一种良性的循环累积效应，因此，产业集聚是有效破除当前我国分工深化与交易成本增加问题的重要途径。

第四节　外部性

外部性是理解产业集聚的关键因素，也是新经济地理学理论的核心，新经济地理学理论的开创性贡献之一就是将外部性内生化，阐释了产业集聚形成的微观机制。本节述评了外部性和产业集聚相关研究文献，并在此基础上结合我国高端制造业集聚的实际情况进行拓展研究和讨论。

一、外部性与产业集聚

外部性似乎无处不在，但又很少有经济学家能说清楚外部性的具体内涵、来源以及与其他经济现象的关系，"外部性概念是经济学文献中最难以捉摸的概念"（Scitovsky，1954）。

外部性概念的引入是马歇尔为了将规模报酬递增纳入新古典经济学分析框架中而作出的关键性假设，由于传统经济理论的完全竞争范式只能解释自然禀赋差异对空间集聚的影响（Fujita et al.，2005），而外部性的引入则解决了自然禀赋之外因素对空间集聚差异化的影响，正因为如此，外部性也被认为是不能用自然禀赋来解释的产业集聚。但由于新古典经济学着重讨论的是给定制度安排下的资源配置问题，并没有真正将外部性纳入其一般均衡分析框架中，导致外部性一直是一个"黑箱"。马歇尔关于外部性的论述也是对新经济地理学影响最大的理论。"我们现在要继续研究非常重要的外部经济，这种经济往往能因许多性质相似的小型企业集中在特定的地方——通常所说的工业地区分布而获得。"鲍默尔和奥茨（Baumol and Oates，1988）从福利效应角度出发将"外部性"概括为："如果某个经济主体的福利（效用或利润）中包含的某些真实变量的值是由他人选定的，而这些人不会特别注意到其行为对于其他主体的福利产生的影响，此时就出现了外部性，对于某种商品，如果没有足够的激励形成一个潜在的市场，而这种市场的不存在会导致非帕雷托最优的均衡，此时就出现了外部性。"鲍默尔和奥茨（1988）的概括相对较为全面，也被广泛引用。总的来看，马歇尔在解释产业集聚中所说的外部性，更加侧重正外部性，而后来学者对外部性的理解则更为全面。

按照外部性对社会总产出这一真实变量是否有影响，瓦伊纳（Viner，1931）将外部性分为技术外部性（technology externality）和金融外部性（pecuniary externality）。技术外部性又被认为是纯外部经济（Scitovsky，1954），是一种溢出效应，并不通过市场价格机制来反映，而是通过影响经济系统中单个企业生产函数或个人的效用函数，并对其他企业或个人产生溢出效应，从而影响资源分配。技术外部性主要分为 MAR（Marshall，1590；Arrow，1962；Romer，1986）外部性和 Jacobs 外部性，前者强调专业化和垄断对知识溢出更有利，而后者强调多样化和竞争对创新作用更大。金融外部性是市场价格机制的副产品，并不会影响资源配置效率，不会改变企业生产函数，单个企业或个人的决策通过影响价格继而对其他企业生产和个人消费产生作用。由于技术外部性并不通过市场机制调节，因此企业个体的规模，或者说企业和个体能否影响价格并不重要，市场结构可以是完全竞争的，在城市经济学、新增长理论和新贸易理论中都是在完全竞争市场假定下进行研究的。而金融外部性与完全竞争范式中个体只是价格接受者的假定相悖，其核心是垄断竞争模型，也是新经济地理学着重解决和关注的外部性。

马歇尔在《经济学原理》中提出集聚的原因是获取集聚经济，并阐述了产业集聚的金融外部性和技术外部性，主要包括三方面：一是劳动力市场蓄水池（labor pooling），即企业的集中将带来劳动力的集中，这对工人和厂商都是极为有利的，"雇主们常常把希望寄托在他们有很大机会找到具有他们所需要的特殊技能的工人的地方；而寻找就业机会的人很自然地去有许多需要他们的技术的雇主，因而市场是相当不错的地方"。二是中间产品多样性，即企业集中可以提供更加多元化、价格更低的产品，"附属行业在附近成长起来了，为产业中心提供了工具和材料，组织交通，在许多方面对经济地使用原料有利"。三是知识溢出效应，即企业集中使得"行业的秘密不再成为秘密，而成为众所周知的事了"，而这种知识溢出对技术创新有强烈促进作用，"如果一个人有一个好的思想，会被别人采纳，这个思想又与他们自己的建议结合起来；因此又成为新思想的源泉"（Krugman，2000）。

目前，新经济地理学在金融外部性与产业集聚的内生互动方面已经出现了大量研究和经典模型，大致形成了产业关联、运输成本、规模报酬递增等金融外部性影响产业集聚的微观机制。正如 Kurgman（1991）所评价：在不完全竞争和规模报酬递增的条件下，金融外部性的来源明确，有着清晰的福利效应，因而能够具体模型化。这也是其被主流经济学所接纳的重要原因。对技术外部性与产业集聚的研究则相对较少，尽管现有文献对溢出效应与产业集聚的互动关系已经有了较为清晰统一的认识，集聚能有效降低信息成本，加速技术创新，从而吸引企业集中，企业集中则进一步加速技术扩散与知识溢出，进而形成产业集聚。然而对于技术外部性究竟是如何内生化的、技术外部性与产业集聚间的微观机制又是怎样的，并没有进行充分研究。Berliant 和 Fujita（2008，2011，2012）在这方面做了初步尝试，将异质性知识引入创新过程，认为异质性知识和知识的多样化有利于知识创新，因此经济人有集中的趋势，但是该模型并没有考虑地理性因素。Döring 和 Schnellenbach（2004）从理论和实证层面证明了知识溢出效应的动态外部性和集聚效应，但并没有涉及地理因素和区位决策的微观机制。Alcácer 和 Chung（2007，2014）认为竞争对手获取知识的难易程度影响企业的区位决策，因为集聚的纯技术外部性会让集聚区的每一家企业都从中获得好处，企业显然不希望所有的技术和知识都对外传播，尤其是当竞争对手通过空间邻近很容易就获得了企业知识时，企业会选择竞争厂商较少的区域。

因此，纯外部性对一部分企业是正外部性，对另外一部分企业可能是负外部性，正外部性会吸引更多企业集聚，成为一种集聚力，而负外部性则是一种分散力。对技术外部性与产业集聚的内生互动微观机制的研究仍有待学者进一步深入考察。

最后应指出的是，外部性是一个非常复杂的概念，本书主要关注外部性的空间属性。金融外部性与产业集聚的内生互动机制相对清晰，而技术外部性则仍然是一个"黑箱"；金融外部性受价格机制调节，外部性的空间影响范围较广，因为要形成产业关联必须有足够大的市场、企业和劳动分工。而技术外部性主要是非市场交互作用，在大多数情况影响范围较窄，如在全球范围内的产业集聚现象，技术溢出效应发挥的作用可能因为国别等多种因素而受到严重削弱，但对于省级、地区级的产业集聚具有较强解释力和适用性。

二、高端制造业发展的外部性

任何一种经济活动都会带来外部性，高端制造业发展也毫无疑问会带来外部性，尤其是空间层面的外部性。

(一)金融外部性(Pecuniary Externalities)

金融外部性主要是产业关联效应，包括马歇尔所说的专业化劳动力和中间产品多样化。高端制造业发展的外部性在广度和深度方面都要超过一般产业发展和产业集聚。

首先，形成金融外部性的重要原因是规模报酬递增。从产业链的构成来看，与高端制造业相关的产业链上游为原材料产业，除特别稀有的材料外，上游产业本身并没有行业之分，市场竞争较为充分，可以视为完全竞争市场；下游产业是直接生产终端产品的产业，对保密性要求较高，受到的干预力度较大，市场作用难以充分发挥，且不适合走开放道路，不属于本书研究范围；中间产品市场则具有较为明显的垄断竞争特征。

其次，从全国范围来看，打破制约高端制造业发展的行业体系之间的资源流动障碍，在更广范围内进行资源配置，扩大了亚当·斯密所谓的市场规模，使得在全国范围内的劳动力供给增加，为企业的发展提供了充足的劳动力。改革开放以来，我国民营企业从无到有，从小到大，从大到超大规模。目前，我国非公有制经济所占 GDP 的比率超过 60%，约有 70% 的技术创新、65% 的国内专利发明和80%以上的新产品来自中小型企业，其中95%以上是非公有制企业（胡鞍钢等，2017）。同时，我国高科技工业在长时期封闭环境中形成工业门类齐全、人才优势明显的相对独立的工业体系，优势资源将为民营企业提供更多专业化人才和多样化中间产品。

最后，从区域层面或地方层面来看，出于安全、政治和功能上的考虑，高端制造业和基地往往集中在特定区域。例如，法国的高端制造业主要集中在巴黎，德国的军工产业主要集中在巴登·符腾堡、巴伐利亚和不莱梅德等地区，而军事基地则主要在石勒苏益格·荷尔施泰因、莱茵兰·法尔茨和下萨克森地区。斯洛伐克的高端制造业活动的集中地带，则位于斯洛伐克中部杜比尼克、德特法和马丁的大型企业组成的"军工三角"地区。俄罗斯的高端制造业主要位于圣彼得堡、莫斯科周边和乌拉尔地区。高端制造业集聚带来两方面正外部性：一是企业的专业化和多元化劳动力向高科技工业转移，使得区域内企业寻求到更专业化劳动力的概率大大提高；二是高科技技术市场的延伸，经过转化后的中间产品可为民营企业所用，运输成本的存在又使中间产品最先为本地消费者和本地民营企业所获得，给一定区域范围内的下游企业带来正外部性，从而推动高端制造业集聚。但同时也会带来负外部性，核心目标是获得更高的产出效率，在一定程度上意味着相同项目的采购费用缩减，企业赖以生存的装备订单减少，对区域劳动力需求降低，导致剩余劳动力增加，从而对区域劳动力就业市场带来负外部性。

（二）技术外部性（Technology Externalities）

与金融外部性相比，高端制造业发展的技术外部性更加明显。在过去的几十年里，最新技术和大量科研投资最先用于军事目的，这是国内外的共同现状，研究设备、科学家和技术员等资源也是如此。国防科技创新系统本来就是国家创新系统的重要组成部分，随着国防科技工业和民用工业间创新科技成果双向流动加快，不论是国防工业创新系统还是民用工业创新系统都对国家创新系统形成较强正外部性。

然而，这种纯外部性的强弱程度受很多因素影响，导致在发展初期可能无法充分发挥溢出效应。企业和科研院所是科技知识积累较多的单位，长期在相对封闭、保密性较强的系统内从事科研和生产活动，在管理、市场营销等方面的劣势非常明显，而在技术方面的优势也非常明显，此时的知识溢出对军工企业而言并不一定是正外部性，如果A企业的核心技术通过知识溢出效应扩散，并被区域内 B 企业所获取，那么知识溢出效应对 B 企业是一种正外部性，却使得 A 企业遭受损失，甚至不得不退出市场。

三、外部性与高端制造业集聚

不论是在政府作用还是在纯粹市场作用下，外部性都是形成高端制造业集聚的关键，不过涉及战略层面，任何国家的政府都不可能完全放任市场推动产业集聚，下面分两方面阐释高端制造业集聚化发展相对于一般的产业集聚机制有何不同。

一是前后关联效应。新经济地理学理论已经揭示了前向关联和后向关联的内生互动机制，但高端制造业发展会对这种前后关联效应产生何种影响呢？中间产品市场是高端制造业发展的重点领域，终端产品的迂回生产程度越高，中间产品市场规模越大、产品越是多样化。我国高端制造业发展能有效刺激国防科技工业与民用工业的横向竞争，推动分工深化和中间产品市场规模扩大，形成本地市场效应和价格指数效应，并形成良性循环累积效应，推动集聚形成。企业发展依赖区域经济的总体状况、劳动力市场的灵活度以及就业结构等因素，集中化也能带来缓冲效应。然而，在高端制造业发展过程中，前后向关联效应发挥作用的过程中所发生的交易成本要远远大于一般产业间的交易成本，这既包括政策制度的原因，也包括企业间在交易习惯等方面不同而造成交易费用上升的原因。交易成本的上升，而运输费用或跨区域贸易成本相对固定，导致企业更倾向于分散分布于消费者周边。

二是知识溢出效应。高端制造业发展过程中企业转型时都面临着从管理、理念、营销、文化等各个方面截然不同的市场，可以说，在这些方面企业自身原来的经营习惯在某种程度上成为一种劣势，但只有技术及其潜在转换价值是企业转型的关键优势和核心竞争力。此外，相比于商品流通的可计划性、可预测性和可控性，知识和技术的流通具有更多的不确定性，尤其是对于知识产权意识较为薄弱的企业来说，知识溢出可能产生较大负外部性。因此，出于保护自身核心竞争力的需求，企业不得不考虑知识溢出可能带来的负外部性，从而使得短期内高端制造业集聚的分散力增大。但从长期来看，随着知识产权保护意识的增强、相关法规的健全以及法治环境的完善，知识溢出的负外部性将逐渐减小，集聚动力会逐渐增强。

第五节　本章小结

本章从空间维度探讨了高端制造业集聚的影响因素。高端制造业经济活动具有较强的资本不可分性和需求不可分性，两种不可分性决定了企业必须把区位作为成本的重要因素考虑，从而决定了空间选择的重要性。本章首先探讨了两用经济活动的不可分性，接着从空间维度探讨了影响高端制造业集聚的三种因素：运输成本、规模经济与外在性，三种因素的共同特征是与距离密切相关。

运输成本的存在抑制产业集聚，但运输成本降低并不意味着产业集聚一定发生，因为运输成本将使集聚力和分散力同向变化。

规模经济是一种集聚力，规模经济的来源包括分工与专业化、不可分性。高端制造企业为追求规模经济而在一定空间集中，规模经济越强，集聚力越大。

外部性是理解产业集聚的关键因素，也是新经济地理学理论的核心。高端制造业产业活动同时存在正外部性和负外部性，正外部性产生集聚力，推动高端制造业集聚；负外部性产生分散力，抑制高端制造业集聚。

第四章

技术维度的高端制造业集聚

技术维度的高端制造业集聚主要考察知识溢出效应的影响。事实上，Fujita和 Mori（2006）认为，"知识溢出"有被动接受知识的含义，而"外部性"似乎又包含太多的内容而不知所指，因此建议使用"知识关联"（Knowledge linkage，K linkage）。知识关联实际上是广义的知识溢出，包括知识的创造、转移和学习等与知识相关的活动，为方便理解，本书仍然采用知识溢出效应的表述。本章主要从技术维度分析高端制造业集聚的影响因素，第一节阐述高端制造业知识溢出的区域性，是讨论知识溢出影响高端制造业空间布局的基本前提，第二节、第三节分别在知识溢出外生和知识溢出内生条件下，通过数理推导构建高端制造业空间分布模型，第四节则考虑通信技术进步等带来的运输成本下降对知识溢出与高端制造业集聚的关系变化，第五节为本章小结。

第 一 节　高 端 制 造 业 知 识 溢 出 的 区 域 性

技术特征是高端制造业最显著的特征，高端制造业集聚能有效提高集聚区内企业创新效率。科学无国界，更无地域界、部门界，这说明知识溢出具有普遍性，知识流动无须运输成本。那么，高端制造业知识溢出或技术溢出是否有区域性？如果有区域性，那么高端制造业集聚的中心在哪里？本节将从理论上回答第一个问题：高端制造业知识溢出的主要机制、空间局限性及区域创新网络的构建。

一、高端制造业知识溢出的主要机制

技术和知识是新经济增长理论的核心，是经济增长的源泉，知识溢出是技

术外部性的重要方面。随着知识越来越成为企业竞争优势的来源，知识溢出也越来越受到关注。然而，知识是如何从知识源扩散的？高端制造业知识溢出的传导机制又是怎么样的？有哪些因素可能影响知识溢出的强弱？

Jaffe（1997）认为知识溢出是模仿者通过与知识创新者之间的信息交换而获得的收益，而知识创新者却没有得到补偿，或所得补偿低于创新知识价值的一种现象。这一概念并不全面，因为知识溢出并不一定需要模仿者与知识创新者直接进行信息交换，还可能通过间接渠道获取信息。本书认为，知识溢出是知识传播与扩散过程中产生的外部性，获得知识和信息的主体并没有支付知识创造者相应价值的补偿，或以远低于其价值的价格，通过直接或间接的方式获得知识并从中获益。本书所讲的高端制造业知识溢出主要是指，高端制造业军民两用技术转移过程中的外部性。国内外研究表明，高端制造业军民两用技术转移的知识溢出是经济增长的重要源泉。例如，Kotha's（2010）认为美国商业航空产业的发展，以及波音公司成功发展成为美国商业航空产业的巨头，并合并道格拉斯飞行器公司（Douglas Aircraft Company），均受高端制造业军民两用知识溢出效应的影响。

根据 Breschi 和 Lissoni（2001）的分类，本书认为高端制造业军民两用知识溢出主要包括三种机制：一是技术主体与其他经济主体之间正式或非正式的互动；二是高端装备制造企业主动搜寻知识；三是高端装备制造企业或劳动力的流动。正式的互动包括企业间结成研发联盟、签订合作协议等方式，如通过产学研合作平台，与其他企业或科研院所建立正式的互动机制带来的知识溢出，通过合作研究等正式方式的知识溢出更容易跨区域发生（Ponds et al.，2007；Hoekman et al.，2009）；非正式的互动包括企业间员工通过各种非正式方式交流，如非工作场所聊天沟通等方式，缄默知识或隐性知识主要通过非正式方式溢出。Tavassoli 等认为非正式知识溢出网络更倾向于发生在区域水平，因此这部分的知识溢出是区域性的。高端装备制造企业主动搜寻知识，包括企业主动寻找领域内相关专利和厂商，开展技术转换活动。高端装备制造企业或劳动力的流动，即人才流动或企业家创业方式，在流动和创业过程中必然带动知识的流动，因为知识或技术不能独立存在，知识创新团队或主要负责人的流动意味着实际知识的扩散。Megiddo（2005）认为政府在国防研发方面的巨额投资形成了一大批有经验的、受过良好教育的工程师，而大量以色列的技术投资都与国防系统相关。YoelRaban 等（2005）研究了 200 多家以色列新成立的高科技公司的投资和财务表现与国防系统的关系发现，生产军品或者曾经是国防承包商的企业在投资和销售方面表现更好，而在国防科研部门或较有名望的部队服役过的企业家，更容易获得投资或销售经营得更好，这都说明国防工业向民用工业部门通过人才流动或企业流动产生了知识溢出。

知识溢出的传导过程实际上是知识从知识源通过各种正式或非正式渠道为知识吸收者所吸收的复杂过程，知识源、知识本身、溢出渠道、知识吸收者、溢出环境等都影响两用知识溢出的强弱和方式，各个环节缺一不可，每个环节都在一定程度上影响知识溢出的难度和效果。Marrocu 等（2014）运用知识生产函数考察了欧洲 276 个地区的创新能力，发现地理邻近性、组织邻近性、技术邻近性、社会邻近性、制度邻近性五种邻近性都对跨区域知识流动起着重要互补作用，其中技术邻近性起的作用最大。叶静怡等（2016）对长三角城市群知识溢出的分析表明，地理邻近和经济距离邻近性对知识溢出的作用最大。"近水楼台先得月"，地理邻近无疑也是影响高端制造业知识溢出的重要方式。

二、高端制造业知识溢出的空间局限性

尽管知识溢出具有普遍性，但同时也具有空间局限性，"科学没有国界，科学家有祖国"同样也揭示了知识溢出的空间局限性，各地纷纷建立的高端制造业基地从现实角度证明了知识溢出的空间局限性。

首先，知识的特性和种类决定了高端制造业知识溢出的空间局限性。Polanyi（1960）根据知识的表现载体形式将其划分为显性知识和隐性知识两类，显性知识也被认为是可编码知识，即知识可以用文字、图画、公式等形式化符号进行编码，以可见的说明书、文档、图书等方式传播，而随着物联网的发展，显性知识溢出也越来越全球化，并能方便地实现时间和空间的分离，降低知识溢出的交易成本。例如，使用世界其他国家专利或国内其他地区的公开教材，只需传真或转化为电子格式通过网络传输即可；又如，纵向来看，我们仍能学习百年前、上千年前古人的文化，这也得益于显性知识的溢出。隐性知识，又称缄默知识，是指难以通过编码整理、与个人经验和积累相关的只可意会不可言传的知识，难以与知识所有人分离，如工作经验、技术诀窍等，只能通过面对面交流来传递，而这往往是企业创新的源泉和核心竞争力所在。显性知识的溢出具有全球性，而隐性知识溢出由于难以与知识所有人剥离，从而具有空间局限性，意味着企业或个人要获取隐性知识就必须在空间上接近知识所有人。高端制造业知识溢出是一个复杂的技术转化过程，不仅需要专利转让等显性知

识溢出，还需要专业化人才充分了解新进入市场的需求，尤其是在消费者细分市场下的多样化偏好、操作工艺等信息，转化或转移过程越是复杂，就越需要经常性的面对面交流以获得更多隐性知识，而地理上的接近是最能节省溢出（交流）时间和开支的。

其次，知识吸收者的差异决定了高端制造业知识溢出的空间局限性。相同的知识被不同吸收者所掌握和所吸收的程度不同，导致知识溢出传播的范围不同。从产业层面来看，"隔行如隔山"，关联度较小的产业间知识溢出效果不如关联度较大的产业间溢出效果明显（Marrocu et al.，2014）。从个体层面而言，不同企业在采用同等生产技术的条件下，生产效率和创新效率可能不同，这也导致不同个体对特定的知识溢出动力不同。高端制造业前后向关联度较大，意味着有较大关联度的企业和产业范围较广，也意味着面对面沟通的知识溢出对他们将更有效，从而导致知识溢出的空间局限性。Porter（1998）指出，相关企业与支撑性机构的地理集聚，可使集群内单个企业及整个集群区域在与其他地区企业竞争时产生竞争优势，因为地理集聚使群内企业容易获取专用性投入、技能劳动力、信息、制度以及公共物品，并从互补性活动中获得好处，从而可以提高企业及集群的生产率，促进创新。段会娟和梁琦（2009）认为，仅仅是地理邻近并不能促进知识溢出，企业之间是否建立了密切的关联更重要。此外，不是所有企业和个体都希望能与其他企业地理接近。高端制造业发展带来原有企业之间的横向竞争，而这种竞争厂商间的横向溢出（Bernstein and Nadiri，1988）往往会带来负外部性，即波特外部性（Porter，1990），由于向竞争厂商的溢出效应实际上都不是企业所希望的，因此，竞争厂商的集聚说明集聚优势要远远大于知识溢出的负面效应。王子龙和谭清美（2004）构建了区域创新网络模型，发现位于网络中的企业均在一定程度上能获得知识溢出效应的正外部性，减少创新成本，提高技术创新效率，但企业同时也在支付自身的知识溢出作为成本，可能存在"搭便车"的行为。叶建亮（2001）从新增长理论视角分析了浙江省的企业集群现象，并重点研究知识溢出效应在其中所扮演的角色，认为知识溢出效应的强弱不仅决定企业集群规模大小，还会影响集群内企业生产要素投入比例，即影响生产函数，然而，知识溢出的存在可能吸引过多企业在空间内集聚，形成过度竞争和产品雷同现象，带来负外部性。Acosta 等（2010）通过对全球专利引用的经验分析发现，国防科技专利进入民用领域与谁研发的技术无关，但是与引用技术专利的公司拥有的技术经验相关，即拥有的累计专利数量，那些熟悉专利生产过程的企业会更容易使用专利技术。

因此，高端制造业知识溢出既具有全域性，又具有空间局限性。地理邻近性（geographical proximity）对企业间的知识溢出起着重要作用（Karlsson and Manduchi，2001）。Feldman 和 Audretsch（1999）提出，"知识溢出不仅会带来外部性，有证据显示这种知识溢出具有区域性"。但后来又指出，"地理边界不是阻碍知识溢出的理由"。唐厚兴（2010）通过构建空间 Dubin 模型对我国省级面板数据进行实证分析发现，存在跨空间溢出效应，但知识溢出存在空间局限性，且随着空间邻近矩阵阶数增加而呈先增大后减小的趋势，因此，存在一个最优溢出距离。Plummer 和 Gilbert（2015）发现，研究型大学或科研机构接受国防部资助对区域内企业发展有积极促进作用，对新成立的企业知识溢出效应尤为明显，且这种影响在长期尤为明显。

三、区域科技协同创新网络

由于知识溢出具有空间局限性，因此，构建区域科技协同创新网络成为推动市场融合、提高区域创新能力的重要方式。本节将着力于构建一个基于知识溢出效应的科技协同创新网络，以更好地说明知识溢出对高端制造业集聚的影响。

（一）文献回顾

Freeman（1991）较早提出创新网络的概念，他认为创新网络是为了系统创新而形成的制度安排，而企业间的创新合作关系是创新网络的主要联结机制。区域创新网络是根植于区域创新系统的组织体系，由相互分工与关联的企业、研究机构等构成（Cooke，1996）。自 Freeman 和 Cooke 后，学术界对创新网络从多个角度展开了研究与探索，在创新网络结构和动态演化研究中引入地理因素已经成为当前国内外创新研究的重点方向。经济地理学在 20 世纪末受"社会转向、文化转向、制度转向"思潮的影响，开始将目光投向与社会发展密切相关的区域经济增长、知识溢出等方面，形成了大量的区域创新网络研究成果。国内外学者从经济地理学视角研究创新网络，按照研究对象主要可分为三类：对网络节点的研究，对网络空间位置影响的研究以及对创新网络动态演化规律的研究。

1. 网络节点

在网络节点研究方面，一般认为，微观层面企业的创新和学习是理解区域创新网络的基础(Martin, Sunley, 2003), 大学和公共研究机构在区域创新网络中占据重要位置(Graf, Tobias, 2009; Liefner, Stefan, 2011; 赵建吉、曾刚, 2013), 而区域创新的网络效应有助于提高企业创新效率(Cooke, Schienstock, 2000); 中观层面产业集群的演化过程实际上就是区域创新网络的根植(embed)和演化过程(Cooke, Laurentis, 2010), 科技协同创新网络知识流动具有动态性、积聚性和交叉性(李响等, 2016); 宏观层面的研究表明, 区域间创新合作网络结构对区域经济增长有重要影响, 区域创新与经济增长存在耦合协调关系(王丽洁, 2016; 蒋天颖、刘程军, 2015), 包括缄默知识等在内的区域创新资源移动性较弱, 区域内和区域间合作创新对企业创新都起重要作用(Asheim, Isaksen, 2002)。

2. 网络空间位置

在网络空间位置的影响方面, 邻近性是研究热点。Boschma 等(2010)从演化角度将邻近性分为地理邻近性、制度邻近性、社会关系邻近性和认知邻近性, 其对邻近性的分类在后续研究中被广泛使用。Ter Wal(2014)对德国生物科技产业的实证研究表明, 地理邻近在产业发展初期有助于企业间构建合作网络, 但这种作用随着产业成熟而减弱。Boschma (2005)认为地理邻近通过影响其他邻近性而发挥作用, 而 Letaifa 和 Rabeau(2013)发现社会关系邻近是创新网络最重要的因素, 而封闭的地理邻近可能会阻碍社会关系邻近和合作创新。Funk (2014)也认为地理邻近与跨组织网络结构共同影响企业创新行为。Broekel 等(2017)发现处于不同地理空间但技术上相互关联的企业间合作能有效提高企业创新效率。

3. 创新网络演化

在创新网络演化方面, 国内外学者并未就演化规律及路径达成统一观点。Huggins 和 Thompson(2015)认为, 知识溢出、企业和区域增长间的不断作用推动网络结构的动态演化。Balland 等(2012)认为学习(认知邻近性)、整合(组织邻近性)、脱离(社会邻近性)、制度化(制度邻近性)以及集聚(地理邻近性)等是影响创新网络结构动态演化的重要因素。Ter Wal(2014)则认为地理邻近性在技术和企业发展初期对企业间合作有重要影响, 这种影响随着技术的成熟而减弱。Gluckler(2007)认为公平选择机制和累积机制共同决定创新网络演化路径。Binz 等(2013)通过对膜生物反应器技术的创新网络进行研究发现地理空间尺度对创新起着重要作用。任胜钢等(2011)通过实证分析发现, 创新网络规模、网络结构洞、网络开放性以及网络强联系和弱联系对区域创新能力有着显著正向作用，而网络集中度对创新能力提升作用不明显。

在新经济地理学视角下对区域创新网络进行研究所取得的诸多成果，对本书研究区域科技协同创新网络有一定启发，但相关研究对网络结构与创新间的关系仍有待深入，且往往集中于单一维度邻近性的分析，对创新网络动态演化机制的研究也尚未形成系统。本书对区域科技协同创新网络的研究，将丰富区域创新网络的研究体系，完善创新网络动态演化分析框架。

（二）区域科技协同创新网络的内涵、结构特征

区域科技协同创新网络是为企业提供创新环境的建设，对政策、资金、研究机构、企业联盟、产业服务体系和平台等各种要素进行配置的资源整合体系（傅首清，2010），是网络型区域创新系统（Cooke et al.，1996）。本书认为区域科技协同创新网络是一种根植于区域创新系统的特殊组织体系，是一定地理空间科技协同创新行为主体（企业、大学、研究机构、地方政府等组织及个人）间通过正式或非正式的合作与交流互动，形成推动创新活动相对稳定的动态开放系统。从狭义上讲，区域科技协同创新网络是指一定区域内以大型集团为核心，直接从事技术与产品研发、生产和营销等的企业和相关机构间所结成的相对稳定系统，如企业与供应商、企业战略联盟间构成的供销网络、垂直关联网络。从广义上讲，区域科技协同创新网络还包括与企业和其他机构间通过非正式和间接性交流与接触形成的相对稳定体系。区域科技协同创新网络的具体内涵和结构特征如下：

1. 区域科技协同创新网络的核心是技术创新

广义的创新是指一切可提高资源配置效率的创新活动（Schumpeter，1939），包括技术创新、组织创新、制度创新、服务创新等诸多内容，但区域科技协同创新网络的核心是狭义的创新，也就是技术创新，即与技术直接相关的企业新的生产能力。区域科技协同创新网络的各相关行为主体，以技术创新为核心，推动区域企业形成新的生产能力，实现经济增长。

2. 区域科技协同创新网络由要素和关系构成

区域科技协同创新网络是网络的一种形式，具备网络的一般特征。如图 4.1 所示，区域科技协同创新网络的要素节点是区域科技协同创新网络涉及的多种形式的组织，包括企业、高校及科研机构、政府以及科技协同创新中介机构等，这些要素节点分布在区域科技协同创新网络的不同关系链上，承担创新活动的不同角色，共同推动完成创新流程。区域科技协同创新网络的关系是

节点间通过正式或非正式的方式，推动创新知识在网络中的生成、传播、渗透以及再创新，使得网络节点间形成有机整体，发挥出 1+1>2 的效果。区域科技协同创新网络的关系既包括从基础和应用研究新发现到传播→形成新产品和新方法→生产→扩散和市场化的单向线性关系，也包括非线性关系，即不一定由高校等专门研究机构提出新想法，由企业将想法开发成新产品，而是由企业、高校、用户共同参与创新，各主体在关系链上扮演的角色可能随着创新活动的不同而发生变化。

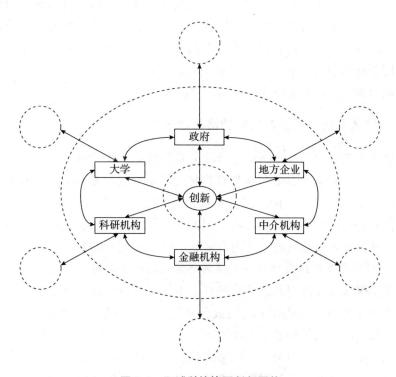

图 4.1 区域科技协同创新网络

3. 区域科技协同创新网络具备一定的开放性地理空间

一方面，由于开展创新活动所需资源、制度条件和环境因素都与地理空间密切相关，创新活动具备一定的区域特色，因此区域科技协同创新网络具有一定地理空间。区域创新网络的地理空间尺度呈现多元化特征，地域空间可能是一个市、一个省或多个省，也可能并不依赖行政区域分界线，只是具有区域特征的科技协同创新主体间通过多种方式共同开展创新活动的网络空间。另一方面，区域科技协同创新网络并不是闭合的，网络中的每个主体都与区域外其他机构保持广泛的对外联系（见图4.1），这种开放的对外交流与互动不断推动区域创新网络与外界间的知识流动，并促进创新网络不断从低级向高级、从简单向复杂演化。区域科技协同创新网络开放度越高，这种对外联系就越频繁，创新网络对外界知识的利用和整合程度就越高，网络知识流动速度和更新换代速度就越快。

4. 区域科技协同创新网络从长期来看不断演化，在短期内相对稳定

从较长一段时间来看，区域科技协同创新网络需要历经从初始期、形成期到发展期、成熟期，再到网络升级期或网络要素节点重新结网等多个阶段，不同阶段的区域科技协同创新网络处于不断发展变化之中。但从短期来看，区域科技协同创新网络的关系链相对稳定，网络要素节点间正式或非正式交流和互动方式相对固定，并形成较为明显的区域色彩。

（三）区域科技协同创新网络的演化动因

经济地理学从时间和空间两个维度分析经济地理演化过程，强调行为主体的"有限理性"，认为创新是经济地理演化和经济增长的根本动力，并形成了以企业为分析起点的研究惯例。区域科技协同创新网络是市场融合的必然产物，是科技协同创新活动适应区域经济发展的结果，其随时间变化不断从雏形到发展成熟，从低级向高级演进，受到市场融合和区域经济发展的双重影响。

1. 技术创新是区域科技协同创新网络演化的内在动因

企业是区域科技协同创新网络的核心主体，是将新技术开发成新产品、转化为新生产能力的直接载体，是完成创新活动、实现新想法市场价值的关键。企业为提高生产率而不断进行创新尝试，这种创新尝试往往会带来产品类型、生产技术、企业管理等多个层面的多样化。在激烈的市场竞争和消费者偏好提高的条件下，不可能所有的多样化都得以保留，只有生产效率较高、满足消费者需求的企业和产品才能在竞争中生存，也就是通过市场竞争的筛选。这种筛选将淘汰效率低的企业，同时也形成新的市场环境，现有企业只有不断进行技术创新、提高生产率才能实现市场盈利和抢占市场份额。达尔文主义认为，经济系统演化遵循多样化、选择和保留三原则，企业微观主体的技术创新将带来中观层面和宏观层面环境的新变化，区域科技协同创新网络各行为主体在面临变化的内外部环境时，通过学习、模仿和创新来改变惯常组织程序，学习、模仿和创新的过程同时也是多样化过程，适应新技术的组织程序将在激烈的竞争

中得以保留，而保留的组织程序将带来内外部环境的新变化，并推动区域创新网络不断演化。在此过程中，知识累积、知识产权保护以及创新动力等都影响创新网络的形成（Herstad，2013）。

2. 市场需求变化是区域科技协同创新网络演化的外在动因

复杂性理论认为系统演化的动力来源于微观主体的相互作用产生中观和宏观的复杂现象。区域科技协同创新网络可视为各行为主体之间相互作用及节点与环境之间相互作用的结果，其演化过程就是行为主体适应环境变化的结果。当前，市场需求已经成为区域经济发展的根本动力，市场需求呈现出的新特征成为区域科技协同创新网络发展的主要外在动力。随着产品市场需求规模迅速扩张，小批量、个性化和多样化的特征逐渐凸显，企业面临的市场潜在需求规模非常大，越来越偏好智能化和高科技产品。传统订货模式和刚性生产模式下的企业难以适应消费者的弹性专精要求。为适应市场需求的变化，生产效率高、生产周期短、定制化程度高的柔性生产方式替代标准化的刚性生产方式，将大力促进企业生产向分包、协同合作、战略联盟等企业网络、产业集聚演进。装备市场向买方市场转变，同时推动各行为主体的关系链向网络演进，并进一步推动区域科技协同创新网络向更高级演化。在弹性专精的市场需求新环境下，高校和科研机构专门进行技术攻关、企业将技术转化为产品的线性创新模式已经不能满足市场需求，政府、企业、高校和科研机构等多方协同创新，被通过广泛的交流互动开展创新活动的创新网络取而代之。

3. 降低交易成本是区域科技协同创新网络演化的直接动力

除技术创新和市场需求的内外动力外，降低交易成本是推动区域科技协同创新网络形成和演化的直接动力。交易的本质特征决定了交易成本存在的普遍性，交易成本高低受交易商品或资产专用性、交易不确定性以及交易频率的影响。科技协同创新过程中涉及的机构部门多、商品和资产专用性强，创新面临不确定性较大、创新主体间交流互动频率高等问题，导致科技协同创新的交易成本高于单个部门创新成本。在降低交易成本的直接驱动下，科技协同创新主体间共用基础设施、有形资产和无形资产、地理接近的主体间面对面接触、在区域内形成正式或非正式的相对稳定的创新合作网络等，使得科技协同创新主体基于各自优势和分工，降低创新不确定性，从而降低交易成本。随着创新速度加快，知识在网络节点间的传播速度也在加快，而缄默知识尤其依赖面对面传播，这将推动企业惯常组织程序和现有网络关系链不断演化，以及区域创新网络行为主体间合作交流模式向更加稳定、交易成本更低的网络结构演化。

第二节　知识溢出外生的高端制造业空间分布

相对于一般制造业集聚，高端制造业集聚机制更为复杂，其复杂性的根源在于不能忽视政策制度壁垒对要素流动的影响，我们首先考察在知识溢出效应外生情况下，市场一体化程度对高端制造业空间分布的影响。

假定经济系统包括两个对称区域（R 和 S），两区域在偏好、技术、初始要素禀赋等方面都相同。经济系统包括知识资本和劳动力两种要素：知识资本分为公共资本和专用资本，公共资本影响资本创造成本，可跨区域流动，而专用资本为企业所有，不可跨区域流动，企业与资本创造在同一区域；劳动力包括普通工人、熟练技能工人和研究员，且劳动力可以跨部门、跨区域流动。经济系统包含三个部门：高端制造业部门（M）、资本创造部门（K）和传统工业部门（T），其中高端制造业部门使用生产要素包括资本和熟练技能工人，生产两用工业品，资本创造部门仅雇佣熟练技能工人，传统工业部门使用普通工人，生产传统工业品。为了区分两个区域，表示 S 区域经济特征的字母带"*"，而 R 区域的不带标记。

一、短期均衡

（一）消费者行为

消费者效用函数与局部溢出模型（LS 模型，Baldwin et al., 2001）一致，设定如下：

$$U = \int_{t=0}^{\infty} e^{-\rho t} \ln(M^{\mu} A^{1-\mu}) \, dt, \quad M = \left(\int_{i=0}^{N} m(i)^{1-1/\sigma} \, di \right)^{1/(1-1/\sigma)}, \quad 0 < \mu < 1, \ \sigma > 1$$

$$(4.1)$$

式中：ρ 为消费者的时间偏好率，即效用贴现率；t 为时间；A 为传统工业部门产品；N 为整个经济系统工业品种类。σ 为消费者对不同工业品的替代弹性；μ 为消费者对工业品的偏好程度，即消费者对工业品支出占总支出份额，假定经济系统消费者为同质消费者。

由于 R 地区与 S 地区消费者完全对称，分析 R 地区和 S 地区消费者均衡过程相同，因此仅以 R 地区消费者均衡为例，求得其预算约束为

$$E = \int_{i=0}^{n} p_i m(i) \, di + \int_{j=0}^{n^*} \tau_{sr} p_j^* m(j) \, dj + P_A A \tag{4.2}$$

式中：E 为 R 地区消费者的支出；τ_{sr} 为从 S 地到 R 地的"运输成本"，且假定运输成本对称，即 $\tau_{sr} = \tau_{rs} = \tau$；$p_i$ 和 p_j^* 分别为 R 地和 S 地工业品的出厂价格；n 和 n^* 分别为 R 地和 S 地工业品种类，且 $n + n^* = N$；P_A 为传统工业品价格。由于假定传统工业品的运输零成本，因而任何时间两个区域的传统工业品价格都相同，设 $P_A = 1$。由于高端制造业部门分布在两个区域，根据消费者均衡条件，R 地第 i 种工业品的总销售量为

$$D = \mu \sum_{S=1}^{R} E_S p_r^{-\sigma} \tau_{rs}^{1-\sigma} P_{MS}^{\sigma-1} \tag{4.3}$$

两地工业品价格指数分别为：

$$P = \left[\int_{i=0}^{n} p_i \, di + \int_{j=0}^{n^*} (\tau p_j^*)^{1-\sigma} \, dj \right]^{1/(1-\sigma)}$$

$$P^* = \left[\int_{i=0}^{n} (\tau p_i)^{1-\sigma} \, di + \int_{j=0}^{n^*} (\tau p_j^*)^{1-\sigma} \, dj \right]^{1/(1-\sigma)} \tag{4.4}$$

消费者实现各时期效用最大化的支出满足欧拉方程，即支出以安全资产的利率与贴现率之差的速率增长，因此均衡时有

$$\frac{\dot{E}}{E} = r - \rho \tag{4.5}$$

式中：$\dot{E}$ 为新增支出，即 $\dot{E} = dE/dt$；$\dot{E}/E$ 为 R 区域消费支出增长率；r 为无风险资产的利率。利率满足无风险资产投资的无套利条件，有

$$r = \frac{v}{I} + \frac{\dot{I}}{I} \tag{4.6}$$

式中：v 是资本租赁价格；I 是资产价值；$\dot{I} = dI/dt$ 在完全竞争情况下，资产价值等于资本边际成本。

（二）生产者行为

传统部门 T 投入要素只有普通劳动力一种要素，生产一单位产品需要一单位劳动力，劳动力工资设为 w_A。选取传统工业产品价格为计价物，根据完全竞

争条件，普通劳动力工资 $w_A = p_A = 1$，设经济系统中 T 部门共有普通劳动力数量为 L_A^w.

资本创造部门的投入要素为研究员。生产单位知识资本需要 a_I 单位研究员，研究员工资为 w_I，因而每创造一单位知识资本的边际成本为 $I = a_I w_I$。通常认为，知识溢出更容易发生在创新知识集聚的区域，即生产单位知识资本所需要的研究员少了，且随着知识集聚中心的距离而衰减。因此，本书认为高端制造业集聚的知识溢出效应包括两方面：一方面是对两个区域所有资本创造部门都产生同样促进作用的公共溢出效应，假定这种公共知识溢出效应系数为 η；另一方面是仅对区域内资本创造部门产生溢出效应，假定局部知识溢出效应系数为 λ。假定 R 地区资本份额为 s_K，经济系统资本存量为 K^w。那么 R 地区和 S 地区资本创造部门生产函数分别为

$$Y_t = \frac{L_I}{a_I}, \quad a_I \equiv \frac{1}{\eta A K^w(t)}, \quad A = s_K + \lambda(1 - s_K), \qquad s_K = K(t)/K^w(t)$$

$$Y_t^* = \frac{L_I^*}{a_I^*}, \quad a_I^* \equiv \frac{1}{\eta A^* K^w(t)}, \quad A^* = 1 - s_K + \lambda s_K; \qquad 0 \leqslant \lambda \leqslant 1 \tag{4.7}$$

式中：Y_t 和 Y_t^* 分别为 t 时期 R 地区和 S 地区资本创造部门的产出，即新增资本流；$K(t)$ 为 t 时期 R 地区资本存量；$K^w(t)$ 为整个经济系统资本总量；L_I、L_I^* 分别为 R 地区、S 地区资本创造部门雇佣的劳动力数量。

高端制造业部门 M 的投入要素包括资本和熟练技能工人。假定其生产函数为 CD 生产函数，每个企业只生产一种工业品，生产一种新产品的固定投入为 k 单位知识资本，可变投入为熟练技能劳动力，且企业拥有相同的规模报酬递增生产技术，则经济系统内代表性高端装备制造企业的生产函数和利润函数分别为

$$q = a_{(t)} l_M^\alpha k^\beta, \qquad (\alpha + \beta > 1)$$

$$\pi = p_i x_i - l_M w_M - F, \quad l_M = a_M x_i, \quad F = kv \tag{4.8}$$

式中：$a_{(t)}$ 为 t 时期生产技术水平；v 为 R 地区单位资本租赁价(rental rate)，即单位资本报酬或当期资本现值；企业购买 k 单位知识资本(如专利)作为其垄断竞争利润的来源，这部分投入为固定投入(F)和企业的永久资产。w_M 为 R 地区工人名义工资；a_M 为生产一单位产品所需劳动力；l_M 为高端制造业部门使用的熟练工人数量。根据垄断竞争厂商利润最大化原则可知，R 地区两用工业品在本地区的销售价格为：

$$p_i = MC \cdot \frac{\sigma}{\sigma-1} = \frac{\sigma}{\sigma-1} \cdot a_M w_M$$

零利润条件决定企业均衡产出为

$$x = kv(\sigma-1)/a_M w_M$$

为简化分析，假定 $a_M = (\sigma-1)/\sigma$，从而高端装备制造企业产出和工业品价格为

$$p = w_M, \quad x = kv\sigma/w_M \tag{4.9}$$

从式4.7、式4.9可以发现，企业的定价和产出与所在区域没有关系，即市场规模不会影响企业定价与生产规模，市场规模效应通过产品种类的变化发生作用，这与迪克西特—斯蒂格利茨模型的结论是一致的。可求两区域单位资本收益分别为：

$$v = \frac{\mu BE^w}{\sigma K^w}, \quad v^* = \frac{\mu B^* E^w}{\sigma K^w}$$

$$B = \frac{s_E}{\Delta} + \frac{\phi(1-s_E)}{\Delta^*}, \quad B^* = \frac{\phi s_E}{\Delta} + \frac{1-s_E}{\Delta^*} \tag{4.10}$$

$$\Delta = s_K + \phi(1-s_K), \quad \Delta^* = 1-s_K + \phi s_K$$

式中：E^w 为经济系统总支出；s_E 为 R 地区支出占总支出的份额；ϕ 为贸易自由度，且 $0 \leqslant \phi \leqslant 1$，$\phi = \tau^{1-\sigma}$。由于每个企业生产一种商品，且每种商品均使用 k 单位资本，则均衡时有 $s_n = s_K$，且 $K^w = n + n^* = Nk$。

B 和 B^* 分别为对本地区销售工业品的偏好程度，例如，B 为 R 地区生产的一种两用工业品销售收入超过整个经济系统单类两用工业品平均收入的部分（$\mu E^w/K^w$）。值得注意的是，B 和 B^* 衡量了两地区生产和支出份额变化对资本单位报酬的影响。在对称情况下，即 $s_K = 1/2$ 时，由于有

$$dB/ds_E = -dB^*/ds_E = 2(1-\phi)/(1+\phi) \geqslant 0$$

因此，随着 R 地区支出增加，即 $ds_E > 0$，R 地区资本单位报酬 v 增加而 v^* 下降。当两地区支出份额和资本份额都相等时，即 $s_E = s_K = 1/2$，有 $dB/ds_K = -dB^*/ds_K = -2(1-\phi)^2/(1+\phi)^2 \leqslant 0$，意味着 R 地区资本净流入时，R 地区单位资本报酬反而降低，形成这种现象的原因是生产转移使当地竞争变得激烈，侵蚀了部分资本收益。

(三)产品市场和劳动力市场出清

在短期均衡中，商品完全出清，消费者实现效用最大化，企业实现利润最

大化。短期均衡下，资本分布 s_K 相对支出规模 s_E 不变，下面将在企业分布不变条件下讨论市场规模决定与区域市场一体化程度的关系。

为简化模型，假定劳动者的收入要返回家庭所在地进行消费，即收入和消费可能不在同一区域发生。工人可以自由跨区域、跨部门流动，因而均衡时两区域熟练技能工人和研究员名义工资分别相等，设 $w_M = w_M{}^* = \overline{w_M}$，$w_I = w_I{}^* = \overline{w_I}$。名义工资方程由式4.3、式4.8给出，且均衡时产品出清有 $x_i = D$，从而名义工资方程为

$$\overline{w_M} = \left(\frac{\sigma-1}{\sigma}\right) \cdot \frac{\mu s_K B E^w}{L_M} \tag{4.11}$$

为简化分析，假定 $\overline{w_M} = \overline{w_I} = 1$，从而两地区工人实际工资分别为

$$\omega_r = \overline{w_M}/P^\mu = N^{\mu/(\sigma-1)} \cdot [\phi+(1-\phi)s_n]^{\mu/(\sigma-1)}$$

$$\omega_s{}^* = \overline{w_M}/P^{*\mu} = N^{\mu/(\sigma-1)} \cdot [1+(\phi-1)s_n]^{\mu/(\sigma-1)} \tag{4.12}$$

由于 $\sigma>1$，$0 \le \phi \le 1$，R 地区工人实际工资随本地企业份额(s_n)和经济系统产品总种类(N)的增多而提高。

先考虑两区域市场一体化程度对称的情况，受市场一体化程度限制，资本部门创造的资本无法百分之百转化为高端装备制造企业生产用资本，只有 $\varphi \in [0,1]$ 部分允许转化，φ 越小，市场一体化程度越低；φ 越大，市场一体化程度越高。当 $\varphi=0$ 时，资本也无法进入两用生产领域；当 $\varphi=1$ 时，资本可以完全自由进入两用生产领域。因此，t 时期进入高端装备制造企业的新增资本存量为 φY_t。由于短期内新创造的资本完全用于折旧和增长，从而可得知两区域资本净增长率分别为

$$g = \frac{\dot{K}}{K} = \frac{\varphi Y_t}{K} - \delta = \varphi \eta L_I A/s_K - \delta, \quad g^* = \varphi \eta L_I{}^* A^*/(1-s_K) - \delta \tag{4.13}$$

由于假定存在跨期消费以及消费者无限期生存，消费者不需要在每个时间点上都达到收支相等，即短期均衡时消费者支出与收入不一定相等。假定经济系统所有劳动力总数为 L^w，R 地区共有劳动力初始数量为 L，S 地区共有劳动力初始数量为 L^*，有 $(L_A+L_A^*)+(L_M+L_M^*)+(L_I+L_I^*) = L^w$。

根据产品出清条件，传统工业产品的总需求为 $A = (1-\mu)E^w$，因此，$L_A + L_A^* = (1-\mu)E^w$，两用工业品总需求为 $\mu E^w = (L_M+L_M^*)/a_M$，有

$$E^w = \frac{\sigma}{\sigma-\mu}(L^w - L_I - L_I^*) \tag{4.14}$$

R地区(S地区)购买资本的支出为该地区的投资活动, 即收入与支出的差额。由于资本创造部门是完全竞争的, 资本的边际成本等于边际价值, 而边际成本为雇佣研究员生产一单位资本①所花费的成本, 即 $w_I a_I / \varphi$。因此, R地区单个企业的投资为 $k a_I w_I / \varphi$, R地区总投资为 $n k a_I w_I / \varphi = Y_t a_I w_I = L_I w_I$。从而有

$$L_I w_I = L + Kv - E, \quad L_I^* w_I = L^* + K^* v^* - E^* \tag{4.15}$$

短期均衡时, 为保持资本总存量不变, 资本部门必须不断创造资本以补充资本折旧与用于增长的部分, 即

$$L_I = (g+\delta) s_K / \eta A \varphi, \quad L_I^* = (g^*+\delta)(1-s_K) / \eta A^* \varphi \tag{4.16}$$

因此, 在短期总资本存量保持不变的情况下, 短期内经济总支出为

$$E^w = \left[L^w - \frac{(g+\delta) s_K}{\varphi \eta A} - \frac{(g^*+\delta)(1-s_K)}{\varphi \eta A^*} \right] \Big/ (1-b), \quad b = \mu / \sigma \tag{4.17}$$

将式4.7、式4.16代入式4.15, 从而R地区支出为

$$E = L + bBE^w s_K - (g+\delta) s_K / \eta A \varphi \tag{4.18}$$

R地区支出份额为

$$s_E = (1-b) \cdot \frac{L - (g+\delta) s_K / \eta A \varphi}{L^w - \dfrac{(g+\delta) s_K}{\varphi \eta A} - \dfrac{(g^*+\delta)(1-s_K)}{\varphi \eta A^*}} + bB s_K \tag{4.19}$$

式4.19描述了R地区市场规模受市场一体化程度和资本份额的影响, 即EE曲线。

考虑任意时刻两区域市场规模的变化, 根据式4.5、式4.6有

$$\frac{\dot{E}}{E} = b\eta\varphi \left[AB - s_K B - \lambda(1-s_K) B^* \right] E^W + E + \lambda E^* - (1-\lambda) L - \rho \tag{4.20}$$

$$\frac{\dot{E}^*}{E^*} = b\eta\varphi \left[A^* B^* - (1-s_K) B^* - \lambda s_K B \right] E^W + \lambda E + E^* - (1-\lambda) L^* - \rho \tag{4.21}$$

同时, 考虑R地区资本份额变化率为

---

① 此处资本为真正进入企业的有效资本。

$$\dot{s_K} = s_K(1-s_K)\left(\frac{\dot{K}}{K} - \frac{\dot{K^*}}{K^*}\right) \tag{4.22}$$

将式 4.13 代入式 4.20 可得

$$\dot{s_K} = \eta A\varphi(1-s_K)(L+bBE^w s_K - E) - \eta A^*\varphi s_K\left[L^* + bB^* E^w(1-s_K) - E^*\right] \tag{4.23}$$

式 4.22、式 4.23 表明，在资本份额不变的情况下，市场一体化程度增大，R 地区资本份额变化率绝对值增加。当 S 地区资本向 R 地区净流入时，市场一体化程度增大会加快 R 地区资本流入速度，即 R 地区资本份额增长更快；当 R 地区资本向 S 地区净流出时，市场一体化程度增加会加快资本流出速度，即 R 地区资本份额下降更快，知识溢出对资本流入速度有类似效应。

二、长期均衡

长期均衡时，两区域消费规模相对不变、资本份额不变，即 $\dot{s_K} = 0$，$\dot{E} = \dot{E^*}$。根据式 4.22，经济系统存在两种形式的稳态：一是角点均衡，此时资本只在一个区域累积（$s_K = 0$ 或 $s_K = 1$），即核心—边缘结构；二是两区域同时进行资本累积的内点均衡，此时两区域资本增长速度相等（$g = g^*$），包括资本份额相等的对称均衡和资本份额不相等的非对称均衡。

我们采用 Tobin Q 分析方法来确定长期均衡时的资本分布与企业分布。从长期来看，资本市场可自由进入企业市场，均衡条件即零利润条件，即资本单位报酬等于资本创造成本时（托宾 q 值等于 1）时，系统抵达稳态（steady-state）。假定稳态时 R 地区与 S 地区单位资本价值分别为 Ω 和 Ω^*，那么长期均衡时两地区满足：

$$q = \frac{\Omega}{I/\varphi} = 1, \quad q^* = \frac{\Omega^*}{I^*/\varphi} = 1 \tag{4.24}$$

类似于物质资本，知识资本也存在增长和折旧：知识资本的增长来源于技术创新，而知识的折旧可能由于技术更新太快导致现有知识（专利技术）跟不上变化等因素造成知识折旧。长期均衡时，资本价值等于未来所有时期资本价值经折旧后的现值，单位资本报酬 $v = bBE^w/K^w$，而稳态时消费支出不变，资本以不变增长率 g 增长，因此 $v(t)$ 相应地以 g 速率下降。稳态时资本当期价值为

$$\overline{\Omega} = \int_{t=0}^{\infty} e^{-[R(t)-R(0)]}v(t)\,dt = \int_{t=0}^{\infty} e^{-(r+\delta)t}\overline{v}e^{-gt}dt = \overline{v}/(\rho+\delta+g) \tag{4.25}$$

从而有：

$$\overline{\nu}=(\rho+\delta+g)\overline{\Omega}, \ \overline{\nu^*}=(\rho+\delta+g^*)\overline{\Omega^*} \tag{4.26}$$

因此有：

$$q=bAB\eta\varphi E^w/(\rho+\delta+g), \ q^*=bA^*B^*\eta\varphi E^w/(\rho+\delta+g^*) \tag{4.27}$$

(一)对称均衡内部解

对称性内部均衡即资本份额满足 $s_K=0.5$，且 $q=q^*=1$，此时有 $A=A^*=(1+\lambda)/2$，$B=B^*$。由式4.10、式4.17、式4.22、式4.23、式4.24可得

$$g_{sym}=(1+\lambda)b\eta\varphi L^w/2-\rho(1-b)-\delta;$$

$$E^w=L^w+\frac{2\rho}{\eta\varphi(1+\lambda)}, \ s_E=\frac{L-L^w/2}{L^w+2\rho/\eta\varphi(1+\lambda)}+\frac{1}{2};$$

$$\omega_r=\left(\frac{2N}{1+\phi}\right)^{\mu/(\sigma-1)} \tag{4.28}$$

由式4.26可知，两区域资本份额虽然相同，但支出份额并不一定相等，R地区支出规模受劳动力初始分布、市场一体化程度和知识溢出效应影响。当 $L<L^w/2$ 时，$ds_E/d\varphi<0$，表明对称均衡的支出规模随市场一体化程度的增加而减少；当 $L>L^w/2$ 时，$ds_E/d\varphi>0$，表明对称均衡的支出规模随市场一体化程度的增加而增加，即市场一体化程度的加深，使得初始劳动力较少的区域市场规模越来越小，而初始劳动力数量较多的区域市场规模越来越大，两区域市场发生分化。当 $L<L^w/2$ 时，$ds_E/d\lambda<0$，$ds_E/d\eta<0$ 表明局域(全局)知识溢出效应越强，对称均衡条件下R地区支出份额越小；当 $L>L^w/2$ 时，$ds_E/d\lambda>0$，$ds_E/d\eta>0$，表明局域(全局)知识溢出效应越强，对称均衡条件下R地区支出份额越大，即局域(全局)知识溢出效应增强会加剧两区域市场发生分化。

(二)核心—边缘结构的角点均衡

假定 $s_n=s_K=1$，此时所有资本和所有企业都集中在R地区，有 $A=1$，$A^*=\lambda$，$B=1$，$B^*=\phi s_E+(1-s_E)/\phi$，仍然满足 $\overline{\nu}=(\rho+\delta+g)\overline{\Omega}$。由式4.10、式4.17、式4.24、式4.25、式4.26可得R地区资本增长率以及两区域支出：

$$g_{CP}=b\eta\varphi L^w-\rho(1-b)-\delta$$

$$E=L+\rho/\eta\varphi, \quad E^w=L^w+\rho/\eta\varphi, \quad s_E=\frac{L+\rho/\eta\varphi}{L^w+\rho/\eta\varphi}, \quad \omega_r=N^{\mu/(\sigma-1)} \tag{4.29}$$

由式4.25可知，其他条件不变，核心区消费规模随市场一体化程度增加而减少（$\mathrm{d}s_E/\mathrm{d}\varphi<0$），市场一体化程度越深，资本创造部门创造的资本越容易进入高端制造业部门，创造相同数量的有效资本所需科研人员数量减少，即降低了有效资本的单位生产成本，从而降低了均衡时的资本收益。由于核心区的均衡支出为劳动力收入与资本收益之和，因此核心区支出规模下降。此外，核心地区支出规模与公共知识溢出程度负相关，可理解为公共知识溢出程度的增加降低了资本生产成本，从而使核心区资本净收益增加，资本创造速度加快，资本累积速度加快，进而导致知识溢出程度的加深，形成循环累积效应。核心区支出规模还受劳动力初始规模影响，由于劳动力收入要返回家庭所在地区消费，因而初始规模较大的区域，消费支出也较多。

当核心—边缘结构为长期均衡，且 R 地区为核心地区时，$s_K=1$，$q=1$，从而有

$$q^*=\frac{\lambda}{\phi}+\frac{\lambda(\phi^2-1)(L\eta\varphi+\rho)}{\phi(L^w\eta\varphi+\rho)} \tag{4.30}$$

根据定义，$\phi\in[0,1]$，$\phi^2<1$，因此，$\mathrm{d}q^*/\mathrm{d}\varphi<0$。当 $\varphi=0$ 时，$q^*=\lambda\phi$，若 $\lambda\phi<1$，则 S 地区投资需求较弱，集聚是稳定的，若 $\lambda\phi\geqslant1$，集聚结构是不稳定的。当 $\varphi=1$ 时，$q^*=\lambda/\phi+\lambda(\phi^2-1)(L\eta+\rho)/\phi(L^w\eta+\rho)$，$q^*$ 与 1 的相对大小取决于 λ、ϕ、η、ρ、L 和 L^w 的相对大小，若 $q^*<1$ 时，集聚是稳定的，反之则将打破核心—边缘结构。

因此，可求出核心—边缘结构的持续点 ϕ^s 为

$$\phi^s=\frac{L^w\eta\varphi+\rho-\sqrt{(L^w\eta\varphi+\rho)^2-4\lambda^2\eta\varphi(L^w-L)(L^w\eta\varphi+\rho)}}{2\lambda(L\eta\varphi+\rho)} \tag{4.31}$$

从式4.31中可以看出，持续点随着 λ 变大（贴现率 ρ 变小）而变小。一般而言，当 $\phi<\phi^s$ 时，只有对称均衡是稳定均衡，当 $\phi>\phi^s$ 时，将出现两个相邻的内部非对称均衡。

（三）一般情形的内部解

下面求解一般情况下的内部解，仍然从 EE 关系着手，求出两区域资本分布和支出规模的关系，即 s_E 与 s_K 的关系。根据长期均衡的特征，均衡时两个区域的 q 值相等，即 $q=q^*=1$。因此有

$$Av = A^* v^*$$ (4.32)

这就意味着单位资本收益相对越大(v 越大），该区域资本创造成本越高（A 越小），即知识溢出效应越小。之前已经假定企业与资本在同一区域，因而有 $s_K = s_n$。从而 nn 曲线表达式为

$$s_E = \frac{A^* - A\phi}{A + A^* s_K - As_K} \cdot \left(\frac{s_K}{1+\phi} + \frac{\phi}{1-\phi^2} \right)$$ (4.33)

另一方面，由 $q = q^* = 1$，有 $\bar{v} = (\rho+\delta+g)I/\varphi$，从而 $E^w = (\rho+\delta+g)/bAB\eta\varphi$，而根据式 4.17、式 4.18、式 4.19 有：

$$g = L^w bAB\eta\varphi - \rho(1-b) - \delta$$ (4.34)

由于 B 仍与 s_E 相关，进一步整理可得 EE 曲线：

$$s_E = \frac{L + \rho s_K/A\eta\varphi}{L^w + \rho\left(\dfrac{s_K}{A} + \dfrac{1-s_K}{A^*}\right)/\eta\varphi} = \frac{L}{L^w} + \frac{\left(1-\dfrac{L}{L^w}\right)\rho s_K/A\eta\varphi - \dfrac{L}{L^w} \cdot \rho(1-s_K)/A^*\eta\varphi}{L^w + \rho\left(\dfrac{s_K}{A} + \dfrac{1-s_K}{A^*}\right)/\eta\varphi}$$

(4.35)

从式 4.30 可知，两地区支出规模取决于两部分：初始劳动力数量比例和资本收益比例。容易得出，对称均衡的内部解是式 4.33、式 4.35 的一组解，但由于式 4.33、式 4.35 为非线性方程组，且参数较多，无法获得其他的解析解，因此下面将在不同市场一体化程度、不同知识溢出效应情况下采用数值法探讨长期均衡。数学模拟的参数值设定如下［参数设定参照谢燮和杨开忠（2015）的模型］。

禀赋设定：整个经济系统劳动力总数 $L^w = 400$，R 地区初始劳动力数量为 $L = 200$，这种设定表明两区域初始劳动力数量相等。

参数设定：取贴现率 $\rho = 0.15$，消费者对两用工业品的偏好程度 $\mu = 0.5$，不同种类两用工业品替代弹性 $\sigma = 3$，区域间运输成本为 $\tau = 1.2$。

在本模型中，可以调整的参数有：第一，市场一体化程度 φ，在其他参数不变情况下，把市场一体化程度从 1 调整到很小，考察市场一体化程度变动对两区域经济差异的变动情况；第二，全域知识溢出效应系数，同样在其他参数不变情况下，把全域知识溢出效应系数从 1 调整到很大，考察全域性知识溢出对两区域经济差异的影响；第三，局域知识溢出效应系数，把局域知识溢出效

应系数从 0 调整到 1，考察局域知识溢出效应对资本分布的影响。

首先考察不同市场一体化程度下，两区域的经济差异是如何变化的。设定全域知识溢出效应系数 $\eta = 0.4$，局域知识溢出效应系数 $\lambda = 0.5$，这样的设定表明资本的局域知识溢出对知识创造部门降低成本的影响要超过公共性知识溢出效应。调整市场一体化程度的大小，画出不同市场一体化程度下的 EE 曲线，如图 4.2 所示。

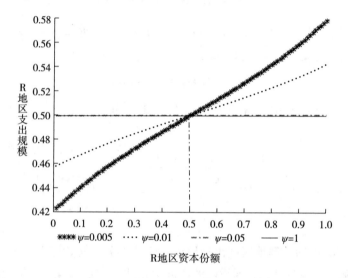

图4.2 EE曲线与市场一体化程度的关系

随着市场一体化程度从 0 增加到 1，EE 曲线绕着中心对称点顺时针方向转动，表明市场一体化程度的加深导致对称结构越来越稳定，即市场融合是一种分散力。当市场一体化程度 $\varphi = 0$ 时，资本创造部门创造的资本无法进入两用部门而成为独立部门，经济系统只存在传统工业部门和资本创造部门这两个规模报酬不变的生产部门，以及唯一的劳动力生产要素，不再满足模型的前提假定条件，经济地理结构对经济增长没有影响，此处不再考虑。随着市场一体化程度增加将使有效资本的单位生产成本降低，也就是新企业的资本创造成本下降，现存企业的市场垄断力减弱，从而导致两区域的支出规模差距和市场规模差距变小，资本跨区域流动净值减少，导致对称结构更加稳定。

考察不同全域知识溢出效应下两区域的经济差异是如何变化的。设定市场一体化程度系数 $\varphi = 0.5$，局域知识溢出效应系数 $\lambda = 0.5$，调整全域知识溢出效应系数的大小，画出不同系数大小下的 EE 曲线，如图 4.3 所示。

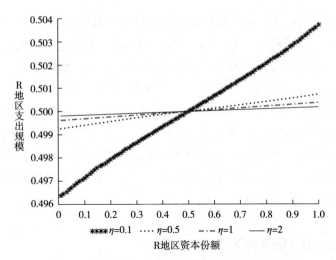

图 4.3　EE 曲线与全域知识溢出效应系数的关系

由图 4.3 可以看出，当全域知识效应系数从 0.1 增加到很大（$\eta=2$），EE 曲线绕着中心点顺时针转动，即对称结构越来越稳定。与市场一体化程度的影响类似，全域知识溢出效应的增强降低两区域资本生产成本，从而减少资本跨区域流动净值，使得两区域企业分布和市场规模差距变小，核心—边缘结构被打破。

考察不同局域知识溢出效应系数下两区域的经济差异是如何变化的。取市场一体化程度系数 $\varphi=0.5$，全域知识溢出效应系数 $\eta=0.4$，调整局域知识溢出效应系数的大小，画出不同 λ 值下的 EE 曲线，如图 4.4 所示。

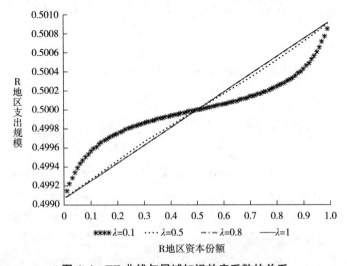

图 4.4　EE 曲线与局域知识效应系数的关系

由图 4.4 可以看出，随着局域知识溢出效应系数的增加，EE 曲线绕着中心点逆时针转动，即对称结构被打破、局域知识溢出效应为集聚力。与图 4.2 相比，局域知识溢出效应很大时，在 R 地区资本份额接近 0 或 1 时，支出规模份额发生突变，即对称结构被打破，经济地理结构向核心—边缘结构演变。原因是，局域知识溢出效应与空间距离成正比，区域内资本越集中，资本创造成本越低，当区域知识溢出效应增加到一定值时，区域内新企业数量相对另一区域的增速加快，新企业数量增加意味着资本积累速度加快，吸引另一区域资本净流入加快，资本净流入导致区域内资本存量增加，形成循环累积因果效应，从而引起经济地理结构的变化。

三、长期均衡的稳定性分析

求出核心—边缘结构的稳定支撑点后，接下来需要进一步探讨使对称均衡瓦解的突变点。我们对 q 求微分，当 $\partial q/\partial s_k < 0$ 时，对称结构是稳定的，因为经济系统会形成负反馈机制，当 R 地区资本份额增加时，R 地区企业资本收益减少，资本向外转移，直到再次形成对称结构；$\partial q/\partial s_k > 0$ 时，偶然的微小扰动会被扩大，并导致对称稳定的破坏。因此，当 $\partial q/\partial s_k = 0$ 时，可求得突破点。由 q 的定义可求得

$$\left.\frac{\partial q/q}{\partial s_k}\right|_{s_k=\frac{1}{2}} = \frac{1-\phi}{s_E+\phi-\phi s_E} \cdot \left.\frac{\partial s_E}{\partial s_k}\right|_{s_k=\frac{1}{2}} - \frac{2(1-\phi)}{(1+\phi)} \cdot \left(1 - \frac{2\phi(1-s_E)}{s_E-\phi s_E+\phi}\right) + \frac{2(1-\lambda)}{1+\lambda}$$

$$(4.36)$$

在初始分布为对称结构的情形下，均衡时 R 地区支出份额 $s_E = 1/2$，式 4.36 可化为

$$\left.\frac{\partial q/q}{\partial s_k}\right|_{s_k=\frac{1}{2}} = \frac{2(1-\phi)}{1+\phi} \cdot \left.\frac{\partial s_E}{\partial s_k}\right|_{s_k=\frac{1}{2}} - \frac{2(1-\phi)^2}{(1+\phi)^2} + \frac{2(1-\lambda)}{1+\lambda} \qquad (4.37)$$

在式 4.37 中，可以看出影响对称结构稳定的三种效应：第一项为正，代表需求关联效应，由于 $0 \leqslant \phi \leqslant 1$，且 $\partial s_E/\partial s_k = 2\rho\lambda/\eta\varphi[L(1+\lambda)^2+\rho(1+\lambda)] > 0$，使对称结构不稳定，并形成集聚力；第二项为负，代表市场挤占效应，是维持对称结构稳定的力量，为分散力；第三项为正，代表增长关联效应，使对称结构不稳定，为集聚力。假定不存在需求关联效应，即 $\partial s_E/\partial s_k = 0$，那么当 $\lambda <$

$2\phi(1+\phi^2)$时，增长关联效应本身就能形成集聚；当$\lambda=1$时，市场挤占效应起作用，对称结构是稳定的，说明在局域知识溢出效应较强的情形下区域经济不会发生分化。同时，贸易自由度ϕ对三种效应的影响程度不相同，随着贸易自由度的提高，分散力比集聚力下降更快。当$\partial q/\partial s_k=0$时，求得突破点$\phi^B$：

$$\phi^B=\frac{\eta\varphi\big[L(1+\lambda)+\rho\big]-\sqrt{\rho^2\lambda^2+(1-\lambda^2)\eta^2\varphi^2\big[L(1+\lambda)+\rho\big]^2}}{\eta\varphi\big[L(1+\lambda)+\rho\big]+\rho\lambda} \text{①} \qquad (4.38)$$

当贸易自由度小于突破点$(\phi<\phi^B)$时，分散力占优势，对称结构是稳定结构。由式4.38可知，ϕ^B随市场一体化程度φ增加而增大，市场一体化程度越大，对称均衡分布的不稳定区间$(\big[\phi^B,1\big])$越小，原因是市场一体化程度加深使得增长关联效应变弱，集聚力减小；ϕ^B随知识溢出效应λ增加而增大，即知识溢出效应增强，对称均衡分布的不稳定区间变小；ϕ^B随贴现率ρ增大而减小，不稳定区间变大，即贴现率增加通过增强需求关联使得支出转移带动生产转移，从而加速对称结构的崩溃。

图4.5、图4.6说明，随着市场一体化程度、局域知识溢出效应、全域知识溢出效应的增加，突破点与持续点都不断变大，说明维持对称均衡稳定的贸易自由度范围在扩大，而随着贴现率增加，突破点和持续点越来越小，说明出现内部非对称均衡结构的贸易自由度范围在变宽。

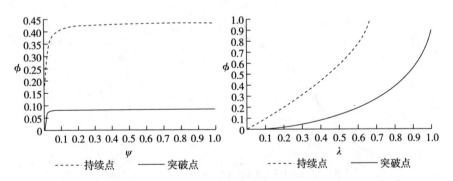

图4.5　市场一体化程度、局域知识溢出效应与ϕ^B、ϕ^S变动关系②、③

---

① 由于贸易自由度ϕ取值范围是$\big[0,1\big]$，因此舍弃大于1的值。
② $L=200$，$\rho=0.4$，$\lambda=0.4$，$\eta=0.3$。
③ $L=200$，$\rho=0.25$，$\varphi=0.4$，$\eta=0.3$。

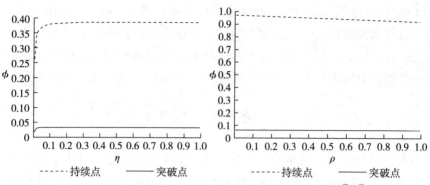

图 4.6　全域知识溢出效应、贴现率与ϕ^B、ϕ^S变动关系[1]、[2]

　　一般认为持续点ϕ^S小于或等于突破点ϕ^B，而本书表明，一定条件下持续点大于突破点：当$\phi<\phi^S<\phi^B$时，对称结构是稳定均衡；当$\phi^S<\phi^B<\phi$时，核心—边缘结构是稳定均衡；当$\phi^S<\phi<\phi^B$时，两种结构都是局部的长期稳定均衡结构，经济系统存在多重均衡。当$\phi^B=\phi^S$，如果贸易自由度小于持续点或突破点，对称结构是均衡结构，反之，均衡结构为核心—边缘结构；持续点大于突破点的产业分布情况较为复杂。由于持续点小于突破点的研究已经有很多，本书将主要针对持续点大于突破点的情况进行研究，其长期均衡的产业分布和战斧图解如图 4.7 所示。

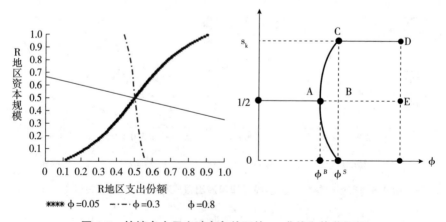

图 4.7　持续点大于突破点条件下的 nn 曲线和战斧图解

---

① $L=200$，$\rho=0.15$，$\varphi=0.4$，$\lambda=0.4$。
② $L=200$，$\eta=0.3$，$\varphi=0.4$，$\lambda=0.5$。

当 $\phi<\phi^{B}$ 时[①]，即贸易自由度很低时，对称结构是稳定结构；当 $\phi^{B}<\phi<\phi^{S}$ 时，在对称结构周边很小区域的非对称均衡是稳定结构；当 $\phi>\phi^{S}$ 时，即随着贸易自由度不断增大，一般非对称的均衡被打破，核心—边缘结构成为稳定结构，据此可画出图 4.7 战斧图解。

因此，在其他条件不变的情况下，市场一体化程度较低时，突破点和持续点都较小，分散力占主要地位，对称均衡为稳定均衡。在我国高端制造业与普通制造业两大生产系统相对分立的历史阶段，企业非常分散，且不成规模，以企业单打独斗为主；随着两大系统之间的界限越来越模糊，特别是国家大力推动市场一体化进程，使得高端装备制造企业开始出现"抱团"现象，在各地形成产业集聚的经济现象。然而，这种产业分布的差异会带来什么样的福利效应？

四、福利分析

对福利效应可以从很多角度进行分析，为简化分析，本书仅对初始劳动力数量分布相同的两个固定区域从收入和效用水平两方面探讨长期均衡的福利效应。

(一)收入变化

长期均衡时两区域的增长率相等，但收入分布是否也相等？市场一体化程度、贸易自由度和技术溢出等因素变化又会给两区域收入带来怎样的变化？我们可以写出整个经济系统的收入为

$$Income = E^{w} + (g+\delta)K^{W}a_{I} \tag{4.39}$$

在长期均衡时，总支出不变，资本收益也不变，意味着系统的总收入不变，即名义收入不变。但随着资本不断增长，两用产品种类越来越多。在本书给定的消费者偏好的情况下，商品种类增加将影响居民的实际收入。由于传统部门的技术和产出都具有黏性，高端制造业部门产品种类的增加使得两用产品占 CES 价格指数的份额下降。根据式 4.4，两区域的价格指数分别为

$$P = N^{w\,1/(1-\sigma)}\left[\phi(1-s_{n})+s_{n}\right]^{1/(1-\sigma)}, \quad P^{*} = N^{w\,1/(1-\sigma)}\left(\phi s_{n}+1-s_{n}\right)^{1/(1-\sigma)} \tag{4.40}$$

---

① 在 $L=200$，$\rho=0.15$，$\varphi=0.5$，$\lambda=0.5$，$\eta=0.1$ 时，$\phi^{B}=0.13$，$\phi^{S}=0.57$，符合 $\phi^{B}<\phi^{S}$ 条件，故在该参数条件下分别选取 $\phi=0.05$，$\phi=0.3$，$\phi=0.8$ 进行作图。

因而两区域的实际收入比为

$$\frac{\omega_r}{\omega_s} = \left[\frac{\phi(1-s_n)+s_n}{\phi s_n+1-s_n}\right]^{\mu/(1-\sigma)} \qquad (4.41)$$

可知，两地区收入分配并不直接受市场一体化程度影响，主要还是受贸易自由度、对两用产品的偏好以及替代弹性影响。

图4.8描述了实际收入比随贸易自由度变化的变动趋势：在对称均衡结构为稳定状态时，实际收入比为1∶1；由于受到某些随机因素扰动，随着贸易自由度增加到突破点ϕ^B，受到随机因素干扰使得经济结构开始分化，R地区资本流入S地区，实现内部非对称均衡结构，图4.8中设定非对称均衡结构稳态时R地区企业份额为0.2，此时两区域收入比约为0.37，但这种非对称均衡的区间较窄，在该区间内，随着贸易自由度的增加，两区域收入差距不断缩小；在贸易自由度增加到$\phi>\phi^S$后，受随机扰动因素影响，资本往R地区集聚，当资源全部集中到R地区时，两区域收入差距最大，收入比约为1.78；此后，随着贸易自由度继续向1靠近，即贸易成本接近0，两区域收入差距又不断缩小，在无任何贸易成本的理想状态下，两区域收入相等。从图4.8中可以发现，随着R地区资本份额（或产业份额）的增大，R地区收入不断增加，而S地区不断减小，但由于存在本地市场效应，只要存在贸易成本，R地区价格指数就要低于S地区价格指数。

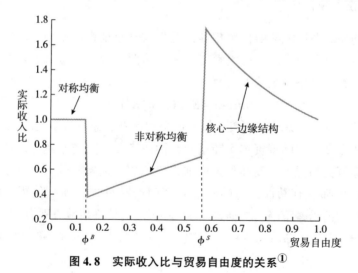

图4.8　实际收入比与贸易自由度的关系[1]

---

[1]　假定R地区为集聚区，且非对称均衡时R地区企业份额为$s_n=0.2$，其他参数设置为：$\mu=0.5$，$\sigma=3$。

下面再来比较对称均衡及演化后的核心—边缘结构情形下增长率和投资率的变化。

1. 对称均衡结构

在图 4.7 战斧图中 AE 阶段的对称均衡条件下，两区域资本增长率相等，均为：$g_{sym}=(1+\lambda)b\eta\varphi L-\rho(1-b)-\delta$，此时，价格指数以 $g\mu/(\sigma-1)$ 的速率下降，实际收入增长率为

$$g_{real}=\frac{\mu\left[(1+\lambda)\mu\eta\varphi L-\rho(\sigma-\mu)-\delta\sigma\right]}{\sigma(\sigma-1)}\tag{4.42}$$

可见，收入增长率随市场一体化程度 φ、全域知识溢出效应 η、局域知识溢出效应 λ 和对两用产品的偏好系数 μ 增加而增加，而随替代弹性 σ 的增大而减小。此外，贸易自由度并不影响对称均衡的实际收入增长率。

此时 R 地区的投资率为

$$\frac{L_I}{Income_R}=\frac{(1+\lambda)\mu\eta\varphi L-\rho(\sigma-\mu)}{\eta\varphi L(1+\lambda)(\sigma+\mu)+\rho\mu}\tag{4.43}$$

区域投资率越高，其创新投资比例就越高、投资积极性也越高。投资率对 φ 的偏导数恒为正，投资率随市场一体化程度的加深而增加。同样地，投资率随局域（全局）知识溢出效应、初始劳动力分布的增加而增加。

2. 核心—边缘结构

在 CD 阶段，R 地区资本增长率为 $g_{CP}=b\eta\varphi L^w-\rho(1-b)-\delta$，两种状态下资本增长率之差为：$\Delta_g=g_{CP}-g_{sym}=b\eta\varphi L(1-\lambda)$，可知，核心—边缘结构的增长率高于对称均衡时的收入增长率。当知识溢出效应仅存在于当地时，即 $\lambda<1$，核心—边缘结构的资本增长率要大于对称结构的资本增长率，实际收入增长率也要高于对称均衡条件下的资本增长率。此外，尽管 S 地区属于边缘地区，没有研发投资，但两地区实际收入增长率相等，因为传统产品价格不变，而价格指数下降，导致实际收入也在增长，福利效用水平上升。

此时 R 地区的投资率为

$$\frac{L_I}{Income_R}=\frac{2\mu\eta\varphi L-\rho(\sigma-\mu)}{(\sigma+2\mu)\eta\varphi L+\rho\mu}\tag{4.44}$$

与对称结构的投资率相比，核心—边缘结构下 R 地区的投资率相对更高。

（二）福利效用

R 地区和 S 地区长期均衡稳态时的效用现值可表示为市场一体化程度和贸

易自由度的函数：

$$U = \frac{\chi\mu g}{\rho^2(\sigma-1)}\ln\left\{(L+\rho s_K/A\eta\varphi)\left[s_K+\phi(1-s_K)\right]^{\frac{\mu}{\mu-1}}\right\}$$

$$U^* = \frac{\chi\mu g}{\rho^2(\sigma-1)}\ln\left\{\left[L+\rho(1-s_K)/A^*\eta\varphi\right](\phi s_K+1-s_K)^{\frac{\mu}{\mu-1}}\right\} \qquad (4.45)$$

式中：χ 为所有不包含 ϕ 和 φ 的参数。可见，资本增长率变大将提高两个区域的效用，福利水平上升，而 R 地区资本份额的上升会提高 R 地区福利水平而降低 S 地区福利水平。由于增长率 g 和资本份额 s_K 都受 φ 影响，因此单独分析市场一体化程度对福利水平的影响较为复杂，且前面已经有过相关分析。

容易发现，当 R 地区资本份额 $s_K>1/2$ 时，两区域效用比 U/U^* 随市场一体化程度的加深而增大；当 $s_K<1/2$ 时，U/U^* 随市场一体化程度的加深而减少。资本份额较大的区域对市场一体化程度的变化更加敏感。在对称均衡时，两区域效用水平相等；当受到随机因素扰动，R 地区资本份额不断攀升时，R 地区与 S 地区福利水平分化，两区域效用比不断上升，直到所有资本全部在 R 地区集中。因此，在资本快速增长时期，市场一体化程度的加深使得发达地区福利水平更高，从而加剧地区间福利水平差距。

第三节　知识溢出内生的高端制造业空间分布

上一节模型中，我们虽然考察了知识溢出效应，但模型中仍然假定了知识溢出通过资本进入高端制造业部门，并通过降低资本创造成本来影响产业空间分布，实际上还是通过产业关联的金融外部性发挥作用，而非独立起作用。严格来说，这并不是纯技术经济，作为"黑匣子"的知识溢出与产业集聚之间在微观层面究竟如何内生互动，在上一节的模型中并没有得到很好阐释。事实上，随着劳动分工的深化，且两用知识创造部门对市场一体化而言非常重要，知识创造部门本身也已经相对独立，对知识溢出微观机制的探索逐渐成为研究热点，如企业家知识溢出模型（Audretsch，1995；Audretsch，Feldman，1996；Acs et al.，2013）、知识创造模型（Fujita，2007；Berliant，Fujita，2008；Berliant，Fujita，2009；Berliant，Fujita，2011）。Fujita（2007）强调，把知识创造部门作为独立部门进行研究，首先必须区分知识创造与知识转移或学习效应。因此，本节首先基于 Berliant 和 Fujita(2009)的知识创造模型，接着在此基础上引入区位因素，拓展讨论知识创造会对高端制造业集聚带来何种影响。

一、基于知识创造模型的讨论

Berliant 和 Fujita(2009)基于异质性知识构建了知识创造模型，其核心思想可以概括为图 4.9。

$$合作前 \qquad\qquad\qquad\qquad 合作后$$

图 4.9　两个主体情况下的知识创造过程

资料来源：Fujita M. Towards the new economic geography in the brain power society［J］. Regional Science and Urban Economics，2007，37(4)：482-490. 有所改编。

模型认为，经济系统中的不同个体之间既掌握一部分相同的知识，又各自掌握不同的异质性知识，而通过个体的合作可以扩大两者的通用范围，两个人互动的情况如图 4.9 所示。其中，C_{ij}、C'_{ij} 分别为合作前后的通用知识，D_{ij}、D_{ji}、D'_{ij}、D'_{ji} 分别为合作前后个体 i 和个体 j 的异质性知识，或专有知识。个体 i 的知识积累为 $n_i = n^c_{ij} + n^d_{ij}$，个体 i 既可以在自身知识积累基础上进行创新，也可以与 j 合作进行创新，同样的情况也适用于个体 j。同时，两者间还存在技术转移。因此，互动后个体 i 新掌握的知识为新创造的知识与个体 j 向个体 i 转移的知识之和，而两者间的通用知识由原来的 n^c_{ij} 增加为新创造知识与个体之间相互转移的知识之和。因此，经过合作后的通用知识变多（C'_{ij} 区域面积变大），而各自的专有知识减少。两者间的通用知识是合作和转移的基础，而专有知识则是合作的动力，双方为了获得对方的专有知识而进行合作，因此，在一定范围内的专有知识越多，合作动力就越足；随着合作的展开，各自的专有知识都在减少，动力不足的一方将寻求新的一方进行合作，又重复图 4.9 的过程。两个人的合作可以推广到 N 个人的情形，仍然适用通用性知识和专有知识的假定，每个人都被假定为短视的理性人，即一旦对方专有知识变少，将立刻转向与其他知识所有人合作，类似于跳"格子舞"中连续更换舞伴的行为。N 人合作知识创造的长期均衡状态为：N 人被划分为最佳规模的较小群体或团体，群体内部都保持密切的联系，且团体最佳规模随知识创造过程中专有知识的重要程度增加而扩大，均衡路径是知识初始异质性的离散型函数。

与此同时，每个知识创造者个体也从事生产活动，由个体间合作带来的个体资本积累增加将提高个体的产出。因此，随着个体间合作的持续，每个阶段个体新增的产出将越来越少，即生产率增长将越来越慢，为保持生产率持续增长，个体将寻找新的合作伙伴进行创新。

模型对于通用知识和专有知识的相互关系及其动态演化的分析具有独创性，非常贴近两用知识溢出过程，而关于知识创造最终形成较小的富有知识创造效率的结论也与现实贴近，毕竟难以找到超大型的知识集团。然而，模型的另外两个结论乍看似乎难以理解：一是在合作期间个体不能从合作伙伴之外的地方获得异质性知识的条件下，合作团体的创造效率能力最终趋于平缓并可能下降；每一个个体均只能和另外一个个体进行"一对一"合作，而不能同时与很多人合作，且个体可以不断变换合作对象。这两个结论看似不合常理，实际上是经得起推敲、非常贴近现实的。关于不能从合作伙伴之外的地方获得异质性知识的条件，实际上与第二个结论存在一定矛盾之处，因为个体可以通过不断更换合作伙伴获得异质性知识，但如果假定只能进行一对一的合作，在逻辑上是可以推断出合作团体生产效率上升变缓和知识创造效率下降的结论，但随着知识获取越来越便利、知识更新速度越来越快，不能从外界获得异质性知识的假定条件在现实中难以满足。然而，从宏观上来看，尽管知识更新速度变快、人口流动速度变快，但人整体是趋于适应环境和习惯"舒适圈"的，否则知识创新也不会格外受到重视，因此，该假设具有一定合理性。此外，个体可以不断变换合作对象，似乎与个体和企业具有生命周期相矛盾，但从宏观来看，个体的消失和新个体的出现是一个永不停止的过程，不论何种情况，都意味着合作对象的更换。

此外，尽管模型将生产部门假定为规模报酬不变，但由于生产函数受个体知识积累影响，生产效率随知识积累的增加而提高，即纯粹技术外部性与完全竞争市场和规模报酬递增是兼容的，这也说明模型真正实现了知识溢出内生化。

二、基于知识溢出内生化的两用知识创造分析

两用技术是市场一体化的重要组成部分，知识创造模型为两用知识创造和高端制造业集聚提供了一个全新的分析视角，下面将在模型基础上引入两用知

识创造(以下统称创新，与此处的知识创造同义)，为下一节引入区位因素奠定基础。

在时间 t，先考虑两个两用创新个体 m、c 的情况，m、c 都在相关领域的技术知识有积累，但 m 的专有知识为高端科研技术、c 的专有知识为商业化的民用技术，由于技术本身仍然具有相同性，两者一定在某些基础领域具有共同的知识积累，以成为两者可能合作的基础。因此，m、c 的知识积累可表示为

$$K_m(t) = K_m{}^m(t) + K^{cmi}(t)$$

$$K_c(t) = K_c{}^c(t) + K^{cmi}(t)$$

$K^{cmi}(t)$ 表示 t 时刻 m 和 c 的通用基础技术量。m、c 的创新分为几种情况。

(1) m 和 c 各自进行技术研发和创新，为简化分析，假定资本创新函数为

$$a_{mm}(t) = \alpha \cdot K_m(t) \qquad (\alpha > 0)$$

由于各自在封闭环境下进行技术创新，因此不存在知识溢出，创新能力与各自知识积累呈正相关。在这种情况下，科技协同研发尽管有一定的技术基础，即存在协同创新潜力，但因双方合作意愿不强，或者只有单方面希望合作，导致两用技术转化率为 0，这无疑不利于市场一体化。

(2) m 希望与 c 合作，合作意愿为 $\nu_{mc} = 1$，若此时 c 也希望与 m 合作，即 $\nu_{cm} = 1$，此时，科技协同创新的创新生产函数为

$$a_{mc}(t) = \beta \cdot [K^{cmi}(t)]^{\sigma} \cdot [K_m{}^m(t) \cdot K_c{}^c(t)]^{(1-\sigma)/2} \qquad (0 < \sigma < 1, \ \beta > 0)$$

σ 为技术创新对通用性知识的偏好程度。合作开发两用技术的过程中同时还伴随有技术转移，转移的知识为

$$b_{mc}(t) = \gamma \cdot [K^{cmi}(t)]^{\mu} \cdot [K_m{}^m(t)]^{1-\mu}$$

$$b_{cm}(t) = \gamma \cdot [K^{cmi}(t)]^{\mu} \cdot [K_c{}^c(t)]^{1-\mu}$$

$\gamma > 0$，μ 为技术转移过程中对通用技术基础的偏好，$b_{mc}(t)$ 为在合作过程中从 m 到 c 的技术转移，即通过学习、模仿、交流等方式发生的技术转移。技术转移是当前两用技术发展的重要源泉，两用技术转移包括三种情况：同一个单位内的不同技术部门之间的转移，技术在不同工业领域之间的转移，技术在不同单位之间的转移。不论何种情况，都在原有基础上扩大了两者的通用知识范围。同时，技术转移的知识量一方面与两者的通用知识相关，另一方面与对方拥有的专有知识正相关，两者最优比例与双方对通用知识的偏好相关。为简化分析，此处假定进行技术合作的双方在技术转移和技术合作中的技术偏好相同。因此，通过开展技术合作，知识增量分别为

$$\dot{K}_m(t) = a_{mc}(t) + b_{cm}(t)$$

$$\dot{K}^{cmi}(t) = a_{mc}(t) + b_{cm}(t) + b_{mc}(t)$$

$$\dot{K}_m{}^m(t) = -b_{mc}(t)$$

$$\dot{K}(t) = a_{mc}(t)$$

可见，合作创新扩大了通用技术基础范围，使专有知识范围越来越小，合作动力减弱，且 $a_{mc}(t)$ 随合作时间变长而减小。那么，知识积累的变化对生产会带来何种影响呢？假定 m、c 所在生产部门均为垄断竞争厂商，生产函数和成本函数满足

$$y_m(t) = A_0[1+\delta(K)]K_m(t)^\theta$$

假定企业使用固定数量劳动力作为固定成本，可变投入要素只有资本。A_0 为初始技术水平，$\delta(K)$ 为技术进步率，且 $\delta(K)_t = \dot{K}(t)/K(t)$。因此，合作创新时，$\delta(K)_t = a_{mc}(t)/K(t)$；各自封闭创新时，由于不存在知识溢出，因此，技术进步率也不受 c 影响，故有 $\delta'_m(K)_t = a_{mm}(t)/K_m(t)$

因此，新增产量为

$$\dot{y}_m(t) = A_0[1+\delta(K)_t][K_m(t-1)+\dot{K}_m(t)]^\theta - A_0[1+\delta(K)_{t-1}]K_m(t-1)^\theta$$

可见随着合作创新的开展，$\dot{K}_m(t)$ 变小，$\delta(K)_t$ 也变小，$\dot{y}_m(t)$ 随之减少。即固定合作伙伴在各自没有专有知识补充的情况下，合作创新能力下降，对双方的生产效率提升减少，合作意愿变弱，双方各自寻找新的创新合作伙伴。

我们假定知识创新个体都是短视的，即只关注眼前生产效率的提升和生产的扩大，当生产效率下降时，将更换合作伙伴。现实中的两用技术创新和两用技术转移远比模型中概括的要复杂，但原理是相通的。在合作创新中，合作双方必须有一定的通用技术基础，且在各自自身领域有独到的专长，双方才有合作意愿和实现合作的基础；只有在双方合作意愿相同时，合作创新才可能发生，也就是发生了知识溢出。

上述模型暂时没有考虑成本因素，因为考虑成本必然涉及价格因素，不利于观察纯技术外部性对生产和知识溢出的影响。为更加贴近实际，下面考虑成本因素。假定 m 和 c 各自进行封闭式创新时无须交易成本，开展合作创新的交易成本为

$$T_{co} = \varphi K_m{}^m(t) \cdot K_c{}^c(t)/K^{cmi}(t) + T_f \varepsilon_{mc}$$

即两者专有性知识量越大，交易成本就越大；通用技术基础越好，交易成本就越小。T_f 为合作创新过程中发生的与知识量无关的固定交易成本，ε_{mc} 为 m

愿意与 c 合作意愿的事件，当 $\varepsilon_{mc}=0$ 时，不存在合作，也就没有固定交易成本；当 $\varepsilon_{mc}=\varepsilon_{cm}=1$ 时，合作事件发生，存在交易成本 T_{co}。由于产品生产需要投入专有资本和通用资本，而交易成本又由专有资本和通用资本量决定，因此可将交易成本表示为产品生产量的函数，即 $T_{co}(q)$。

假定单位资本价格为 ν，劳动力工资为 1，m 的生产成本函数为

$$C_m=\nu\cdot\{A_0[1+\delta(K)]\}^{-\theta}\cdot q+L+T_{co}(q)$$

因此，合作创新时 m 的利润函数为

$$\pi_m^{co}=pq-\nu\cdot\{A_0[1+\delta(K)]\}^{-\theta}\cdot q-L-T_{co}(q)$$

封闭创新时的利润函数为

$$\pi_m^{mm}=p'q'-\nu'\cdot\{A_0[1+\delta_m'(K)]\}^{-\theta}\cdot q'-L$$

假定合作创新效率总是要高于封闭创新效率，即 $\delta(K)>\delta_m'(K)$，我们来分析合作前后 m 的利润变化及其合作意愿变化，利润差异函数为

$$\Delta\pi=pq-\nu\cdot\{A_0[1+\delta(K)]\}^{-\theta}\cdot q-T_{co}(q)-p'q'+\nu'\cdot\{A_0[1+\delta_m'(K)]\}^{-\theta}\cdot q'$$

在 $t=0$ 时预期 $\Delta\pi>0$，说明合作创新有好处，选择合作。若预期 $\Delta\pi\leqslant0$，合作停止。

短期内需求规模不变，从而 $\Delta\pi$ 取决于三个方面：

$$\Delta\pi=q(p-p')-q\{\nu\cdot\{A_0[1+\delta(K)]\}^{-\theta}-\nu'\cdot\{A_0[1+\delta_m'(K)]\}^{-\theta}\}-T_{co}$$

第一项为价格效应，即因合作创新而带来的价格变化；第二项为技术效应，即因合作创新而带来的生产成本的下降(生产效率的变化)；第三项为交易成本效应，即合作创新带来的交易成本使合作厂商生产成本上升。

由于生产效率上升，而企业为垄断竞争厂商可以影响价格，根据利润最大化条件有

$$p=\nu\cdot\{A_0[1+\delta(K)]\}^{-\theta}+dT_{co}(q)/dq$$

由于 $\delta(K)>\delta_m'(K)$，因此垄断厂商合作前后定价取决于交易成本和生产率提升大小，若交易成本相对于生产率增长较快，则 $p>p'$，反之亦反。由于合作创新效率较高，因此合作创新条件下资本价格较低，$\nu<\nu'$。利润差异函数可进一步化简为

$$\Delta\pi=q\cdot dT_{co}(q)/dq-T_{co}$$

若 $dT_{co}(q)/dq<0$，则合作创新利润总是少于独立创新利润，$\varepsilon_{mc}=0$，m 与 c 不合作；若 $dT_{co}(q)/dq>0$，当交易成本较大时，$\Delta\pi<0$，合作创新仍然不会发生。只有在 $dT_{co}(q)/dq>0$，且交易成本较小时，m 与 c 的合作才是有利可图的。

由于交易成本取决于专有知识量和通用知识量，$\mathrm{d}T_{co}(q)/\mathrm{d}q<0$，即交易成本与产量呈相反方向变化，但这不满足模型假定条件。我们可从通用知识量的视角简单理解两者的变动关系。由于合作伙伴均无法从外界补充异质性知识，因此，通用知识越多，交易成本就越小，而通用知识越多，$\delta(K)_t$ 也越小，产量也越小，交易成本与产量总是同向变化的，即 $\mathrm{d}T_{co}(q)/\mathrm{d}q>0$。

$\mathrm{d}T_{co}(q)/\mathrm{d}q$ 可理解为生产单位产品所需支付的边际交易成本，这部分成本实际上通过交易转嫁给了消费者，可理解为消费者愿意支付的价格上涨部分，是垄断厂商的超额利润。$q \cdot \mathrm{d}T_{co}(q)/\mathrm{d}q$，即生产活动所需支付的总交易成本大于实际支付的交易成本时，合作可以进行。因此，合作创新的企业超额利润超过交易成本时，合作比封闭式创新要好；否则，各自利用自身知识积累进行创新要比合作创新好。

同样地，在 N 人的情况下，每两个知识创造主体间重复该过程，只要双方合作意愿 $\varepsilon_{ij}=\varepsilon_{ji}=1$，合作即可发生。最终形成多个具有最佳规模的较小群体或团体，群体内部都保持密切的联系，且团体最佳规模随知识创造过程中专有知识的重要程度增加而扩大。例如，各地区形成的技术创新协会、科技创新联盟等，都是由具有密切联系的科技协同创新主体组成的小团体。

在不考虑区位因素条件下，本节基于 Berliant 和 Fujita（2009）引入两用知识溢出拓展分析，并引入交易成本，使原模型更加贴近实际，对我国两用知识溢出具有一定的解释力。

促进两用技术创新和两用技术转移的基础在于，转型技术之间存在技术共通性，而技术不能独立于人存在，实现技术创新或技术转移都需要通过具体的个体来完成，如科研机构的工作人员，企业员工等。拥有共同技术的任何部门单位的员工之间都可能产生互动，从而进行两用技术创新和技术转移。同时，两用技术创新和两用技术转移的动力在于，进行创新或转移的个体间存在异质性知识的"优势条件"，只要具备这两点，两用知识溢出就可能发生。因此，两用技术创新或技术转移可以发生在一个单位内部，也可以发生在两个单位之间。例如，企业集团内部两个部门之间的知识溢出，在一个部门成立前，另一个部门员工拥有的知识必然具有异质性，若其中一位员工有专门的技术积累，这便拥有了不同于其他个体的异质性知识，也就产生了知识溢出的动力。

现实中两用知识溢出面临较大的交易成本，除因异质性知识带来的交易成本外，对两用知识溢出影响最大的是固定交易成本，可理解为制度壁垒、法治环境等宏观因素带来的交易成本。

因此，可从三个方面推动两用知识溢出：一是提高合作创新的超额利润，鼓励企业主动从外界获取异质性知识，以推动知识创造合作动力和技术转移，从而提高企业生产率；二是通过公布通用技术、建设通用技术数据库等方式，增加通用知识积累，从而降低可变交易成本；三是破除两用知识溢出的制度壁垒，通过鼓励科技协同创新、完善知识产权保护制度等方式，减少固定交易成本。

三、引入区位因素的知识溢出与产业空间分布

假定对称的两个区域 R 和 S，两区域各自有三个部门：知识创新部门、高端制造业部门、其他工业部门，有两类劳动力：两用创新主体和普通工人。其中，知识创新部门的投入要素为研究员，即创新主体；高端制造业部门投入要素为资本(两用技术)和普通劳动力，其他工业部门投入要素为普通劳动力。普通劳动力无法跨区域流动，知识创新主体可以跨区域流动，但跨区域流动需要支付一定的迁移成本(如交通成本等)，两者均可在区域内无成本流动。假定两个区域拥有相等数量、具有相同偏好的消费者。消费者效用函数与第二节模型假定相同。每个区域的两用技术创新都将成为区域内通用知识，并进入高端制造业部门，提高产品生产效率。假定所有的两用技术创新都需要面对面交流与接触，即隐性知识决定两用创新。下面我们将区分知识创新主体跨区域寻找两用技术合作伙伴的迁移成本和商品跨区域贸易的运输成本，并根据两者相对大小分为几种情况进行简单讨论。

(一)迁移成本和运输成本都非常大的情况

在不存在任何扰动，若两个区域间商品运输成本和知识创造者迁移成本均较高，两个区域相当于两个封闭的经济体。

1. 初始条件对称的情况

由于迁移成本太高，每个区域的知识创新主体为节省迁移成本，只在区域内寻找技术合作伙伴，最后形成具有最佳规模的密切联系的创新小团体。知识创新主体在区域内的频繁交流的基础上进行两用技术创新，两用创新技术可以无成本地进入高端制造业部门，推动生产效率的提升，从而推动产品多样化，提高区域内消费者整体福利水平。随着时间推移，区域内共同知识不断增加，创新主体又无法从区域外获得异质性知识补给，即不存在跨区域的知识溢出，

导致两用技术创新效率降低，区域内高端制造业部门生产实现稳定增长，且增长率与另一区域相等。此外，运输成本非常高，导致出口到其他区域的两用产品非常少，几乎可以忽略不计，而其他工业产品的出口和进口不受影响，在两区域消费者偏好同质化的假定条件下，消费者福利变化仅受高端制造业部门生产效率影响，两区域消费和生产实现同步增长，区域间差异不会扩大也不会缩小。区域内创新技术的增加以及生产效率的提升、产业规模的扩大，也是实现产业集聚的一种方式，只是不涉及企业迁移和劳动力流动的内生增长模式。

2. 初始条件不对称的情况

若初始条件下，R 地区创新主体较多，则区域内通用知识储量和专用技术种类和总量都较多，从而两用技术创新效率更高，生产效率也提高更快，创新主体较多的区域以更快的速度实现经济增长和产业集聚。极端情况下，R 地区集聚了所有的两用创新主体，如果迁移成本非常高，那么，R 地区将以较大的创新速度不断实现创新能力的提升，而 S 地区则相当于绝缘地区，不存在两用技术创新。

(二)迁移成本和运输成本变化的情况

迁移成本较大是指创新主体需要支付一定迁移成本，但成本在可支付范围，即仍然存在创新主体的跨区域流动。根据核心—边缘模型以及前文提到的其他模型结论，运输成本减少，或者说市场一体化进程加快，产业空间分布将出现多重均衡，此时历史性或偶然性因素起重要作用。下面来考虑存在知识创新主体迁移成本对多重均衡结果的影响。

在对称情况下，由于创新主体是短视的，迁移的动力是实现福利效用最大化，而两用技术创新主体不能直接从创新活动中获利，只能通过消费或生产来提高福利水平。因此，影响知识创新主体迁移动力的主要因素包括：技术转化为生产的比例和消费品的多样化程度。其中，两用技术创新转化为生产的比例与市场一体化程度相关，可将两用技术存量作为市场一体化程度的指标，因此，区域内两用技术积累越多，转化比例就越高；转化比例越高越将进一步刺激两用技术创新，从而推动市场一体化程度加深，实现市场一体化程度的内生化(见图 4.10)。消费品的多样化程度由企业生产效率和企业数量共同决定，生产效率越高、企业数量越多，消费品的多样化水平和纵向多样化程度就越高。

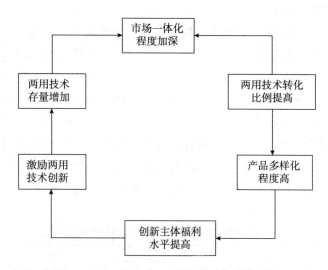

图 4.10　两用技术创新与市场一体化程度关系

　　由于初始条件对称，知识创新主体的迁移还需要额外支付较大迁移成本，短视的创新主体将拒绝迁移。由于迁移成本的减少将为两个对称区域内的创新主体带来相同的福利提升，只要没有偶然性因素发生，对称均衡将持续，均衡状态如第一种情况。

　　若此时因为偶然性因素使得 S 区域的少量两用技术创新主体迁移到 R 区域，使 R 区域专用性知识增加，区域内通用技术积累增加。由于两个区域存在两用通用技术，R 区域知识创造主体将有动力和新迁入创新主体合作创新，新迁入创新主体相当于进入了一个新的"舞池"，新"舞池"中的每个创新主体都是新"舞伴"。在不断更换创新合作伙伴过程中，将推动 R 区域两用技术创新速度和创新能力显著高于 S 区域，这将带来三种效应：第一，企业生产率效应。即对生产部门的影响，两用技术创新将使得高端制造业部门生产效率实现大幅提升，企业利润增加，从而吸引更多企业入驻该区域，区域内企业数量增加，在不考虑本地市场竞争效应的情况下，企业数量增加将进一步提高区域内市场一体化程度和两用技术存量，吸引更多创新主体迁入该区域。第二，消费品多样化效应和本地市场效应。对消费者而言，企业生产效率提升，企业数量增加将导致消费品种类更加多样化，消费者福利水平上升，导致同样作为消费者的知识创新主体迁入该区域，并进一步带来两用技术创新效率的提升，从而使 R 区域市场规模扩大，企业数量增加。第三，技术创新效应。R 区域因新进入的创新主体而形成的两用技术创新对 S 区域知识创新主体而言是异质性技术，随着 R 区域两用技术创新的增加，专用技术积累更多，同时两用技术基础更好，激励 S 区域知识创新主体更多地迁入 R 区域。三种效应都是集聚力，将不断吸引知识创新主体和企业迁移至 R 区域，而这一进程随着迁移成本的下降而加快，并实现突发性集聚。但是，随着 R 区域知识创新主体的增加和企业增加，导致区域内企业竞争程度变得激烈，从而形成分散力；同时，随着创新主体的数量增加，每个创新主体拥有的相对于区域内其他创新主体的专用技术越来越少，而通用性技术越来越低，对两用技术商业化的利润提升越来越慢，出于对自身专用技术的保护，知识创新主体将离开 R 区域。集聚力和分散力的描述见表 4.1。

表 4.1　两用技术创新内生情况下的集聚力与分散力

集聚力	分散力
企业生产率效应 本地市场效应 消费品多样化效应 技术创新效应	市场挤出效应 对专用技术的保护

值得注意的是，此处描述的产业集聚机制与现有的新经济地理学产业集聚的循环累积机制是相同的。不同的是，此处的产业集聚实际上包含两个产业的集聚：技术创新部门的集聚和垄断竞争部门的集聚，且两个产业的集聚通常发生在同一区域。两用技术创新部门的技术创新活动不直接带来价格变化和成本变化，而是通过影响企业生产函数，提高企业生产效率和消费品多样化程度来提高企业利润和消费者福利水平，但同样都表现为一种自我加强的循环累积机制，具有突发性集聚特征。

初始条件不对称的情况相对较为复杂，需要进行更多分类比较，但产业空间分布仍然取决于集聚力和分散力的相对大小。当集聚力大于分散力时，集聚成为主要均衡结构，但均衡结构将随着迁移成本和运输成本的变化而发生改变。当迁移成本和运输成本都非常小时，对集聚力和分散力将带来何种影响？下节将针对这一问题做出分析。

第四节 运输成本下降、知识溢出与高端制造业集聚

技术进步，尤其是交通技术和通信技术的发展，已经使人口流动的迁移成本和商品的运输成本显著下降，可以预见未来的某一天，迁移成本和运输成本将忽略不计。那么，这是否意味着地理上的接近已经不重要了？高端制造业集聚现象将消失吗？Krugman（1991）的核心—边缘模型显示，当运输成本接近于零时，垄断竞争制造业部门的空间分布呈多重均衡，最终均衡结构受历史性偶然性因素影响。然而，仅仅关注运输成本是远远不够的，因为现代经济增长的关键是技术创新。因此，本节重点讨论技术进步对知识溢出的影响，并在此基础上讨论高端制造业空间分布受技术进步的影响。

一、通信技术进步对知识溢出的影响

前文分析已经表明，显性知识溢出可通过编码处理后实现时空分离，从而具有全球性；缄默知识溢出依赖地理接近和面对面的交流，是决定知识溢出地方性的关键。随着网络技术发展，尤其是通信技术的发展，显性知识溢出更加容易，同时人与人的交流也更加便捷，处于地球两端的不同创新主体间可以通过互联网轻松地取得联系，并实现随时同步沟通，甚至可以通过全息投影技术进行真实模拟。那么随之而来的问题是，人们通过通信手段实现的远距离沟通是否能替代面对面接触或缄默知识溢出，从而使地理邻近不再重要？

通信技术的本质是时间和空间障碍的消除，通信技术进步意味着人与人沟通的时间延迟缩短、空间距离减小。因此有一种观点认为，电子通信交流与面对面接触是完全替代的关系，人们只需要通过电子通信方式沟通就可以了，无须在地理上接触。知识溢出将不再具有地方性，为获得面对面接触便利性的产业集聚现象也将消失（Castells，1989，2011）。然而，Gaspar 和 Glaeser（1998）通过建立互动选择模型发现，通信技术的进步会带来两种相反的效应：一方面，部分面对面接触方式将被电子通信方式替代；另一方面，通信技术的进步导致人与人之间交流频率增加，反而促进更多的面对面交流。因

此，电子通信技术可能是面对面交流的一种补充方式。Glaeser(1998)认为尽管通信技术的进步在一定程度上可以替代面对面接触，但却使得面对面接触更加重要，导致地理邻近的作用更加突出。Mills(1992)提出有些交流是非常微妙的，无法通过电子通信技术渠道交流，地理邻近仍然是最有效的手段。经验证据也显示，通信技术无法成为面对面接触的替代，因为离得更近的人们之间反而更加普遍使用电子通信方式联络(Imagawa，1996)。20世纪80年代以来，为增加面对面交流的商务旅行显著上升，而并没有因为通信技术的发展而下降。

本书认为，尽管电子通信技术进步可以缩短时间和空间的间隔和距离，但仍然无法替代面对面接触。面对面接触不仅意味着时间和空间的零距离，还包括知识溢出双方的互动和实时反馈，以进行"头脑风暴"；同时，面对面接触的人们在真实世界的实际接触，人们所能获得的信息不仅包括通信技术所能传输的声音、画面等，还包括参与人的情感、心理状态等只能依靠直接感官去获取的额外信息，即"画外音"，而这些信息往往对最终决策起着更加重要的作用。因此，通信技术的进步能替代显性知识溢出，但无法替代全部的缄默知识溢出，只能实现对话(conversation)而无法实现握手(handshake)，导致面对面接触仍然很重要，或者更加重要。

二、技术进步与高端制造业集聚

结合上一节的知识溢出内生化模型和空间层面影响高端制造业集聚的因素，我们从劳动分工、交易成本及知识溢出三方面来讨论技术进步对高端制造业集聚的影响，即技术进步使得高端制造业空间分布是更加集中还是趋于分散。

企业对分工收益与交易成本的权衡导致了高端制造业集聚。一方面，技术进步导致商品运输更加便捷、劳动力迁移成本下降，使企业可选择的区位范围更广，即企业区位布局和经济活动可能趋于分散。另一方面，技术进步将导致生产活动变得更加复杂(Leamer and Storper，2014)，劳动分工深化，生产迂回程度增加，交易频率增加，交易双方为降低交易成本以获得更多分工利益要求地理接近，面对面接触显得尤为重要。因此，生产活动越复杂、生产迂回程度越高的产业，反而会随着技术进步而越趋向集中。前文的分析已表明，我国高端制造业集聚是一种有效降低交易成本和交易风险、提高交易效率以获得分工利益的制度安排，是一种介于市场和企业之间的中间组织状态。技术进步将扩大高端制造业的市场范围，使受限于市场规模的劳动分工更加深化，也使高端制造企业靠近下游企业或消费者市场的动力下降，而在能使分工交易双方交易成本最小化的区域集中。例如，笔者在某研究院调研时发现，该集团在进行技术开发和市场拓展时，在国内市场饱和的情况下瞄准了海外市场，使得出口产品成为集团产品开发的重点方向，反向促进了分工的深化和产品种类的多样化。同时，运输成本下降使该研究院出口商品而无须前往出口国家进行生产，反而是继续留在当地高端制造业基地，以利用与集团内其他企业和集聚区内其他企业集中所带来的规模经济和外部效应来降低生产成本。

技术进步能有效替代显性知识溢出，而无法完全替代面对面接触，甚至会使得面对面接触对缄默知识的传播起着更加重要的作用。因此，不同产业的生产所依赖的知识种类不同，空间区位受技术进步的影响也不同。对于已经实现标准化生产的制造业部门、零售业、外卖服务业等只需根据现有成熟技术或标准投入原材料和生产要素即可完成生产的产业而言，技术进步使企业获得可编码知识成本下降，无须通过面对面接触便可完成生产活动，这类产业将根据前后关联强弱来定位，金融外部性占主导，企业可能分散分布在消费者周边，或集中在原料供应区域。对于知识密集型制造业、新兴产业、需求牵引型产业等对缄默知识传播依赖程度较高的产业而言，技术进步反而会使面对面接触在企业区位决策中起更重要的作用，因为这些产业往往面临极大的不确定性，面对面接触集中多人的智慧能显著提高企业创新成功率（Scott，1993；Duranton and Puga，2000；Jacobs，1960；Feldman and Audretsch，1999）。高科技工业显然属于第二种情形，两用技术创新都面临极大的不确定性，同时还要求面对面接触建立在双方充分理解和信任的基础上，以最大限度降低交易风险。技术进步使两用技术创新主体的迁移成本大幅下降，从而使迁移成本在知识创新主体寻求合作创新伙伴进行面对面交流所支付的成本大大降低，因而导致科技协同创新主体更加倾向于向其他创新主体集中，以获取更多异质性专用知识，提高创新效率。

资本创造模型和本书对包含区位因素的知识溢出内生化模型表明，即使不存在制造业部门的垄断竞争和商品跨区域运输的运输成本，两用技术创新部门本身也会形成小团体，或在一定区域集聚。技术进步使创新主体迁移成本下降，加剧了技术创新主体在区域内集中，产业集聚度更高。

三、非技术因素、知识溢出与高端制造业集聚

尽管技术进步在多个方面可能引起产业空间分布的变化，但也要看到，在复杂的经济地理决策和知识溢出的过程中，通信技术进步能起的作用是非常有限的，对于国防科技工业空间布局尤其如此。除技术进步外，影响两用知识溢出的因素还包括创新主体之间的关系、文化、组织、制度等方面的因素，Boschma 等（2005）将其总结为地理邻近性、制度邻近性、技术邻近性、社会邻近性和认知邻近性等五种邻近性，不同邻近性间存在互补关系，共同推进知识溢出（Mattes，2011；李琳和曾巍，2016）。

认知邻近性是两用知识溢出的基础。认知邻近性即科技协同创新双方在思想上相似，双方的组织文化、习惯、规则等方面又较为相似，且都有合作创新意愿，才能实现有效沟通、降低交易成本、推动双方顺利完成两用知识溢出和技术创新过程，实现知识溢出的正外部性，并导致产业集聚的形成。两用知识溢出的认知邻近性包括对合作关系的认可、对合作创新目标的认识相似等。正如知识溢出内生性模型所揭示的，只有双方创新主体都有合作意愿，合作创新才可能发生，才能形成知识溢出。这就要求高端制造业和普通制造业部门都要提高科技协同创新意识，主动寻找合作创新伙伴，并对合作创新中各自权益归属有清醒的认识。只有双方都认可合作创新将为各自带来好处，而非削弱其竞争优势，双方才有动力开展合作，而这正是我国市场一体化遇到的主要问题：一方面，民用技术创新主体担心因为合作过程中的保密、审核等要求而使知识产权（异质性专用技术）得不到保护，高科技创新主体则担心技术优势被窃取，科技协同创新双方都对合作持怀疑态度，在科技协同创新中出现知识产权相关问题及其他问题而并没有明确法律法规作为依据时，双方的怀疑和自我保护意识会更强烈，合作创新将无法开展；另一方面，双方在组织文化、管理、工作流程等方面都存在较大差异，可能导致双方在合作中产生不适应和低效率。高端制造业集聚区增加了创新主体间的地理邻近性，而不管企业愿不愿意，知识都会在区域内溢出。因此，对合作创新认知差距较大的企业出于保护核心竞争力的需求，将从集聚区迁出，导致高端制造业分散分布。反之，如果双方都高度认可科技协同创新，将增加双方互动频率，而为了减少互动带来的交易成本，双方将选择在地理上集中，从而使高端制造业分布更加集中。然而，认知邻近性太相似也不利于两用知识溢出，出

于对未知技术的好奇心等原因使得多样化的认知有助于激励知识溢出和提高合作动力。

制度邻近性是两用知识溢出的保障。制度邻近性是主体间的正式制度和非正式制度的相容性，这对高端制造业集聚和知识溢出尤为重要。保密等多方面的因素导致高端制造业在国家工业体系之外自成体系，形成了一系列独特的正式制度和非正式制度。如不仅形成标准、行政审核、保密审核等有明文规定的正式制度，还形成了重视产品质量而非市场价格和企业利润、忽视营销和广告等涉及技术研发和产品生产销售各个环节的独具特色的非正式制度。高端制造业部门与一般工业部门的正式制度和非正式制度之间相容性较差，使得互动的障碍重重，导致许多有认知相近、技术相近等潜在的合作创新主体间最后只能放弃合作创新，使得两用技术创新以企业内部的部门之间合作创新和技术转移为主，导致高端制造业分布趋于分散。因此，推动正式制度和非正式制度的相容度，往往能有效提高互动效率，从而提高市场一体化程度和高端制造业集聚程度。

社会邻近性和组织邻近性构成两用知识溢出的软环境。社会邻近性和组织邻近性均指创新主体在同一关系空间，前者侧重社会关系空间，后者侧重组织安排。技术创新过程中存在较大不确定性和高风险性，使产生机会主义行为的概率大大增加，技术创新的非正式交往无法通过完整契约或合同规避事前风险和事后风险，而需要依赖人与人之间的关系，这种关系包括社会网络、信任、名誉等社会关系（Lorenz，1992），也包括具有协调和控制功能的组织关系，以使得合作创新主体间的共同语言和相互理解支持学习和创新（Meister and Werker，2004）。两用技术创新为不确定性程度高、风险大的高科技创新，现有法规、商业契约和合同无法完全规避可能出现的违约和机会主义行为，因此，两用技术创新主体往往倾向于寻找较为熟悉的合作伙伴、通过名誉信号或其他具有控制协调功能的组织，如同行业技术联盟，甄别筛选合作伙伴，以降低两用技术创新风险和提高合作效率。

技术邻近性是指两用知识溢出的基本条件。双方只有在共同技术经验和技术知识基础上才能展开合作创新，这也是知识溢出内生化模型的基本出发点。地理邻近性即通过地理空间距离的缩短，以获取知识溢出效应。这两方面的相关内容在上节已经有详细论述，此处不再赘述。

通信技术进步对上述邻近性都难以产生逆转性的影响，不论是制度邻近、技术邻近、认知邻近、社会邻近还是地理邻近，都仍然在知识溢出中扮演重要角色，因而在通信技术进步显著影响显性知识溢出的同时，上述邻近性仍将发挥推动知识溢出和高端制造业集聚的作用。

第五节　本章小结

本章从技术维度探讨了高端制造业集聚的影响因素。知识溢出的传导过程实际上是知识从知识源通过各种正式或非正式渠道为知识吸收者所吸收的复杂过程，知识的特性和种类、知识吸收者的差异决定了知识溢出的空间局限性。新经济地理学从时间和空间两个维度分析经济地理演化过程，强调行为主体的"有限理性"，认为创新是经济地理演化和经济增长的根本动力，并形成了以企业为分析起点的研究惯例。

区域科技协同创新网络是市场融合的必然产物，其随时间变化不断从雏形到发展成熟，从低级向高级演进，受到市场一体化程度和区域经济发展的双重影响。其中，技术创新是其演化的内在动因，市场需求变化是外在动因，而降低交易成本是直接动力。

在知识溢出外生的情况下，当市场一体化程度较低时，突破点和持续点都较小，分散力占主要地位，对称均衡为稳定均衡；随着市场一体化程度、局域知识溢出效应、全域知识溢出效应的增加，突破点与持续点都不断变大，说明对称均衡分布的不稳定区间变小，高端制造业集聚更容易形成；而随着贴现率增加，突破点和持续点越来越小，说明出现内部非对称均衡结构的贸易自由度范围在变宽，不稳定区间变大，贴现率增加通过增强需求关联使得支出转移带动生产转移，从而加速对称结构的崩溃。此外，初始条件对高端制造业空间分布也有重要影响：资本份额较大的区域对市场一体化程度的变化更加敏感；在资本快速增长时期，市场一体化程度的加深将使得发达地区福利水平更高，从而加剧地区间福利水平差距。

在知识溢出内生情况下，知识溢出过程可简化为不同技术创新主体在共同技术基础上合作创新，不断扩大区域内技术基础的过程。在这个过程中，技术创新主体拥有的专用知识形成合作创新动力，创新主体间的共同技术基础是合作创新的基础。高端制造业集聚可视同两个部门的集聚：技术创新部门集聚和垄断竞争生产部门集聚，且两个部门通常在同一空间集中；推动高端制造业集聚的集聚力主要包括企业生产率效应、本地市场效应、消费品多样化效应和技术创新效应，分散力主要包括市场挤出效应和对专用技术的保护。

本章还考察了运输成本对知识溢出和高端制造业集聚的影响，认为电子通信等技术进步带来的运输成本下降将使得隐性知识溢出在企业区位决策中的作用增强，推动技术创新部门集聚，并进而推动生产部门集聚。

|第五章|
区域政策维度与高端制造业集聚

尽管产业集聚具有较强的自发性，并主要由市场机制、技术进步等经济性因素推动，但我国高端制造业集聚是具有中国特色的经济现象，区域政策对高端制造业空间分布有着重要影响。本章将主要分析地方政府的税收政策和补贴政策对高端制造业空间分布的影响，具体分三节展开，第一节和第二节为地方政府税收政策和补贴政策的均衡模型，第三节为区域政策的持续性与连续性，即历史性地方政策对高端制造业空间分布的影响。

第一节 地方政府税收竞争与高端制造业集聚

标准税收竞争模型认为"边际税率的变化会引起边际要素的转移"（Zodrow et al.，1986），因此，区域间的税收竞争将导致流动性较差的要素税率偏高，但这一结论在垄断竞争和交易成本条件下受到挑战（Haufler et al.，1999）。近年来，新经济地理学逐渐将税收竞争纳入分析框架中，并在理论和实证层面形成一定的研究成果。本节将首先回顾国内外文献，梳理税收竞争与产业分布的一般关系，接着将重点考察税收竞争对高端制造业集聚的影响。

一、税收竞争与产业集聚

在财政分权和以 GDP 为主要绩效考评指标的背景下，地方政府有时会通过税收政策来吸引投资和展开竞争。区域间的这种税收竞争会给产业分布带来何种影响呢？新经济地理学模型为我们提供了新的研究视角。

最早将税收竞争引入新经济地理学的是 Ludema 和 Wooton（2000），其研究表明，贸易成本降低有利于缓和区域间税收竞争，而适当提高税率并不会导致集聚区流动要素转移，这与标准税收竞争模型的结论是相悖的。此后，国内外学者将税收竞争融入新经济地理学模型中，并从理论和经验研究方面都做了大量探索。

理论模型普遍表明，集聚租会缓和税收竞争，且税收竞争受贸易成本影响。Anderson 和 Forslid（2003）、Kind 等（2000）在 FE 模型基础上构建含税收竞争的模型，结论显示，产业集聚中心的税率高于边缘区，并且通过对集聚租金征税提高本国福利水平；如果产业分散分布，那么两国政府将对资本进行补贴。Baldwin 和 Krugman（2004）在自由资本模型的基础上分析欧洲经济一体化、税收竞争与税率的关系，结论表明，集聚区对自由流动的资本征收较高的税率并不会使资本流出，原因是企业的集聚会形成集聚租，拥有集聚优势的地区并不需要降低税率以吸引资本，集聚区与边缘区域征收同样的税率反而会对两个区域都不利。因此，企业无须担心集聚区的高税率，因为集聚区的集聚租和福利水平都较高。同时，研究还表明，经济一体化（贸易成本降低）对税收差异的影响为驼峰状函数，使得区域间税收形成"逐顶竞争"（race to the top）。Borck 和 Pfluger（2006）在 CP 模型的基础上进行拓展，研究表明，即使只是不完全集聚，规模相对较大的区域仍然会形成集聚租，税率相对也会更高一些；与 CP 模型不同的是，Borck 等人的研究建立在初始条件不对称的基础上，即当历史性或偶然性因素导致产业在较小的区域集聚时，可能会对企业产生锁定效应，但区域间的税收竞争会改善这种低效率的空间分布。Baldwin 等（2003）认为，存在税收差异支撑点（sustain-point tax gap），即税收差异小于支撑点时，产业集聚区可以维持。Brülhart 等（2012）认为，高税率会对企业选址产生影响，但对集聚区的企业影响相对较弱。Hühnerbein 和 Seidel（2010）在 CP 模型基础上论证了集聚租和"逐底竞争"同时存在的可能性，当地方政府在同一个集聚经济内部时，会出现对两个区域都有损害的税收竞争，导致集聚不足。Bauer 等（2011）认为，有效的税收政策会对异质性企业产生选择效应，在贸易成本下降时能有效提高小国的平均生产率。

在我国税收竞争与产业分布研究方面，大量经验分析表明，规模报酬递增、税收优惠对工业空间集聚有重要影响，融入税收竞争的新经济地理学模型结论适用于我国实际情况，但也存在一些新的发现。Zhu 和 Song（2013）在自由资本模型（FC 模型）基础上分析中国地方政府税收竞争的行为，表明区域间税收竞争可能导致集聚不足而削弱社会福利。梁涵等（2011）的研究则表明，边缘区可以通过税收竞争方式，设置适当税率可以将原集聚区的企业吸引到边缘区域。钱学锋等(2012)对中国 1999~2007 年地市级工业企业面板数据检验发现，由于区域间税收竞争、地方保护主义和国内市场分割、集聚经济不足、依靠"政策租"而形成的虚假产业集聚使得中国实际上对集聚租尚未征税，也使事实的产业集聚不足。Minsoo Lee(2012)发现，在 2000~2006 年，中国有 4000~5000 家新的国内外企业加入出口产业，其中大部分集中在沿海城市，通过实证分析发现，税收减免尤其是增值税减免是影响投资区位流动的重要因素。Cheng 和 Kwan (2000)对 1985~1995 年我国的数据研究表明，税收优惠是吸引国际直接投资国内选址的最重要的原因。凡莉等(2016)研究表明，税收负担高的区域，税收竞争对产业集聚有明显促进作用，且税率不受相邻地区税收政策影响；税收负担低的区域，税收竞争对产业集聚有明显抑制作用，且税率容易受到相邻地区税收政策影响。吴意云和朱希伟(2015)对中国 1999~2010 年工业行业面板数据进行分析发现，中国工业地理的集中受政府干预的作用明显，但区域政府间高度相似的产业政策诱使工业地理集中度过低和产业同构现象严重。付文林和耿强(2011)通过对我国 2001~2008 年工业面板数据实证研究发现，中西部经济欠发达省份过于依靠税率优惠来吸引投资流入，即存在"逐底竞争"现象。任德孝和刘清杰(2017)也发现，集聚经济能够有效协调区域间的不对称税收竞争，即新经济地理学的结论在中国也是适用的，但同时还发现非国有资本对集聚经济(集聚租)的敏感性更大，即集聚区的税率提高可能不会导致资本流出，但边缘区域的税率提高将更容易导致资本逃离，这也导致经济不发达区域争相降低税率以吸引资本。

此外，引入企业异质性对税率变化的反应以确定最优税率已经广泛应用在标准税收竞争模型中，但企业异质性直到近年来(Baldwin and Okubo, 2006)才进入新经济地理学理论中，Baldwin 和 Okubo(2008)首次将税收竞争引入包含企业异质性的新经济地理学模型中，并以自由资本模型(FC 模型)为基础构建包含税收的模型，研究发现，税率变化对生产效率不同的企业区位选择影响不同，生产效率较高(规模较大)的企业更倾向于在低税率的地区生产以逃避缴税，因此，企业异质性带来的空间选择效应降低了税率较高区域的平均生产效率。在此基础上于 2009 年进一步分析了贸易成本变化对不同生产效率企业重新选择区位的影响，并认为尽管存在税收，但在贸易成本足够低时，所有类型的企业都倾向于在市场较大区域集聚。2014 年在 2009 年研究的基础上通过引入纳什均衡税收竞争进一步深化模型，表明纳什均衡税率使得大国税率要高于小国税率，而贸易成本下降会导致税收竞争的加剧并降低纳什税率，从而使区域间差异变窄。企业异质性的引入无疑使得新经济地理学模型对税收竞争和现实经济活动有了更贴切的解释，其研究重点为生产率差异企业的空进定位，为区域平均生产率差异提供了微观解释机制。

因此，税收优惠能有效增强区域对企业和资本的吸引力，边缘区域可以通过降低税率来吸引资本流入和企业入驻；但因为税收竞争压力，存在集聚经济且贸易自由度较小时，政府适当提高税率并不会破坏产业核心—边缘稳定结构；异质性企业对不同税率的反应也不同。

二、税收竞争与高端制造业集聚

对于从事两用经济活动的企业来说，除地方性税收政策外，还可享受国家对特殊商品免征增值税的免税优惠，这对企业生产特殊商品是一种激励。生产特殊商品的企业对地方政府税收增长贡献有限，但因其技术含量较高、溢出效应较为明显，对其他企业生产活动带来正外部性，反过来，这些企业也受其他企业外部性影响。另外，各地政府都希望通过政策引导本区域高端制造业集聚化发展，其中税收政策就是较常使用的财政政策。一方面，政府降低税率有利于吸引企业入驻；另一方面，税率降低可能带来总税收收入的下降，与政府扩大财政收入的目标相违背。因此，在中央与地方财政分权、税收竞争成为常态的背景下，地方税率如何影响高端制造业集聚？

对特殊商品免征增值税无疑是有利于引导和激励企业进入特殊商品生产领域的，然而，特殊商品市场规模有限，且企业需要取得相关证书才能进行特殊商品生产，因此在一定时期内，生产特殊商品的企业总数量和规模相对固定，只是在不同区域分布的问题。此外，高端装备制造企业都在生产两用产品。因此，我们可以根据生产特殊商品份额对高端装备制造企业进行区分，$1-\theta_m \in$ [0，1] 为企业生产特殊商品销售收入占总销售收入的比例。θ_m 越大，相等规模企业所需缴纳的税就越少，$\theta=0$ 或 $\theta=1$ 表示企业为单一产品生产企业，不属于本书研究范畴。因此，考察地方税率对高端制造业集聚的影响就变成了地方税率变化对 $0<\theta_m<1$ 类型企业数量的影响，若地方税率变化导致该类企业数量增加，说明该变化有利于促进高端制造业集聚，反之亦反。对异质性企业区位选择行为的研究表明，不同生产成本(效率)的企业在定位时会产生空间选择效应，高效率的企业倾向于在市场较大的区域(核心区)，而效率较低的企业倾向于在市场较小的区域(边缘区)以避免与高效率企业的竞争(Baldwin and Okubo，

2006；Okubo and Tomiura，2010；Combes et al.，2009；Okubo et al. 2010）。因此，综合以上考虑，本书以 Baldwin 和 Okubo（2008）为基础，引入特殊商品销售份额构建模型。

假设经济系统分为两个市场规模不同的区域 $i=1$，2，其中 $i=1$ 为市场规模较小的区域，两种生产要素（资本 k 和劳动 l），包含农业部门和制造业部门，农业部门为规模收益不变和完全竞争部门，假定每单位农产品需要一单位劳动力，农产品无运输成本，选定农产品为计价物，即 $p_{1A}=p_{2A}=1$，均衡时劳动力工资为 $w_{1A}=w_{2A}=1$；制造业部门为垄断竞争部门，因此可假定每个企业只生产一种差异化产品①，工业产品存在跨区域"冰山运输成本"$\tau>1$。假定经济系统总资本固定为 1，区域 $i=1$ 的劳动力份额为 $\delta\in[0,1/2]$，但每个区域资本与劳动力比率相同，即区域 $i=1$ 资本份额为 $K_1/(K_1+K_2)=\delta$；劳动力不可跨区域流动，即区域的市场规模由初始条件给定且不发生变化，资本可跨区域流动，资本收益返回资本所有者所在地消费，这样就可以实现企业迁移而市场并不随之迁移。

仍然假定同质消费者，且偏好为拟线性函数：

$$U=\mu\ln C_M+C_A;\quad C_M=\left(\int_m^N c_m^{1-1/\sigma}\mathrm{d}m\right)^{1/(1-1/\sigma)}\qquad(\sigma>1>\mu>0)$$

式中：C_M、C_A 分别为消费者的工业品和农产品消费量；μ 为工业品支出比例；σ 为对差异化工业品的替代弹性。

制造业部门 m 企业生产需要一单位资本作为固定成本，并使用 a_m 劳动力作为可变成本，企业异质性表现在边际成本上，生产效率越高，边际成本就越低。由于均衡时劳动力工资水平都相同，不同生产效率企业使用劳动力符合帕累托分布。

$$Z(a)=\left(\frac{a}{a_0}\right)^\rho\qquad(\rho\geq 1,\ a_0\geq a\geq 0)$$

式中：ρ 为尾部指数（tail index）；a_0 为 a 的最大值。

异质性企业实现利润最大化的定价为

$$p_m=\frac{a_m}{1-1/\sigma}$$

---

① 此处假定企业所生产的两用产品为同一种类型的产品，只不过消费者是各自分开的。

因此，出厂价格 p_m 也满足帕累托分布。由消费者效用函数最大化的一阶条件可知，区域 $i=1$ 的消费者对第 m 类工业品的需求函数为

$$c_m = p_m^{-\sigma} \cdot \frac{E}{P_1^{1-\sigma}}, \quad P_i = \int_m p_m^{1-\sigma} \mathrm{d}m, \qquad (i=1, 2)$$

在没有税收和特殊商品的生产情况下，两区域制造企业的利润函数分别为

$$\pi_1 = p_m^{1-\sigma} \cdot \left(\frac{E_1}{P_1^{1-\sigma}} + \phi \frac{E_2}{P_2^{1-\sigma}} \right) \Big/ \sigma, \quad \pi_2 = p_m^{1-\sigma} \cdot \left(\phi \frac{E_1}{P_1^{1-\sigma}} + \frac{E_2}{P_2^{1-\sigma}} \right) \Big/ \sigma$$

$$\phi \equiv \tau^{1-\sigma} \in [0, 1]$$

P_1、P_2 分别为两个区域的工业品价格指数，E_1、E_2 分别为两个区域在工业品方面的支出，ϕ 为贸易自由度。在不存在跨期消费时，E_1、E_2 固定不变，与企业在两区域的分布无关。

由于存在本地市场效应，在没有税收的情况下，经济系统均衡空间结构是企业都将集聚在市场规模较大的区域。证明如下。

两区域企业的利润差异为

$$\pi_1 - \pi_2 = p_m^{1-\sigma} \cdot (1-\phi) \left(\frac{E_1}{P_1^{1-\sigma}} - \frac{E_2}{P_2^{1-\sigma}} \right) \Big/ \sigma$$

因此，两区域利润差异取决于 $E_1/P_1 - E_2/P_2$，即两区域单位企业的平均需求，由于两区域支出是固定的，该差异取决于两区域价格指数：

$$P_1 = \frac{\sigma}{\sigma-1} \cdot \left[\eta(K_1 + \phi K_2) \right]^{1/(1-\sigma)}, \quad P_2 = \frac{\sigma}{\sigma-1} \cdot \left[\eta(\phi K_1 + K_2) \right]^{1/(1-\sigma)}$$

其中，$\eta \equiv \rho/(1-\sigma+\rho) > 0$，并假定 $\eta > 0$。此时利润差异可化为

$$\Delta \pi = \frac{a_m^{1-\sigma}(1-\phi)}{\sigma} \cdot \left[\frac{E_1}{\eta(K_1 + \phi K_2)} - \frac{E_2}{\eta(\phi K_1 + K_2)} \right]$$

由于 $\phi < 1$，$E_1 < E_2$，$1-\sigma < 0$，易知 $\Delta \pi$ 随 a_m 增大而增大，我们可以得出第一个推论：

推论 1 无限制条件下低效率的企业在区域间迁移的收益与损失总是大于高效率的企业。

这说明，相对于生产效率较高的企业，生产效率较低的企业对迁移行为更敏感。给定初始条件 $E_1/E_2 < 1$，且 $E_1/E_2 = K_1/K_2$，因此，$E_1/P_1 - E_2/P_2 < 0$，企业将向区域 $i=2$ 流动，直到 $E_1/P_1 - E_2/P_2 = 0$ 停止迁移，达到均衡。那么迁移规模有多大呢？根据 Baldwin 和 Okubo（2006）的推论，生产效率高的企业将先迁移到区域 $i=2$，假定边际成本为 a_t 的企业为临界企业，即该企业迁移后两区域企

业利润函数相等，此时，两区域价格指数为

$$P_1 = \frac{\sigma}{\sigma-1} \cdot \left\{ K_1 \left[\int_{a_t}^1 a^{1-\sigma} \mathrm{d}Z(a) + \phi \int_0^{a_t} a^{1-\sigma} \mathrm{d}Z(a) \right] + K_2 \phi \int_0^1 a^{1-\sigma} \mathrm{d}Z(a) \right\}^{1/(1-\sigma)}$$

$$P_2 = \frac{\sigma}{\sigma-1} \cdot \left\{ K_2 \int_0^1 a^{1-\sigma} \mathrm{d}Z(a) + K_1 \left[\int_0^{a_t} a^{1-\sigma} \mathrm{d}Z(a) + \phi \int_{a_t}^1 a^{1-\sigma} \mathrm{d}Z(a) \right] \right\}^{1/(1-\sigma)}$$

由于 a 满足帕累托分布，因此有

$$P_1 = \frac{\sigma}{\sigma-1} \cdot \left[K_1(1-a_t^\chi) + \phi K_2 + \phi K_1 a_t^\chi \right]^{1/(1-\sigma)}$$

$$P_2 = \frac{\sigma}{\sigma-1} \cdot \left[K_2 + K_1 a_t^\chi + \phi K_1(1-a_t^\chi) \right]^{1/(1-\sigma)}$$

其中，$\chi \equiv 1-\sigma+\rho > 0$，根据企业迁移边界条件可求得

$$a_t^\chi = \frac{2\phi}{(1-\phi)(1-\delta)} \left(\frac{1}{2} - \delta \right)$$

可见，a_t^χ 随 ϕ 增加而增加，即贸易自由度越大，留在区域 $i=1$ 的企业规模越少，留下来的企业在 $[a_t^\chi, 1]$ 区间；随着 $\phi \to 1$，即贸易成本足够小时，所有企业集聚在区域 $i=2$。此时，区域 $i=2$ 税率比市场较小的 $i=1$ 区域税率高，可以认为 $i=1$ 区域税率为 0，而 $i=2$ 区域税率为 t，即存在相对的税率优惠。现在假定 $i=2$ 区域的政府对所有企业实现税收减免政策；特殊商品总需求量为 $1-\gamma$，由于生产一单位产品需要一单位资本，因此特殊商品生产所需总资本为 $1-\gamma$。位于 $i=2$ 区域企业的利润变为

$$\pi_2(t) = \min[\pi_2 - (\theta_m \pi_2 - D)t, \ \pi_2]$$

因此，对于 $\theta_m \pi_2 \leq D$ 的纯特殊商品生产企业和规模较小的企业，税收政策对它们没有影响，因此，这种类型的企业更愿意集聚在大市场规模区域 $i=2$。税收政策和优惠减免政策额主要影响 $\theta_m > 0$ 且 $\pi_2 > D$ 的企业。

θ_m 为特殊商品生产比例，同样满足帕累托最优分布：

$$H(\theta) = \left(\frac{\theta}{\theta_0} \right)^\upsilon \qquad (\upsilon \geq 1, \ \theta_0 \geq \theta \geq 0)$$

θ_0 为最大值 1。经济系统中用于生产一般商品的资本总量为 γ。

若企业从区域 $i=2$ 向区域 $i=1$ 迁移，利润差异为

$$\pi_1 - \pi_2(t) = \pi_1 - \pi_2 + (\theta_m \pi_2 - D)t > \pi_1 - \pi_2$$

显然，一般商品比率越高，所有企业跨区域迁移的收益损失差异就越大，对区域间其他因素变化的敏感性也就越大；税收减免额越大或税率越低，所有

企业跨区域迁移的收益损失差异变小。

当利润差为零时，企业停止跨区域流动，设此时的边界生产率为 a_d。存在两个临界值，一是补贴的临界值，二是企业迁移的临界值。先考虑没有税收减免的情况。此时，区域 $i=2$ 的企业有向外迁移的动力以逃避税赋，该区域典型企业的利润差异为

$$\pi_1 - \pi_2(t) = \pi_1 - \pi_2 + \theta_m \pi_2 t$$

当 $\pi_2 - \theta_m \pi_2 t - \pi_1 = 0$ 时，企业停止跨区域迁移，即

$$(1-\theta_m t) p_m^{1-\sigma} \cdot \left(\phi \frac{E_1}{P_1^{1-\sigma}} + \frac{E_2}{P_2^{1-\sigma}} \right) \Big/ \sigma = p_m^{1-\sigma} \cdot \left(\frac{E_1}{P_1^{1-\sigma}} + \phi \frac{E_2}{P_2^{1-\sigma}} \right) \Big/ \sigma$$

利润差异变为

$$f(t, a_d, \theta_m) = \Delta\pi(a_d) = a_d^{1-\sigma} \left[\frac{(1-\phi+\phi\theta_m t)E_1}{K_1 + \phi K_2 - K_1 a_d^{\chi}(1-\phi)} - \frac{(1-\phi-\theta_m t)E_2}{K_1 \phi + K_2 + K_1 a_d^{\chi}(1-\phi)} \right] \Big/ \sigma$$

考虑到均衡时满足：

$$\left[1-(1-\theta_m t)\phi \right] \frac{E_1}{P_1^{1-\sigma}} = \frac{E_2}{P_2^{1-\sigma}}(1-\theta_m t-\phi)$$

因此有 $1-\theta_m t-\phi>0$，从而有 $f(t, a_d, \theta_m)/da_d<0$，即小于临界值的企业都从市场规模较大的区域向外迁移，而一旦过了该临界值，企业将更倾向于留在区域 $i=2$ 内。为逃避较高的税率，$[0, a_d]$ 区间的企业从区域 $i=2$ 中迁出，$\Delta\pi(a_d)>0$。同时，$f(t, a_d, \theta_m)/d\theta_m>0$，说明一般商品份额越高，迁移前后利润变化越大，当 $\theta_m=0$ 时，此时生产成本位于 $[0, a_t]$ 区间内的企业集聚在区域 $i=2$。在生产效率分布不变的情况下，随着一般商品份额 θ_m 增大，$f(t, a_d, \theta_m)>0$，即原生产成本临界点向市场规模较小的区域 $i=1$ 迁移，使得贫困地区平均生产率上升，两区域平均生产效率上升；当特殊商品生产份额增大时，$f(t, a_d, \theta_m)<0$，原生产成本临界点向市场规模较大的区域 $i=1$ 迁移，以充分利用本地市场效应，从而使得贫困地区平均生产率下降，两区域生产效率差异加剧。因此有推论2：

推论2　企业生产一般商品份额越高，越会激励企业向市场规模较小的区域流动；特殊商品份额越高，越会激励企业向市场规模较大的区域流动。

推论2说明内陆地区可以通过降低税率吸引企业入驻，提高区域平均生产效率，还可以吸引一般商品份额较高的高端制造企业；沿海发达地区（市场规模较大）提高税率会导致企业迁出，且最先迁出的是生产效率较高、一般商品份额

较高的企业，留下来的是特殊商品份额较大、生产成本较高的企业。

接着求出具体临界值。考虑到 $E_1/E_2=K_1/K_2=\delta/(1-\delta)$，有

$$P_1^{1-\sigma}=\left(\frac{\sigma}{\sigma-1}\right)^{1-\sigma}\cdot\left[K_1(1-a_d^x)+\phi K_2+\phi K_1 a_d^x\right]$$

$$P_2^{1-\sigma}=\left(\frac{\sigma}{\sigma-1}\right)^{1-\sigma}\cdot\left[K_2+K_1 a_d^x+\phi K_1(1-a_d^x)\right]$$

从而可求得 a_d^x 为

$$a_d^x=\frac{(1-\theta_m t)\left[\delta(1-\phi)(1-\delta-\phi\delta)+\phi\right]-\delta(1+\phi-\delta)-\phi^2(1-\delta)^2}{(1-\phi)\delta\left[\delta+\phi+\phi\delta+(1-\theta_m t)(\phi\delta-\delta+1)\right]}$$

可以发现，当区域 $i=2$ 增加税率，a_d^x 变大，从市场较大的区域迁出的企业比率 $[0,a_d^x]$ 增加，且当企业一般商品比例 θ_m 增加，a_d^x 也变大，再次说明税率和一般商品比例的增加会使得企业倾向于选择税率较低的区域，即市场规模较小的区域。

为改变这种企业外迁的趋势，区域 $i=2$ 开始对企业减免税收，由于外迁的企业为生产效率较高、一般商品份额较高的企业，因此，政府减免税收也主要是为了挽回这部分企业。此时，对企业而言，只有迁移能带来利润才会迁移，迁移前后的利润差为

$$\pi_1-\pi_2(D)=\pi_1-\pi_2+(\theta_m\pi_2-D)t$$

假定当 $a\geq a_p$ 时，$\theta_m\pi_2\leq D$，税额减免使得企业免于缴税，企业区位决策和无税收情况或两区域税率相等情形下决策一致，将集聚在市场规模更大的区域。可知，当市场规模较大的区域开始征税后，最先逃离的企业是生产效率较高和一般商品比率较高的企业，而当该区域采取税收优惠政策时，最先回归的一部分企业是生产效率较低的企业。临界条件为：$\theta_m\pi_2=D$，此时有

$$\theta_m a_p^{1-\sigma}\cdot\left(\frac{\phi E_1}{K_1(1-a_d^x)+\phi K_2+\phi K_1 a_d^x}+\frac{E_2}{K_2+K_1 a_d^x+\phi K_1(1-a_d^x)}\right)\Big/\sigma=D$$

即在税收减免政策下，区域 $i=2$ 仅对生产成本位于 $[0,a_p]$ 区间内企业征税。此时，利润差异可以表示为

$$G(D,t,a_L,\theta_m)=\pi_1-(1-\theta_m t)\pi_2-Dt$$

要使得企业重新回迁的条件是 $G(D,t,a_L,\theta_m)<0$，易知临界条件为

$$G(D,t,a_L,\theta_m)=0$$

$$G(D,t,a_L,\theta_m)=a_L^{1-\sigma}\left\{\frac{(1-\phi+\phi\theta_m t)E_1}{K_1+\phi K_2-K_1 a_L^x(1-\phi)}-\frac{(1-\phi-\theta_m t)E_2}{K_1\phi+K_2+K_1 a_L^x(1-\phi)}\right\}\Big/\sigma-Dt$$

由上可知 a_L 的解并不唯一，为进一步考察产业分布与税率、减免税额以及一般商品份额的影响，可先对 $\mathrm{d}G(D, t, a_L, \theta_m)$ 求全微分，再分别考察 $\mathrm{d}a_L/\mathrm{d}t$、$\mathrm{d}a_L/\mathrm{d}D$、$\mathrm{d}a_L/\mathrm{d}\theta_m$。

全微分后可得

$$a_L^{-\sigma}\{(1-\sigma)[H(1-\phi+\phi\theta_m t)-H^*(1-\phi-\theta_m t)]+a_L[(1-\phi+\phi\theta_m t)\cdot \mathrm{d}H/\mathrm{d}a_L-(1-\phi-\theta_m t)\cdot \mathrm{d}H^*/\mathrm{d}a_L]\}\mathrm{d}a_L+[a_L^{1-\sigma}\theta_m(\phi H+H^*)-D]\mathrm{d}t+[a_L^{1-\sigma}t(\phi H+H^*)]\mathrm{d}\theta_m-t\mathrm{d}D=0$$

$$H\equiv\frac{E_1/\sigma}{K_1+\phi K_2-K_1 a_L^\chi(1-\phi)}, \quad H^*\equiv\frac{E_2/\sigma}{K_1\phi+K_2+K_1 a_L^\chi(1-\phi)}$$

易知，

$$\frac{\mathrm{d}H}{\mathrm{d}a_L}>0, \quad \frac{\mathrm{d}H^*}{\mathrm{d}a_L}<0$$

在 $1-\phi-\theta_m t>0$ 的情况下，$\mathrm{d}a_L$ 系数为负，$\mathrm{d}t$ 系数为正[①]，$\mathrm{d}D$ 系数为负，$\mathrm{d}\theta_m$ 系数为正。因此有

$$\frac{\mathrm{d}a_L}{\mathrm{d}t}>1, \quad \frac{\mathrm{d}a_L}{\mathrm{d}D}<1, \quad \frac{\mathrm{d}a_L}{\mathrm{d}\theta_m}>1$$

这意味着，提高边际税率将导致企业为逃避税收而迁入市场较小的区域，即 a_L 增大，如发达地区提高税率，首先逃离的企业是生产效率较高的企业，且税率越高，逃离的企业越多；为企业减免税额将有效降低税率，有利于更多生产效率较高的企业回迁到发达地区；一般商品生产份额的提高将使得生产效率较高的企业为了避税而迁入市场规模较小的区域，而当发达地区对企业实行税收减免政策后，随着一般商品份额增加，回迁企业越多，且最先回迁的是生产效率较高的企业。

三、结论及启示

上节根据异质性企业的选择机制，在 Baldwin 和 Okubo（2006）的基础上进行拓展，探讨了税率、特殊商品份额等对企业重新选择区位的影响，模型中假定的异质性企业是根据可变成本进行划分的企业，因此，税率和特殊商品份额本质上就是通过影响这一部分可变成本的流动来影响企业流动规模及方向，并

---

① 由于享受补贴并缴税的企业满足 $\theta_m\pi_2>D$ 条件，故系数为正。

得到以下结论和启示：

第一，区域间税收竞争将使得不同生产率和不同特殊商品生产份额的企业重新选择区位。基础模型显示，在无税收的情况下，生产效率较高的企业先向市场规模较大区域(如沿海发达地区)迁移，而生产效率较低的企业则留在市场规模较小、竞争程度较为缓和的区域(如中西部地区)。为了增加税收，发达地区将提高税率，使生产效率较高和特殊商品份额较少的企业率先从发达地区向内陆城市迁移，而对于特殊商品份额较高、生产效率相对较低的企业，则留在发达地区。税收减免政策有利于吸引企业重新回到发达地区，然而，区域间贸易成本的下降，将加快企业迁移进程。

第二，模型对现实的启示是：内陆地区可以通过税收优惠来吸引企业入驻，相比发达地区较为优惠的税收政策有利于吸引生产效率较高的企业，从而提高内陆地区平均生产效率；贸易成本下降将加大迁移进程，使得在无税收或两区域税率相等的情况下，更多企业将到发达地区以享受本地市场效应，因此，内陆地区对企业进行适当的保护在一定程度上有利于防止企业外迁，待区域内企业生产效率增加到一定程度后再开放贸易；发达地区通过税收减免吸引企业回迁，首先回流的是生产效率较高的企业，特殊商品份额较高的企业倾向于在发达地区定位，以寻求更大的需求市场和集聚效应。

我国虽然没有专门的直接针对高端制造企业的税收优惠政策，但各地区为了鼓励高端制造业发展，往往通过其他方式为高端装备制造企业提供税收优惠，如将高端制造企业纳入中小型企业、高科技企业、高科技园区等税收优惠企业类型中，变相实现了对高端装备制造企业的税收优惠。尽管内陆地区的税收优惠政策有利于吸引企业，但在税收竞争背景下，沿海发达地区对高端装备制造企业进行税收减免将再次吸引高效率企业和特殊商品份额较高的企业回迁，导致生产效率较低、竞争力较弱的企业，且企业一般商品份额较高的长期留在内陆地区，不利于地区生产效率的提升和区域协调发展。

第二节 政府补贴与高端制造业集聚

各地方政府纷纷推出补贴政策，大力推动高端制造业发展，对从事两用经济活动的企业给予补贴。那么，这些区域性的补贴政策会给高端制造企业在进行区位定位方面带来何种影响？对于促进本区域内高端制造业的发展又有何种影响？这在本质上可以分解为两个问题：一是对现有高端制造企业重新定位的影响，二是对本区域新进入的两用生产领域企业的影响。本节拟从理论模型和经验数据两方面来讨论政策补贴对高端制造业集聚的影响。

一、区域补贴与产业集聚

目前专门针对高端制造业集聚的区域补贴影响的研究较少，考虑到一般产业集聚的研究，有助于把握政府补贴影响高端制造业集聚的一般机制，因此，本节首先讨论区域补贴对一般产业空间分布影响。

一般而言，政府补贴不会直接影响地区经济地理布局，而是通过财政补贴、税收减免等方式直接或间接地影响企业要素生产成本或生产成本变动，进而影响企业区位再定位决策（Azariadis and Stachurski，2005），这就导致产业集聚及其空间布局不再是纯粹的市场过程，也使高端制造业集聚及其空间分布变得更加复杂。国内外文献均表明，政府补贴对企业选址和经济地理布局存在显著影响，但影响机制和影响程度有所不同。在同质性企业的假定条件下，政府补贴主要影响产业集聚规模，且在促进产业内集聚方面效果更为显著（Devereux et al.，2007）。更多学者将企业异质性引入新经济地理学分析框架中，发现选择效应和分类效应的存在使得政府补贴对异质性企业的影响具有差异化。Dupont 和 Martin（2006）认为，选择效应使欠发达地区的政府补贴可以吸引更多企业，但其主要吸引的是规模较小的企业，实际上反而会导致欠发达地区失业率加大和贫穷加剧。

因此，政府补贴主要在规模和结构两方面影响产业空间分布：一方面，中心地区政府补贴使企业生产成本下降，吸引企业迁入，从而扩大中心地区产业集聚规模；另一方面，不同生产成本的企业对政府补贴的敏感程度不同，由政府补贴带来的企业选择机制使区域产业集聚区内企业构成不同，当中心城市补贴大于边缘城市时，生产成本较高的企业将继续留在中心地区，边缘区域的低生产成本企业也会向中心地区迁移，从而使区域间平均生产效率差距缩小、区域内企业结构趋同（梁琦等，2012；Okubo and Tomiura，2010，2012）。政府补贴在区域空间功能分工的不同阶段对产业空间分布的影响呈差异化（赵勇和魏后凯，2015）。梁琦等（2012）基于异质性企业理论的新经济地理学分析框架，从理论上分析了区域补贴政策对异质性企业重新定位选择的影响，及其导致地区间生产率差距的微观机理。赵勇和魏后凯(2015)基于城市群空间功能分工视角,从理论和实证两方面综合分析了政府补贴的"支出效应"与"空间效应"对服务业企业区位的影响。

政府补贴方式和补贴类型对企业选址的影响各不相同。按照补贴发放的方式,可以将与企业区位再定位相关的政府补贴分为两类:第一类是对企业区位再定位一次性给予补贴,即固定规模补贴,该补贴与企业类型无关;第二类是按照企业生产规模、产出或其他对地方经济贡献指标给予补贴,该类型补贴规模与企业规模直接相关。由于固定规模补贴不区分企业类型,而企业在区位再定位过程中会自动产生分类和选择效应,使得生产效率较低的企业最先从市场规模较大的区域向市场规模较小的区域迁移,从而加大区域间平均生产效率差距。比例型补贴则对生产效率高的企业有更大激励,更有利于市场规模较小区域企业平均生产率的提高。一般认为,政府补贴的主要目的是促进企业创新,以改善 R&D 活动的市场失灵,提高社会福利(Spence,1984),政府对知识密集型企业的补贴可能产生挤出效应、替代效应和激励效应(David et al.,2000;Gonzalez and Pazo,2008;白俊红、李婧,2011)。Bracco(2014)在新经济地理学分析框架中考察补贴对流动性企业的影响,认为对研发部门的补贴有利于提高均衡时两区域企业增长率,从而提高区域整体福利水平,但并没有深入讨论补贴将对企业分布尤其是区位再定位产生何种影响。赵凯(2016)则将知识密集型企业引入新经济地理学分析框架,基于自由资本模型的研究而发现的政府R&D 研发补贴使企业从发达地区向欠发达地区转移,从而导致发达地区产业空间集聚度降低。Forslid 和 Midelfart(2005)研究上下游企业集聚的产业政策发现,开放条件下政府应优先补贴上游部门并对下游部门征税,因为这样可以将税收负担转移给国外消费者,但政府应谨慎选择下游企业税率。然而,地区间为了争夺产业资源可能会展开补贴竞争,陆国庆等(2014)针对战略性新兴产业的补贴政策能提高区域内企业利润,并导致其他区域企业利润下降,因而很容易形成过度补贴竞争。Borck 等(2012)基于核心—边缘模型,分析了大、小地区补贴政策对企业区位再定位的影响,认为当政府更重视劳动力时,作为核心地区的小地区需要支付较高补贴以防止企业外流,而当劳动力与资本同等重要时,补贴竞争将使企业再定位,导致企业最终在大地区集中。

综上,尽管政府补贴只是间接地影响企业区位定位,但它无疑在企业区位决策中扮演重要角色,然而,异质性企业对政府补贴的敏感程度不同。学者对企业异质性的研究视角不同,较为常见的是把生产成本(劳动力可变成本)作为区分依据，但也有将研发成本、企业所属行业类别作为区分依据的。

二、区域补贴与高端制造业集聚

国内外学者在研究中意识到，政府政策和其他因素对产业集聚的影响可能会因企业的异质性而产生完全不同的效果，这就意味着在关注产业集聚时必须考虑企业异质性，也为本书区分政府补贴与高端制造业集聚与一般产业集聚的关系提供了依据。

高端制造业一般为垄断竞争的资本密集型产业，其技术含量相对较高，且需在一般产业经济活动的基础上增加两用技术转换研发等环节。从新经济地理学角度来看，短期内的区域内资源会相对固定，转型经济活动都是在现有资本和劳动力基础上产品种类的增加。根据 D-S 模型的假设，在消费者多样化偏好情况下每个垄断竞争企业只生产一种类型的产品，两用产品种类增加，意味着企业数量和资本的增加，这导致了新增资本和区域累积资本的增加，区域内产业集聚规模扩大。然而，不是所有新增资本都会留在当地，新增资本（企业）可以在区域间流动，也就是面临区域定位问题：继续留在原区域，还是迁移到新的区域。对应的现实情况是，由原纯特殊商品企业经两用技术转换后开发一般商品（新产品），为生产新产品需成立相应生产部门，该生产部门为资本密集型部门，可以作为现有企业的一般商品生产部，或作为独立企业，不论哪种情况都是新增资本。若新增一般商品生产部门和独立企业仍然留在原区域，说明区域内资本增加；若该新增资本因为市场因素或生产成本等原因迁移到其他区域，将导致产业空间变化，但不论是留在当地还是迁移到其他区域，该公司生产经营活动所产生的利润仍然属于原公司。同样的分析对于一般商品企业也适合。

可以发现，对于高端制造业集聚的微观机制而言，实际上分为两个独立的层面：新产品开发和新产品生产，两个层面对高端制造业空间布局的影响不同。新产品开发层面，实际上是资本创造过程，投入要素主要为人力投入，即劳动力投入，产品为知识资本或专利，相对于物质资本而言，这部分资本可以视为能在区域内无成本流动而无须运输成本，且具有知识溢出效应，能有效降低邻近企业资本创造成本；资本创造过程是在原企业完成，即资本创造部门的分布与企业初始分布直接相关联。新产品生产层面，投入要素为资本与劳动力，满足自由资本模型（FC 模型）中关于制造业部门的假定。与之相关联的，针对新产品开发的补贴与新产品生产的补贴可能会带来不同的产业空间效果。

下面将考察两区域内存在三个部门的产业空间结构受不同类型政府补贴影响的变动。经济系统构成见图5.1。边缘区政府对新品研发活动进行补贴，即对资本创造部门补贴，补贴将使得资本创造部门生产单位资本所需劳动力数量减少，因此资本价格下降。我们考察的重点是新企业区位定位问题，考虑到边缘区新企业利润函数为：

$$\pi_i = \lambda p_i q_{11} + (1-\lambda)\tau p_i q_{12}{}^* - (k+a_i w)q_i; \qquad p_i = a_i$$

式中：λ 为边缘区劳动力份额（资本份额）；p_i 为两用产品价格；q_{11} 为在本地销售的产品规模；$q_{12}{}^*$ 为销售到核心区的产品规模。q_i 为两用产品产量，易知，均衡时企业产量与消费者需求量相等，用 P 作为边缘区两用产品价格指数，E 作为边缘区两用产品支出，有

$$q_i = p_i{}^{-\sigma} \cdot \left(\frac{E}{P^{1-\sigma}} + \phi \frac{E^*}{P^{*\,1-\sigma}} \right) \bigg/ \sigma$$

$$P = \int_i^K p_i{}^{1-\sigma} \mathrm{d}i, \ P^* = \int_i^{K^*} p_i{}^{1-\sigma} \mathrm{d}i, \ \phi \equiv \tau^{1-\sigma} \in [0, 1]$$

a_i 为生产一单位产品所需劳动力，满足帕累托分布，且受经济系统总资本影响，两者关系为

$$a_i = 1/\varphi(K+K^*) \cdot \left(\frac{a}{a_0}\right)^{\rho}, \ \rho \geqslant 1 \equiv a_0 \geqslant a \geqslant 0; \qquad (0 \leqslant \varphi \leqslant 1)$$

K、K^* 分别为边缘区域核心区资本，$K \leqslant K^*$，此处的 ϕ 可理解为资本集聚的外部性，即知识溢出效应。w 为劳动力工资，标准化为1，$k(K、K^*)$ 为企业使用固定资本价格，是政府研发补贴的函数，由于假定每个企业需使用一单位固定资本，因此 k 为资本价格。且同样由 $k(K、K^*) = 1/(\varphi K+K^*)$ 决定。可计算价格指数为

$$P^{1-\sigma} = \left[\frac{\sigma}{(\sigma-1)\varphi(K+K^*)} \right]^{1-\sigma} \cdot \eta(K+\phi K^*)$$

$$P^{*\,1-\sigma} = \left[\frac{\sigma}{(\sigma-1)\varphi(K+K^*)} \right]^{1-\sigma} \cdot \eta(\phi K+K^*)$$

$$\eta \equiv \rho/(1-\sigma+\rho) > 0$$

新企业迁入核心区的预期利润为

$$\pi_i^* = (1-\lambda)p_i q_{22} + \lambda\tau p_i q_{21}^* - (k+a_i w)q_i^*$$

因此，收益差异为

$$\Delta\pi_i = \frac{a_i^{1-\sigma}(1-\phi)}{\sigma\left[\varphi(K+K^*)\right]^{\sigma-1}} \cdot \left[\frac{E}{\eta(K+\phi K^*)} - \frac{E^*}{\eta(\phi K+K^*)}\right]$$

短期内资本分布不变，$\Delta\pi_i$并不受政府补贴 s 影响，说明政府研发补贴对企业预期收益损失并无影响，高端装备制造企业在政府研发补贴前后的区位决策不会发生变化。而根据 Okubo 和 Tomiura（2006）与异质性企业对企业定位带来的选择效应和分类效应可知，生产效率较高的企业选择定位在核心区，而生产效率较低的企业定位在边缘区。因此，尽管针对研发的政府补贴并不改变企业区位决策，但能有效提高边缘区生产效率。

长期来看，如果边缘地区相对于核心区持续对研发进行补贴，经济系统总资本增加，由于新增资本与新企业分布一致，边缘区资本生产效率提升并不意味着边缘区资本存量按比例增加。若两区域资本均按 g 增加，则 $\Delta\pi_i$ 按 g^{-1} 减小，两区域收益差异缩小，企业从边缘区迁出的动力下降，意味着越来越多的高效率企业留在边缘区，使得边缘区生产效率提高。同时，随着边缘区企业数量的增加，意味着新增资本相对核心区增加，进一步降低资本创造成本，从而形成循环累积效应，使得核心区向原边缘区转移（见图5.1）。

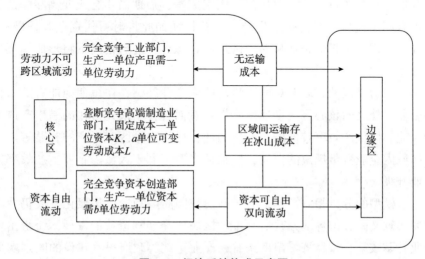

图5.1　经济系统构成示意图

接下来考虑针对新产品生产的补贴。将边缘区政府对区域内所有企业的单位产出进行补贴，每单位产出补贴 d，那么边缘区企业利润函数变为

$$\pi_i = \lambda(p_i+d)q_{11} + (1-\lambda)\tau(p_i+d)q_{12}{}^* - (k+a_iw)q_i$$

核心区企业无补贴，利润函数不变，从而有

$$\Delta\pi(d) = \frac{a_i{}^{1-\sigma}}{\sigma\eta\left[\varphi(K+K^*)\right]^{\sigma-1}} \cdot \left[(1-\phi)\cdot\left(\frac{E}{K+\phi K^*} - \frac{E^*}{\phi K+K^*}\right) - \frac{d}{a_i}\left(\frac{E}{K+\phi K^*} + \frac{\phi E^*}{\phi K+K^*}\right)\right]$$

可见，补贴的存在使得 $\Delta\pi(d)$ 变小，当补贴足够大时，可能有 $\Delta\pi(d)<0$，意味着边缘区对企业生产提供补贴有利于留住企业，且在一定程度还可能从核心区吸引企业入驻。同时，$\Delta\pi(d)/da_i<0$，即随着 a_i 增大而变小，可知，在一定补贴水平下，最先被留下来的是生产成本较高的企业。因此，尽管边缘区对企业生产进行补贴能吸引部分企业，但不利于区域整体生产效率的提升。

三、结论及启示

上节描述了一个简单的两区域三部门包含企业异质性的新经济地理学模型，根据模型理论分析，可得出以下结论和启示。

第一，边缘区地方政府对两用活动的研发补贴，有利于降低资本生产成本，从而降低高端制造业垄断竞争部门的固定成本，短期内不会改变高端制造业布局，但有利于提高区域内企业生产效率；长期如此将对留住企业起积极作用，还将在一定程度上吸引企业从核心区迁入边缘区，理想情况下将形成循环累积效应，使得原边缘区成为企业集聚中心。

第二，边缘区地方政府对两用活动的生产性补贴，在短期内能有效留住区域内企业，使之向核心区流动速度变慢；然而，补贴最先留住的是生产成本较高的企业，即生产效率较低的企业。因此，尽管边缘区对生产的补贴短期内有利于区域内企业数量规模的保持，但长期来看不利于区域内企业生产效率提高和产业升级。

上节模型的分析相对简单，但对推动我国高端制造业集聚化发展仍然具有一定现实意义。我国各地方政府为推动区域内高端制造业的发展，纷纷出台相关产业补贴政策。从经济学角度来看，产业基地等政府投资建设的园区实质上是一种政府补贴形式，主要是对制造企业的补贴，即对企业生产过程的补贴。

从上节模型分析来看，这种形式的补贴在短期内可以吸引一定数量的企业进入园区，但最先进入的往往是生产效率较低的一批企业，因为生产效率较高的企业会优先选择发达区域以享受集聚租，且容易出现补贴过度，企业依赖补贴使"集聚租"实际上成了"政策租"，不利于企业健康发展和产业集聚化持续发展。另外，对企业预研项目的支持、对取得"四证"企业的一次性奖励等，实际上都是对企业的研发补贴。在本书看来，这种形式的补贴实际上降低了企业研发成本，有利于提高区域生产效率，长期还可能推动产业空间布局的核心区与边缘区逆转，是较为合理的政策。

第三节　区域政策的持续性与连续性

在研究产业和经济发展的过程中，总会遇到一个问题：为什么某些产业会在特定区域集聚？在这些产业集聚的动态演化过程中，到底是外部性起主导作用还是历史性因素起主导作用？与传统区位理论依赖用经济性因素解释空间区位的研究路径不同，新经济地理学关注到区位决策背后的必然性因素，那就是对历史性事件的关注。本节将首先探讨历史性事件影响产业集聚的内在机制，接着关注在高端制造业集聚过程中这种历史性因素所扮演的角色。

一、历史性因素与产业集聚

简单来说，历史性偶然性因素决定经济活动发展的初始条件，而初始条件的不同可能对区域之后的经济发展带来一定影响。最早注意到历史性偶然性因素对产业空间布局可能起着关键作用的经济学家是马歇尔。马歇尔（1919）曾指出，存在地理和历史性因素使得经济活动集中在特定区域，这个历史性因素就是在特定区域的偶然地方化（accidental localization），即初始条件在经济活动均衡结构中扮演重要角色。Myrdal（1957）认为初始条件的差异会随着时间推移而扩大，而 David（1985）进一步指出在历史性偶然性因素决定长期均衡结果过程中存在技术锁定效应。克鲁格曼（1991）在讨论多重均衡时指出，历史性偶然性因素对均衡空间结构起着关键作用，并以达尔顿地毯业专业化形成的实例作为证据。历史性偶然性因素也是意大利梭罗地区成为全世界瓷砖业制造中心的重要原因(Porter，1997)。但一直到 Krugman(1991)将历史性偶然性因素模型化，并比较了历史和预期因素在何种情况对产业空间区位占主导作用，认为历史和预期的相对重要性主要取决于调整成本，且形成集聚中心还要依靠累积循环的自我实现机制。Ottaviano(1999)通过一个两地区两部门一般均衡模型研究发现，降低贸易成本会削弱因为历史性因素产生的锁定效应，因而使预期的作用增加。Fracisco 等(2009)对西班牙在整个 20 世纪的经验分析表明，人口集聚和城市分布与历史性因素高度关联。

然而，也有研究表明历史性偶然性因素并没有新经济地理学理论中强调的那么重要的作用，因为企业随时可以根据预期收益和成本调整区位，现实中产业布局流动性非常强(Holmes，1999；Barrios et al.，2005；Dumais et al.，2002)。Fan 和 Zou(2015)对我国三线建设长期经济效应的研究，虽然表明了历史初始条件对地方后续经济发展有显著影响，但也列举了不少反例。如根据1965 年公布的规划，第二汽车制造厂(The Second Auto Works)的选址最初并不在十堰，而是在十堰以南 500 公里的湘西。两者具有相似的地形、坡度、海拔、距海岸距离等地理要素，并且人口和经济基础都非常薄弱。但是经过十年的三线建设投资，十堰的城镇化、工业化和经济发展水平都远远领先于湘西，并且这一优势仍然存在，表明历史性产业投资并没有起到决定性作用。李小建等(2000)详细描述了偶然性因素对河南虞城县稍岗乡南岗村钢卷尺产业的兴起和发展所起的关键作用，但同时也认为，能不能将这种偶然性因素扩大到形成产业集聚还要依赖区域的自然禀赋和路径依赖机制。

应该承认，新经济地理学理论提出历史性偶然性因素在最终形成均衡结构过程中所起的关键作用，并将其模型化是具有开创性的，但经验分析表明，这种历史性偶然性因素的影响其实非常有限。从理论上来说，历史性偶然性因素只是为产业集聚提供了一种可能性，而这种可能性能不能在当地持续发酵形成产业集聚还有待验证。同时，历史的集聚中心在发展过程中虽然面临中心转移等的风险，但由于存在锁定效应(lock-in effect)或路径依赖，企业是否从集聚区中迁出要取决于调整成本，即取决于对未来的预期。

二、区域政策惯性与高端制造业集聚

由历史性偶然性因素形成高端制造业集聚在国内外的案例比比皆是，如美国硅谷和 128 公路的形成就是在一定历史性因素影响下形成的。在我国，高端制造业集聚多以大型军工企业为核心，这本身就暗示了一种军工企业对高端制造业集聚中心的"锁定效应"或路径依赖，而军工产业布局主要由政府政策决定。因此，影响我国高端制造业集聚的历史性因素主要为历史性政策，而在较长时期考察这种历史性因素对高端制造业空间分布的影响，实际上表现为区域政策作用的持续性。追根溯源，中华人民共和国成立以来对高端制造业布局影响最大的发生在 20 世纪 60 年代。为更清晰地观察政策作用下形成的产业带或集聚区对当前我国高端制造业空间分布的影响，本书基于 Krugman（1999）和 FE 模型构建一个两区域两部门模型。

（一）一般稳定均衡情形

假定存在内陆区域 I 和沿海区域 C，每个区域都有两个部门：高科技产业（M）和一般产业（C）。这种假定与我国现实是大体相符的，出于安全和其他因素考虑，尤其是 20 世纪 60 年代的具体国情，我国大量高科技企业布局在内陆三线区域。而 80 年代以来的调迁、企业改制、企业转型等的发展，在一定程度上允许和鼓励劳动力和资本的跨区域、跨部门流动。与 Krugman（1999）不同，本书假定资本和劳动力都是流动的，且劳动力和资本都是朝要素实际报酬率较高的区域流动。劳动力分为低技术劳动力和高技术劳动力，高技术劳动力本身就是企业资本。民用部门雇佣低技术劳动力，为完全竞争部门；高科技产业雇佣高技术劳动力，为垄断竞争部门。每个高科技企业生产一种产品，成本函数由固定成本为一单位的高技术劳动力和可变成本为每单位产出需要 a_m 个单位劳动力构成。与 FE 模型不同的是，低技术劳动力可以向高技术劳动力转化，但受保密性质、政府限制、培训成本、技术转化成本等因素影响，只有一部分可以实现跨部门流动，而高技术劳动力可以百分之百转化为低技术劳动力。由于假定高科技企业只有高技术劳动力为固定成本，因此，企业利润即为高技术劳动的收入。

我们将分别考察劳动力从内陆迁移到沿海区域的预期收益和成本，其中，成本是一次性的，而预期收益是对未来收益的折现。对决定迁移的企业或者高技术水平的劳动力来说，因迁移而产生的成本与迁移速度和迁移数量相关，可定义为

$$c_h = \frac{1}{2}\dot{e}^2/\gamma; \qquad e = H_1 - H_x$$

γ 为经济调整速度，经济调整速度越快，迁移所承受的成本就越小。e 为高技术工人迁移量。

迁移的预期额外收益现值为：

$$q_h(t) = \int_t^\infty \left[w_c(T) - w_I(T) \right] \cdot \mathrm{e}^{-r(T-t)} \mathrm{d}t, \qquad w_c - w_I = \mu \, \mathrm{e}$$

式中：w_c 和 w_I 分别为沿海和内陆的实际工资率；r 为贴现率；μ 为集聚经济效应指数。

只有在额外收益大于边际成本的情况下，高技术劳动力才会向沿海迁移，从而有

$$\mathrm{d}q_h(t)/\mathrm{d}\mathrm{e} = rq_h(t) - \mu \, \mathrm{e}, \qquad \mathrm{d}c_h/\mathrm{d}\mathrm{e} = \dot{\mathrm{e}}/\gamma = q_h(t)$$

$q_h(t)$ 二阶可导，有

$$q_h''(t) = r \, q_h'(t) - \mu \, \dot{\mathrm{e}}$$

求解上述二次常微分方程，其特征方程为

$$\lambda^2 - r\lambda + \mu\gamma = 0$$

特征根为

$$r_{1,2} = \frac{r \pm \sqrt{r^2 - 4\mu\gamma}}{2}$$

下面将根据微分方程稳定性原理，讨论稳定均衡时劳动力迁移决策和集聚中心的转移情况。

(1)当 $r^2 - 4\mu\gamma > 0$ 时，此时，系统有两个正的实根（$r_1 \neq r_2 > 0$），通解为 $\mathrm{e} = c_1 \mathrm{e}^{r_1 t} + c_2 \mathrm{e}^{r_2 t}$；$q = c_1{}^* \mathrm{e}^{r_1 t} + c_2{}^* \mathrm{e}^{r_2 t}$，此时，初始状态的点（$\mathrm{e}$，$q_h$）是不稳定点，系统演化成 S 形。如图 5.2 所示，劳动力从初始点（$\mathrm{e} = 0$，$q_h = 0$）向外发散，若预期沿海工资要低于内陆，且初始条件下内陆工资要高于沿海，高技术劳动力向内陆迁移，这种趋势随着时间推移不断放大，高技术劳动力继续在内陆集聚。

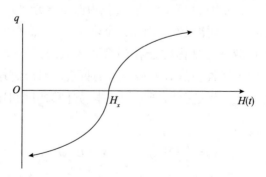

图 5.2　历史性因素与劳动力长期均衡

（2）当 $r^2 - 4\mu\gamma < 0$ 时，此时，系统有两个带实部的复根，通解为：$\Theta = e^{\rho t}(c_1\cos\beta t + c_2\sin\beta t)$；$q = e^{\rho t}(c_1{}^*\cos\beta t + c_2{}^*\sin\beta t)$，当 $\rho = 0$ 时，Θ 和 q 是三角函数的线性函数，为周期性封闭曲线。在本书中，根的实部 $\rho = r/2$，只要贴现率不为零，ρ 就为正，此时两条互锁的螺线，分别从初始点出发向外发散，发散路径唯一且不会交叉（如图 5.3 所示），直到均衡稳定点。

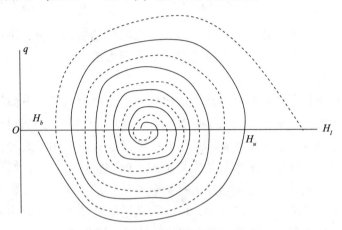

图 5.3 预期占主导作用的长期均衡

（二）给定初始条件的不同情形分析

在给定初始条件下，初始点为不稳定点。两条螺线与 $q = 0$ 均有数次相交，由交点最大值形成的闭区间 $[H_b, H_u]$，该区间即 Krugman（1999）所定义的重叠区。在重叠区的任意一点出发，都可以沿着螺线路径最终达到两个均衡点之一（在内陆或沿海集聚），这意味着该区间内预期占主导作用。如果初始劳动力分布落在该重叠区，那么最后的均衡结构充满偶然性，因为每个高技术劳动力对未来预期收益是离散的。因此，即使在初始条件下高技术劳动力主要集聚在内陆城市，但如果预期区域沿海城市工资上升，高技术劳动力将向沿海城市转移。

至此，我们的讨论仍然局限在跨区域的高技术劳动力范围内，也就是说，高技术劳动力的总量不变。现在引入低技术水平工人转化为高技术水平工人的情形，为简化分析，设每个低水平转化需支付的成本为

$$LC = (\bar{H} - H)^2 / 2\xi; \qquad H < \bar{H}$$

ξ 为市场一体化程度，H 为区域内现有高技术水平劳动力，$\bar{H}$ 为均衡时区域内高技术劳动力。ξ 越大，转化成本就越小，高技术水平劳动力缺口就越大，

转化成本也越少；而高技术水平劳动力超过均衡数量时，因为价格机制的作用，该数量将很快下滑，低技能水平劳动力将不会选择进入高技术水平劳动部门，故不考虑。

同高技术水平劳动力类似，低技术水平的预期收益现值为

$$q_h(t) = \int_t^\infty [w_H(T) - w_L(T)] \cdot \mathrm{e}^{-r(T-t)}\mathrm{d}t, \qquad w_H - w_L = \mu f(H)$$

当收益与边际成本相等时，区域内跨部门的流动实现均衡，决定均衡结构的关键值是$r^2-4\mu\xi$。相关推导与高技术水平劳动力跨区域推导类似，此处不再重复操作。

假定初始条件下，内陆高科技企业比例要高于沿海地区，下面将结合高技术水平劳动力的跨区域转移与低技术水平劳动力的转化情况分别进行分析。

（1）若$r^2>4\mu\gamma$，不存在重叠区，历史性因素起决定作用。此时，贴现率较高，则迁移到沿海区域的未来收益大打折扣，或调整速度较慢，如某些大的工程一旦从内陆迁到沿海，可能需要大批资金重建厂房。此时，初始条件将被放大，高技术水平劳动力在内陆集中，但内陆新增的高技术水平劳动力可能来源于两部分：本区域低技术水平劳动力转化和沿海区域劳动力迁移。

当内陆和沿海的市场一体化程度较低，且都比调整速度更慢（$\gamma>\xi_I$，$\gamma>\xi_C$）时，此时$r^2>4\mu\xi$，区域内部劳动力分布仍然受历史的路径依赖，即部门之间没有劳动力转化；当$\xi_I<\gamma<\xi_C$，当沿海地区市场一体化程度大到一定程度时，有$4\mu\xi_I<r^2<4\mu\xi_C$，此时，内陆地区劳动力分布受历史初始条件影响，劳动力没有跨部门流动，沿海地区劳动力分布比较复杂，若初始劳动力分布落在重叠区，那么预期将起主要作用，低技术水平劳动力向高技术水平劳动力转化，但由于$r^2>4\mu\gamma$，高技术水平劳动力受历史性因素影响将向内陆区域流动；若初始劳动力分布没有落在重叠区，那么历史性因素仍将起主导作用，沿海地区和内陆地区都没有部门间劳动力转化，内陆新增高技术水平劳动力全部为沿海地区劳动力迁入而来。同样地，当$\xi_C<\gamma<\xi_I$时，若$4\mu\xi_C<r^2<4\mu\xi_I$，则沿海地区劳动力分布受历史初始条件影响，劳动力没有跨部门流动，内陆地区劳动力分布比较复杂，若初始劳动力分布落在重叠区，那么预期因素将起主要作用，低技术水平劳动力向高技术水平劳动力转化，但由于$r^2>4\mu\gamma$，转化后的高技术水平劳动力仍然留在内陆，使内陆从事两用经济活动的企业数量增加，集聚区规模扩大；若初始劳动力分布没有落在重叠区，那么历史性因素仍将起主导作用，沿海地区和内陆地区都没有部门间劳动力转化。

当内陆和沿海的市场一体化程度较高，且集聚效应 μ 较大时，有 $r^2 < 4\mu\xi_c$，$r^2 < 4\mu\xi_l$，则此时两个区域劳动力分布都与初始劳动力分布相关，若初始劳动力分布位于重叠区，则预期因素起主导作用，市场一体化程度的加深使得两区域低技术劳动力都预期加入高科技部门后从事两用经济活动将带来更大收益，同样地，在历史性因素起主导作用的条件下，内陆仍然将成为高技术水平劳动力集聚中心，即均衡时内陆的企业劳动力数量要远远大于原有高技术劳动力数量。若低技术劳动力分布并不在重叠区，历史性因素将起主导作用，沿海地区和内陆地区都没有部门间劳动力转化。

（2）若 $r^2 < 4\mu\gamma$，但初始高技术劳动力分布不在重叠区，此时，历史性因素仍将起主导作用，对各区域劳动力的转化及分布同(1)。

（3）若 $r^2 < 4\mu\gamma$，初始高技术劳动力分布在重叠区，此时，预期因素将扮演主导角色，但最终抵达何种均衡充满随机性。若沿海地区政府大力投资并引进高技术人才，同时两用产品出口趋势较好，劳动力预期收益较大，因而最终在沿海集聚，反之亦反。

值得关注的是，除贴现率 r 一般以国有银行储蓄利率计算，可以由政府和银行直接决定外，其他参数都是连续性变化的，短期内难以实现跳跃性变化。因此，调整利率是最直接的政府干预方式，若希望历史性因素继续发挥主导作用，上调利率以及限制劳动力流动都将有利于实现目的。

三、高端制造业集聚中心的动态累积过程

我国在 20 世纪 60 年代特定的时代背景和历史背景下，开始大规模投资进行后方基地建设，即三线建设，经济空间布局呈现独特现象，作为初始条件对我国高端制造业集聚化发展有重大意义。

（一）政策性投资形成的独特初始条件

"三线"是相对于东北和东南沿海地区及其内延的一、二线地区而言，"大三线"主要包括京广线以西、长城以南的 13 个省份，"小三线"则是一、二线地区的腹地，覆盖全国三分之二的国土面积。三线地区对应于理论模型中的内陆地区，而一、二线地区对应于模型中的沿海地区。

三线建设期间，国家建设投资大幅度向三线地区倾斜：沿海地区工厂搬迁到三线地区，或在三线地区投资新建工厂，耗资 2052 亿元，与工厂搬迁和投资

倾斜相适应，400万工人、知识分子和成千上万的民工也迁入三线地区。在这一时期，国家投放到三线地区军工产业的资金达300亿元，占三线总投资的20%以上，全国军工产业1/3以上的科研院所和40%以上的科研人员都集中在三线区域。从生产能力来看，三线地区国防科技生产能力占全国总生产能力的50%以上，核工业占67%以上，航空、电子工业能力占60%，兵器、航天工业占50%以上，船舶工业占1/3(何郝炬，2003)。

尽管表面上的工业数据与土地面积数据比例正常，但这是在三线地区工业完全空白的基础上经过短短十余年完成的。同时，三线地区在20世纪60年代以前几乎没有工业，劳动力也主要为农业人口，而三线建设为这些地区送来了全国最优秀的工人和科技人才，在当地形成两种界限分明的劳动力：以国防科技人才为代表的高技术水平劳动力和以农业人口为代表的低技术水平劳动力。模型对劳动力的假设与现实是相符的，不仅如此，沿海地区的优秀工人和科技人才因为受政策影响而迁移到三线地区，导致沿海地区高技术水平人才锐减。事实上，三线建设以前，我国工业70%以上集中在沿海地区，这也是历史原因造成的，三线建设基本上改变了这一布局，尽管这对于国家整体福利水平可能有所降低，但对缩减东西部差距无疑做出了重大贡献。三线时期的劳动力迁移和企业迁移，在很大程度上不是出于自愿迁移，也不是要素所有人权衡成本收益后的区位决策，因此，对这段时间的迁移不适用于上节构建的模型。总的来说，三线建设使得军工企业和高技术人才集中在三线地区，人为地改变了中国工业经济地理布局。

(二)政策松动和预期改变

改革开放以来，尤其是20世纪80年代以后，沿海地区在改革开放的春风中迅速发展，经济活力激活。企业间的劳动力流动成为可能，80年代开始的三线调整改革使企业有机会从偏远的山地迁出，甚至迁到沿海地区。

在这种背景下，原先受政策影响、临危受命怀揣着报国理想的工人和科研人才面临新的区位决策，在市场经济体制下，权衡收益成本做出区位决策成为较为合理的假定。此时，影响区位决策和劳动力转换决策的几个参数都发生了变化：①贴现率下降。国有银行活期存款利率从1990年的2.88%下降至2016年的0.35%。根据模型结论可知，贴现率下降使预期因素起主导作用的可能性增加，因此，这段时间利率的下降无疑使预期因素在一定程度上超越历史性因素占据主导作用。②市场一体化程度增加、经济调整速度变快，从20世纪80

年代开始，企业转型比例逐年增加，使得迁移所需耗费的成本大大降低，同时也使得预期因素占主导作用的概率增加。③集聚经济效应凸显，在三线建设时期，国内经济实行计划经济体制，产业间关联度较差，要素流动慢，导致同一地区的企业数量多但较难形成集聚效应。

在参数变化条件下，各经济活动的参与者预期成本和收益改变。80年代后，内地企业享受到的政策福利减少，而沿海地区经济回报率明显高于内地，且此时国际形势缓和，沿海和内地在安全收益方面并没有显著差别。同时，由于沿海地区轻工业和其他产业的发展，沿海地区(以上海市为例)工资水平显著高于内地，并且这个区域在不断扩大(见图5.4)，考虑到三线地区很多企业本身就是从沿海地区迁入内地，对沿海地区的预期收益大大增加。当大部分人都预期沿海会形成高端制造业集聚中心时，意味着沿海地区高端制造业集聚区集聚租将上升，从而进一步增大人们的预期收益。由于此时预期因素占主导地位，军工企业向沿海地区迁移。但我们也看到，有大量军工企业仍然停留在当地，并且吸引了大量本地就业，即本地低技术水平劳动力转化为高技术水平劳动力。原因是尽管贴现率下降，但企业预期的沿海地区地租成本较高且经济调整速度

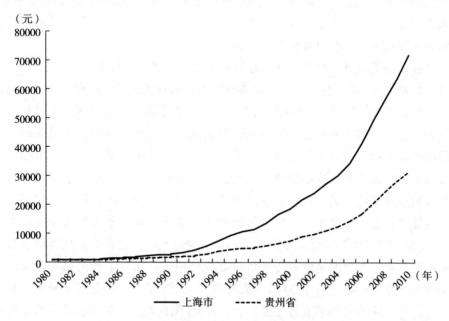

图5.4 1980~2010年上海市与贵州省平均货币工资

数据来源：国家统计局网站。

较慢，难以在短时间内形成集聚区，尤其是对于固定资产投资较大、承担总装任务的企业，大多选择留在当地城市。而当地市场一体化程度增加，而高技术水平劳动力工资要高于当地低技术水平劳动力工资，因此，在预期起主导作用的前提下，低技术劳动力经过学习培训进入高端制造业，使得当地高端制造业集聚效应增强。

因此，我们可以做一个粗略的预测：随着利率下降和市场一体化程度的加深，固定资产投资较小、市场敏感度较大的上游企业更容易从三线地区迁到沿海地区，而占地面积大、固定资产投资大的下游企业和总装企业更倾向于留在三线地区。

（三）贵州省高端制造业集聚发展案例分析

贵州省是三线建设的重点省份之一，三线建设期间贵州省布局了遵义地区的 061 基地（航天工业）、安顺地区的 011 基地（航空工业）、都匀地区的 083 基地（电子工业）等大型工程基地，并组建了新天精密光学仪器厂、贵阳仪器仪表公司等一大批军工企业，共计投资近 100 亿元资金①。在 1964 年至 1976 年累计完成的基本建设投资中，国防科技工业占 17.5%，已经形成了航空工业基地、航天工业基地、国防电子工业基地等军工企业集中区域，这些丰富的军工产业资源和人才资源在当时也是排在全国前列的。

然而，随着改革开放和三线调迁政策的实施，贵州省军工企业产生了"人才断流、后继无人"的问题，军工企业难以吸引到高技术人才，原有人才也因为改制或经济因素等原因，在"下海"大潮中离开企业迁移到沿海地区。在这种人才流动趋势下，贵州工业企业发展受到了较大挑战，同时也表明，通过非市场方式推动的经济地理布局在经济环境变化后可持续性程度较低。然而，贵州省仍然形成了以航天产业为核心的贵阳高新技术产业园区，并形成了集聚效应较强的高端制造业基地，基地中的企业都是经过市场化考验和种种挑战保留下来的领域内优势企业，如贵州航天电器股份有限公司在全国电子元器件 100 强企业中居 29 位，绞线式弹性毫微型插针达到世界先进水平，是世界上除美国以外的唯一生产企业；贵州凯星液力传动机械有限公司成功研发了我国第一台大功率自动液力变速器、第一台 3000 马力大功率液力变速器（世界上功率最大的行星式液力传动系统的大功率液力变速器），填补了国内空白；贵州航天新力铸锻有

---

① 李振纲，史继忠，范同寿，主编. 贵州六百年经济史[M]. 贵州：贵州人民出版社，1998：525.

限公司承担了我国百万千瓦级核电站核岛、反应堆压力容器等关键构件及核Ⅰ级关键材料国产化研制的生产任务。

尽管如此,我们不难从贵州省高端制造业集聚的动态发展过程中发现:①高技术劳动力大量外流,印证了我们关于贴现率下降、市场一体化程度上升将使预期占主导作用的推论;②尽管贵州省仍然有发展较好的高端制造业基地,但基地内企业绝大部分为三线建设期间成立的企业经调整、改制、重组而形成,意味着对外来企业和高技术劳动力的吸引力较低,企业布局仍然由预期因素占主导作用。

第四节　本章小结

本章考察了区域政策对高端制造业空间分布的影响,并从区域政策持续性和连续性角度考察历史性区域政策对高端制造业空间分布的影响。

税率和特殊商品份额通过影响企业可变成本的流动性来影响企业流动规模及方向,从而影响高端制造业空间分布。区域间税收竞争将使不同生产率和不同特殊商品生产份额的企业重新选择区位。基础模型显示,在无税收的情况下,生产效率较高的企业先向市场规模较大区域(如沿海发达地区)迁移,而生产效率较低的企业则留在市场规模较小、竞争程度较为缓和的区域(如中西部地区);为了增加税收,发达地区将提高税率,使得生产效率较高和特殊商品份额较少的企业率先从发达地区向内陆城市迁移,而特殊商品份额较高、生产效率相对较低的企业,则留在发达地区;税收减免政策有利于吸引企业重新回到发达地区;然而,区域间贸易成本的下降将加快企业迁移进程。

对边缘地区补贴政策的分析探讨了不同补贴类型对高端制造业集聚的影响。边缘区地方政府对两用活动的研发补贴,有利于降低资本生产成本,从而降低高端制造业垄断竞争部门的固定成本,短期内不会改变高端制造业空间布局,但有利于提高区域内企业生产效率;长期如此将对留住企业起积极作用,在一定程度内还将吸引企业从核心区迁入边缘区,理想情况下将形成循环累积效应,使得原边缘区成为企业集聚中心。边缘区地方政府对两用技术和产品的生产性补贴,在短期内能有效留住区域内企业,使之向核心区流动速度变慢;然而,补贴最先留住的是生产成本较高的企业,即生产效率较低的企业。因此,尽管边缘区对生产的补贴短期内有利于区域内企业数量规模的保持，但长期如此不利于区域内企业生产效率提高和产业升级。

对区域政策的持续性与连续性分析表明：当贴现率较高或经济调整速度较慢时，区域政策的作用将被放大，原高端制造企业集聚的区域将继续成为集聚中心，即历史性区域政策将持续发挥作用；当贴现率降低或经济调整速度加快时，历史性区域政策作用将不再持续。以贵州省高端制造业集聚发展为案例对三线建设对当前高端制造业集聚的影响，验证了上述模型的结论。

|第六章|
异质性企业选址决策与产业集聚

本书所研究的高端制造业集聚是在国家主导下充分发挥市场资源配置作用形成的空间分布现象，国家主导作用在微观层面主要体现为对企业选址决策的影响，企业选址决策是高端制造业集聚的基础。本章将研究高端制造业集聚微观主体的区位决策问题，分三节展开，第一节构建一个三层次的企业区位决策基本模型，第二节将考察基于市场融合动机的企业迁移决策，第三节为国内外案例分析。

第一节 马歇尔外部性、企业选址与高端制造业集聚

本节基于马歇尔外部性和高端制造业集聚的空间、技术和战略三重属性，构建了一个三层次企业选址模型，并依据异质性高端装备制造企业区位定位类型，进一步探讨高端制造业集聚路径。

一、文献回顾

国内外理论和实证研究均表明，集聚经济是影响企业选址的主要因素，事实上，这也是新经济地理学理论关注的核心问题之一。马歇尔外部性，即劳动力厚市场、专业化供应商以及知识溢出都影响企业选址，但这三种集聚经济对所有企业都有相同的吸引力吗？除了这三种集聚经济，还存在哪些因素可能影响企业集聚？

尽管国内外大量文献均表明集聚经济对企业选址有重要影响，但区分三种外部性对异质性企业影响的文献较少。Ellison 和 Glaeser(1997)采用 Herfindahl 指数对美国 459 个制造企业区位与三种集聚经济的关系研究表明，与上游投入

密切相关的下游企业更趋向于集聚，因而半导体或导向导弹、航空产业等高科技产业更容易在同一个区域高度集中。Ellison 等（2007）考察了企业间共同集聚的现象，认为三种集聚经济中对企业吸引力最大的是投入产出关联，其次是劳动力厚市场。Shaver 和 Flyer（2000）指出，异质性企业所能获得的集聚经济不同，集聚经济对企业区位可能形成逆向选择：在技术、人力资本、培训项目、分发系统等方面都具有绝对优势的企业从集聚中所能获得的好处较少，此外，集聚反而会帮助企业的优势资源向竞争厂商扩散，从而削弱企业竞争力，导致优势企业从集聚区逃离。年猛等（2014）发现，市场规模越大、城市化经济特征越明显的地区对企业吸引力越大。刘修岩和张学良（2010）对规模以上企业选址的实证研究表明，地区的产业专业化、行业多样性和市场潜能都有一定吸引力，但并没有对三者的相对重要程度进行比较。郭嘉仪等（2012）认为，知识溢出是影响企业选址的最重要因素，但对不同规模和技术能力的企业影响不同。

关于其他影响企业选址因素的研究。Rosenthal 和 Strange（2004）不仅证明了马歇尔外部性的存在，还表明自然优势、本地市场效应、消费机会以及寻租行为等都将有助于推动企业集聚。周伟林（2008）认为企业选址包括两层次内容：一是经济行为的空间选址，二是空间内经济活动的有机组合。并将影响企业选址行为的因素总结为两类：运输导向型和地方投入品导向型，其中运输导向包括资源指向和市场指向两种情况；地方投入品导向包括劳动力指向、能源指向、中间投入品指向等三种情况。叶素云和叶振宇（2012）发现区域的税收负担影响企业选址。Duranton 和 Puga（2004）提出集聚经济吸引企业选址的分享、匹配和学习三种机制，并认为在不确定和快速变化的经济环境中，集聚可以大大增强匹配和分享效率，从而使集聚经济更加重要。

梁琦（2006）在《产业集聚论》中，基于 Salop（1978）圆环形城市模型构建了包含成本分布函数的选址模型和产量竞争的双寡头竞争模型。结果发现，成本分布函数为常数的完美纳什均衡结果是两公司均衡分布于圆环形城市；成本分布函数为严格凸函数时，公司最优选址依赖极值点位置和运输成本大小，当运输成本较小时，公司在产品成本分布函数极小值点集聚，各自实现利润最大化。因此，在运输成本较小时，追求利润最大化的公司选址市场行为将导致产业集聚，而无须政府干预。然而，该模型假定公司选址是成本与产量的权衡，并没有考虑技术创新和知识溢出对公司选址的影响，不适用于知识密集型的高科技企业和高端装备制造企业；同时，模型反对政府干预，而对需要大量前期投入研发的产业，如两用技术研发活动，如果纯粹依靠市场作用，将难以实现经济转型和结构升级。

Alcacer 和 Chung(2007)基于知识接受能力区分了两种知识，一种是很容易吸收的知识，另一种是不容易获取或对企业无用的知识。部分企业没有能力从复杂的竞争厂商处吸收知识，从而对大型竞争厂商也构不成威胁。此时，知识溢出对技术领先型企业影响较小，相互竞争的厂商常常处于同一区域。Alcacer 和 Chung(2014) 通过构建一个由三个互动层次构成的分析框架以考察集聚经济对企业区位的影响，其中第一个层次是企业考量三种集聚经济的相对重要性，第二个层次评估企业能否分享集聚利益，第三个层次是阐释为什么部分企业更希望在集聚区。接着，他们对 1985~1994 年美国新进入制造企业的区位选择进行经验分析，结果表明，劳动力厚市场和专业化供货商将比潜在知识溢出吸引更多企业选择该区域，而技术引领型企业更容易在具有潜在知识溢出的区域集中，以分享知识溢出的正外部性。同时，他们还发现，规模较大的企业可能因为知识溢出带来的负外部性，如技术被竞争厂商所吸收等原因，反而选择在竞争厂商较少的区域。

Alcacer 和 Chung(2014)从理论和实践两方面较为全面地考察了企业选址决策，可惜的是，模型并未对企业选址决策展开更深层次的研究，没有考虑政策的影响，模型中企业异质性主要体现在对三种集聚经济的不同依赖程度方面，这是远远不够的。

本书基于 Alcacer 和 Chung(2014)的研究逻辑，引入政府作用和异质性高端装备制造企业，并分析异质性高端装备制造企业的选址决策，以及市场融合动机下的企业迁移决策，构建了一个更加贴近高端装备制造企业的选址决策模型，不论是对企业选址模型和产业集聚研究，还是对一体化市场研究都具有一定价值，也是对新经济地理学的一种拓展和创新。

二、企业选址的基本模型

本节根据马歇尔集聚经济和企业决策过程构建三层次选址模型，以解决企业选址决策中不可避免的两个问题：集聚经济对企业是否重要？企业能否获得集聚经济？第一个问题体现为模型的基本层和战略层，是企业对集聚经济的成本收益分析；第二个问题体现为空间层，是对集聚经济的空间判断以做出选址决策。下面将对每一层分别进行分析。

（一）基本层

基本层由三种集聚经济构成，即劳动力厚市场、专业供货商、知识溢出，基本层因素主要通过影响要素分布和要素投入比例影响企业选址决策，是企业评估集聚经济重要性的主要依据。

前两种集聚经济属于金融外部性，是从投入要素方面为企业带来的生产成本节约，并通过分工深化带来集聚经济；第三种集聚经济为纯技术外部性，主要是集聚区的知识溢出，知识溢出通过改变投入要素比例，使企业成本下降从而实现正外部性和集聚经济。其中，劳动力厚市场意味着集聚区内企业集中将使劳动力更有可能通过专业化培训等方式提高专业技能，导致企业可以更容易或以更低价格在集聚区找到合适的劳动力，从而节省生产成本；集聚区专业供货商越多，意味着企业能在集聚区以更低的运输成本和交易成本找到中间产品，为企业带来生产成本优势；此外，企业作为逐利性经济个体，总是在根据产品需求和原材料质量和价格，尝试不同的生产投入比例，即生产函数不是一成不变的，生产函数改变即产生了技术创新，这种不断改进的生产方式或技术创新也就是"企业的秘密"或马歇尔所谓的"行业的秘密"。第三种集聚经济有利于提高企业生产效率和产品性能或降低产品生产成本。

不同类型集聚经济对企业的成本和收益影响不同，反过来，异质性企业对三种集聚经济的敏感程度不同，不同集聚经济的集聚程度不同，对企业生产成本的影响也不同。基本层对集聚经济的成本和收益影响与具体集聚区无关，只是企业纯粹从自身异质性出发评估对不同集聚经济的需求弹性，并对集聚经济的相对重要性进行评估。

（二）空间层

空间层为企业对集聚经济可获得性的评估，主要体现为运输成本、规模经济和外在性等与距离密切相关的空间因素对接近集聚区依赖程度的评估。如果依赖程度较高，即通过地理接近获得集聚经济的可能性较大，企业将在集聚区选址，并吸引更多相似企业在集聚区集中，从而推动产业集聚；如果依赖程度较低，企业缺乏迁入集聚区的动力，将在边缘区选址。基本层和空间层均以区位内生为基础，即企业选址决策与经济空间结构相互影响。

运输成本下降可以显著提高中间产品从厂商到企业、终端产品从企业到消费者的运输时效和降低生产成本，而对劳动力迁移和缄默知识溢出影响相对较小，意味着企业可以通过较小的运输成本获得专业化供应商的集聚经济，以及显性知识溢出，而不一定要迁入集聚区；劳动力迁移和缄默知识溢出具有显著的地域特征，企业难以在集聚区外获得相应集聚经济。此处还涉及集聚区范围的界定，离集聚中心多远算是边缘区域？一般认为，知识溢出影响的集聚区范围最小，而劳动力集聚经济影响的范围稍广，典型的例子是北京、深圳、上海等一线城市的"双城族"。规模经济主要影响专业化供应商，而外在性主要影响知识溢出。专业化供应商通过扩大产出规模就可以实现内部规模经济而并不受距离因素的影响；外部规模经济和外在性则有显著的地域性，受距离影响因素大，除地理接近外难以找到替代的方式获得相应集聚经济。因此，如果为了获得知识溢出和专业化劳动力厚市场的成本竞争优势，企业应当迁入集聚区，而专业化供应商集聚经济则可通过支付运输成本等方式来获得中间产品。此外，竞争厂商也是影响企业能否获得集聚经济的重要外部性。因为企业在享受集聚经济的同时也在为集聚经济做出贡献，而如果这种"贡献"不幸成为助推区域内竞争厂商的利器，将大大降低企业迁入集聚区的动力，从而抑制产业集聚。

（三）战略层

战略层即区域政策和历史初始条件等外生因素对企业区位定位的影响，相较于基本层具有更强的企业异质性和战略属性。战略层与空间层的区别是，空间层并不涉及具体集聚区，只是考虑企业与集聚中心的距离远近对企业获得集聚经济的影响，且可以随着企业区位变化发生变化，而战略层的区位则由外生给定，不受或较少受企业选址决策影响。

根据前文分析，政府税收竞争、政府补贴、历史初始条件、预期等因素都直接影响企业能否从特定集聚区中获得集聚租及获得集聚租的大小。税收优惠政策、政府补贴无疑将提高企业的短期利润，驱使短视的企业迁入集聚区，但对不同类型企业的激励不同。政府是否有针对市场融合而制定的引导、服务政策，相关办事流程是否顺畅，这些都是影响企业能否享受到集聚经济效应的重要条件，对于需要跨越制度门槛较多的企业而言可能更加重要。历史初始条件不仅包括集聚区初始条件，还包括企业初始条件的约束。例如，高端制造企业如果由军工企业衍生而来，或由高校衍生而来，那么企业将优先选择离母体公司或高校较近的区位定位，如128公路中由麻省理工学院孕育的企业就有4000多家（马力等，2012）；斯坦福大学的衍生企业集聚在附近的硅谷；国防科技大学衍生企业大多分布在长沙。

（四）三层次企业选址模型

基本层和战略层因素影响企业集聚经济大小，而空间层因素决定企业能否通过地理接近获得集聚经济，企业在综合评估后做出决策，选择在集聚区或边缘区定位。企业基本选址模型与本书所构建的"空间—技术—区域政策"理论分析框架相一致，是理论分析框架在微观企业选址的具体应用。

图6.1左侧部分简单描述了上述三层次模型。图中的连线表示存在互相影响，虚线表示空间因素变化导致集聚经济的地方性变弱，反之则用实线连接。基本层和空间层相互关联，如果地理接近的集聚经济对企业而言并不如其他集聚经济重要，那么尽管通过地理邻近可以方便获得该集聚经济，企业也没有动力迁入集聚区。新经济地理学重点关注的是基本层和空间层因素如何通过企业选址导致产业区位变化，但战略层在最终区位定位中扮演关键角色。例如，转型企业一般都比较谨慎，同时也面临更多政策性难题、获取信息相对更难，如取得"四证"、获得特殊产品订购信息等，政府能不能在市场融合中扮演好引导角色，以尽量减少企业转型过程中的交易成本，使企业获得集聚经济对推动高端制造业集聚至关重要。

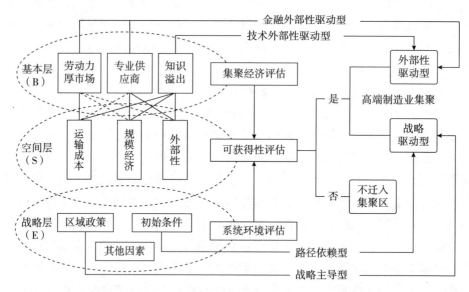

图6.1 高端制造企业区位决策模型与高端制造业集聚路径

三、异质性企业区位定位与高端制造业集聚路径

三层次的企业选址基本模型表明，不同类型高端装备制造企业的区位决策存在差异，其高端制造业集聚路径也存在差异，对高端装备制造企业异质性的讨论显得尤为重要。

(一)异质性高端装备制造企业

目前国内外学者广泛采用的企业异质性标准包括企业规模、生产率高低，以及生产横向差异化产品类型等。这些一般的企业异质性分类标准对高端制造企业也适用，但并不能反映高端制造企业特征。本书定义的高端制造企业区别于一般企业的特征，是指高度依赖两用知识溢出和与国防安全相关程度。

Walker(1998)等按照武器装备系统复杂程度，把与国防相关的技术分为七类；而雅克·甘斯勒(2013)认为尽管国防工业基础的整体结构趋于按产品划分市场，如航空航天、船舶和兵器工业，但国防工业的整体结构从顶层往下又可分为主承包商、分承包商和零部件供应商、小型企业等。Carter(1992)认为，两用潜能最大的是最底层的企业，因为它们暴露在更激烈的竞争市场中，其分工程度也更高。根据这一逻辑，生产民品的军工企业和高端装备制造企业也都暴露在竞争激烈的民品市场中，均为两用性潜能较大的企业。因此，本书在 Walker 和雅克·甘斯勒的国防工业分类基础上绘制高端制造企业的分类表(见表6.1)，并总结其在分工程度、产品两用性、企业规模、知识溢出类型、技术创新方面的特征，为后文分析异质性企业高端制造业集聚路径奠定基础。

表6.1根据产品和技术特征，对高端装备制造企业异质性进行了粗略描述。其中，分工程度根据市场规模与分工的关系进行评级，特殊商品市场规模从上到下逐渐变大，相应的分工也依次加深；产品两用性评级是对两用性潜能的评级，而非对现实情况的概括；企业规模则根据承包商层级及分工程度、垄断水平进行评级，分工程度越低，越容易形成垄断，企业规模也相对越大；知识溢出类型和技术创新根据产品使用技术的成熟程度及分工程度进行评级，前沿技术的使用和创新往往依赖缄默知识溢出，技术创新风险也越高，而成熟技术的使用和创新，往往更依赖显性知识溢出，技术不确定性相对较小。表6.1只是粗线条地描述了高端装备制造企业的大致特征，不排除存在与表中描述特征不

相同的情况。

表 6.1 高端装备制造企业类型

企业类型	承包层级或类型	分工程度	产品两用性	企业规模	知识溢出类型	技术创新
特殊企业	整机和系统集成	低	低	大	缄默知识	高风险
	分承包商	中	中	大中型	缄默知识	高风险
	零部件供应	高	高	中小型	缄默知识、显性知识	风险较低
	维修、服务	高	高	中小型	缄默知识、显性知识	风险较低
	原材料供应商	高	高	中小型	缄默知识、显性知识	风险较低
一般企业	高技术、高附加值产品	高	高	不确定	缄默知识	风险较高

(二)异质性企业高端制造业集聚路径

上节分析表明，企业区位决策受基本层、空间层和战略层因素影响，主导不同类型企业区位决策的影响因素不同。根据主导影响因素不同将高端制造业集聚路径分为两大类型：外部性驱动型和战略驱动型(见图 6.1)。

1. 外部性驱动型

外部性驱动型是指基本层因素在企业区位决策中占主导地位而形成的高端制造业集聚，分为金融外部性驱动型和技术外部性驱动型。

(1)在金融外部性驱动型集聚路径中，企业为降低生产成本采用更廉价的劳动力和原材料等两用产品生产要素，或为占领更广阔的需求市场等经济性因素，通过接近市场而在特定空间集聚。根据集聚动力不同，金融外部性驱动型集聚可分为龙头企业带动型、特殊产品市场需求拉动型和要素集聚型等三种类型的集聚模式。

(2)技术外部性驱动型是指企业间基于技术溢出、面对面交流等方式而产生关联，并影响企业的区位决定。根据技术外部性的初始形式，技术外部性驱动型集聚路径又可分为科技拉动型和园区拉动型两种类型。

2. 战略驱动型

战略驱动型是指战略层影响因素，如区域政策、历史初始条件等外生因素在企业区位定位中占主导地位的高端制造业集聚。根据外生因素的来源，可分为战略主导型和路径依赖型。战略主导型是政府政策起主导作用的高端制造业集聚，路径依赖型是初始条件或历史区域政策的"锁定效应"占主导地位的高端制造业集聚路径。

表6.2描绘了异质性企业在不同层次的主要倾向以及可能的高端制造业集聚路径。

表6.2　异质性企业高端制造业集聚路径

企业类型	承包层级或类型	基本层倾向	空间层倾向	战略层倾向	集聚路径
特殊企业	整机和系统集成	SUP	IRS	GOV/HIS	E
	分承包商	LAB/SUP	IRS	GOV	B/E
	零部件供应商	DEM	IRS	HIS	B
	维修、服务	DEM	TRA	HIS	B
	原材料供应商	SUP	TRA	OTH	B
一般企业	高技术、高附加值产品	KNO	EXT	HIS/GOV	E

说明：表中 DEM 表示市场，LAB 指劳动力厚市场，SUP 表示专业化供应商，KNO 表示知识溢出，TRA 表示运输成本，IRS 表示规模经济，EXT 表示外部性，GOV 表示政策，HIS 表示历史初始条件，OTH 表示其他因素，B 表示外部性驱动型，E 表示战略驱动型。

尽管马歇尔没有将市场单独纳入地方化工业的集聚经济之内，但在阐述地方性工业的形成时已对需求市场的重要性进行阐释：

"贵族们大都追求奢侈生活。富人们，特别是宫廷中的贵族们，对高品质的消费量很大。这将刺激社会对高品质商品生产者的需求。一方面，生产这些商品的熟练工人会主动集聚到宫廷附近，这不仅满足了贵族们的需求，同时也培养了一部分当地工人……另一方面，统治者为了满足自己的欲望，也会有意识地将技术工人们集聚到一起，迫使他们生产统治阶级需要的物品。"（马歇尔，2009）

可见，马歇尔将需求市场已经纳入劳动力厚市场了，此处为了研究方便将其单独列出分析。

如表6.2所示，不同类型企业对集聚经济的敏感程度及权重不同，下面将逐一分析异质性高端装备制造企业选址偏好及集聚路径。

特殊企业中，整机和系统集成企业为主承包商，在我国实际上就是十二军工集团下属整机和系统集成企业，属于国有军工企业，企业选址主要受政策导向和历史初始条件影响，为战略主导型集聚或路径依赖型集聚。由于产品属国防科技工业体系最高层级，涉及国家核心安全秘密，且技术研发复杂、国防专属性强，如战斗机、导弹等整机组装。这部分企业保密级别最高，市场融合的概率非常低，但从长远来看，属于国家核心机密的整机和系统集成，在技术发展到一定程度后，都将逐步解密并向民用领域渗透和转移，所以此处仍将这类企业包括在高端装备制造企业中。这类企业属于产业链的最下游，且往往掌握国家最先进技术，因此，通过与其他企业获得知识溢出和外部性的可能性是很小的，且掌握尖端技术的人才(而非专业化劳动力)非常少，有相应的劳动力厚市场可能性极小，如果有可能实现两用技术转化，选址方面相对具有吸引力的是专业化的供应商，因此，基本层倾向为专业化供应商。而在空间层面，由于整机和集成需要大量中间产品投入，对运输成本的倾向性相对较为显著。因此，该类企业倾向于在制造业基础雄厚，有较多专业化供应商处选址。如中航通用飞机有限责任公司在珠海航空产业园，既符合国家政策和总体布局的考虑，也能充分利用珠三角发达的制造业基础。

特殊企业中，分承包商和零部件供应商企业为子系统生产企业，甘斯勒称之为"关键人底层"，其集聚路径为外部性驱动型集聚或战略驱动型集聚。这部分企业承担着核心部件的研发生产，面临较大的技术风险，如军舰的指挥控制系统、雷达和推进装置，导弹生产过程中的电子、传感器和推进系统等子系统和零部件生产占导弹生产总成本额的70%~80%；航空企业的成本和高风险项目是子系统和组件供应商，如航空电子设备、传感器和发动机(雅克·甘斯勒，2013)。制约我国大飞机制造的关键在于发动机，而发动机的核心部件又在于发动机控制系统。

维修、服务型企业，属于高端制造业体系的底层企业，数量众多，以中小型企业为主，竞争也较激烈，集聚路径以外部性驱动型集聚为主。由产品性质决定需要服务对象保持较近的距离，因此需求市场是最重要的考虑因素之一，企业在地理上接近服务对象尤为重要。与此同时，基本层需求市场所占权重较大。在战略层，由于维修和服务过程中的理解和信任很重要，因此，在与企业有合作关系的、熟悉的企业附近选址将有利于节省交易成本。

原材料供应商是高端制造业体系的最底层企业，数量最多，通用性最强，如金属材料、化工原料企业等。根据原材料的来源、材料性质，可将此类企业分为两类：一般的原材料供应商和稀有原材料供应商，两者在选址时考虑的重点因素又不同。一般的原材料完全可以通过市场渠道获取，无须指定生产厂商，因而此种类型企业竞争程度最大，技术创新风险较小，但对加工工艺要求高，而工艺无法通过显性知识溢出，只能通过靠近同行或其他制造厂商获得，因此，接近专业供应商或同行是该类企业最先考虑的因素，一般的原材料企业将在制造业密集区域集中。稀有原材料供应商，如钛、镍等原材料供应商因为原料只能来源于特定矿源，且原矿纯度较低，原料所占成本最高，以机械化生产为主，对劳动力要求和知识溢出的依赖都相对较低，所以，此类企业多分布在原料产地附近，由于我国矿产资源较分散，导致稀有原材料公司分布也较分散。

值得注意的是，高端装备制造企业的异质性在不同发展阶段不同且随国家安全形势变化而变化，其高端制造业集聚路径也会出现变化。例如，战备期间与和平时期对各层级装备的需求规模不同，技术创新风险也不同，战略层主导型将成为主要的高端制造业集聚路径。

第二节 异质性企业迁移与高端制造业集聚

上节主要描述了一个高端制造企业选址的基本模型，然而在现实经济活动中，新创立企业的情况相对较少，转型企业面临更为常见的决策是迁移决策，即当内部因素或外部因素变动时，现有区位已经不再满足企业利润最大化的需求，企业通过迁移以谋求新的发展空间实现成长。下面将探讨市场融合动机下企业迁移决策及高端制造业空间分布，并按照转型类型、企业活动(研发型、生产型)、企业规模(大型、中小型)分类，讨论异质性企业在寻求一体化市场动机下的企业迁移决策与高端制造业空间分布。

一、基本假定

一体化市场在国家、区域和产业等宏观层面和中观层面都被证明是推动经济发展和提高资源配置效率的重要方式，但对于不同类型和不同发展阶段的企业而言，推动一体化的动机不同。部分企业转型是受国家政策影响，如对国有企业股份制改革，有的企业是看到了自身技术优势在市场上的巨大潜力，在政策放宽后主动进行一般技术开发，以获取更多利润；而一般企业向特殊产品市场转型的动机相对较为一致，大多是为了进一步拓展产品空间，降低风险，并获取较高利润。本节的讨论仍将在短视的理性经济人假设前提下进行，并假定现有区位是企业市场一体化前的最优区位。

在初始条件下，整个系统存在核心区和边缘区两个区域，其中核心区是消费者密集区，即一般产品需求较为集中的区域，边缘区是消费者较少的区域。系统存在两种部门，民用部门和军工部门，每个部门又包括三个子部门：研发部门、终端产品部门和中间产品部门。军队研发部门和民用研发部门的技术积累中有重叠的通用技术基础，从而有开展合作创新的基础，投入要素为研究员。在军民分离阶段，军工终端产品部门使用本部门中间投入品、军用技术和劳动力作为投入要素，而中间投入部门使用军用技术和劳动力作为投入要素。民用部门的子部门仅采用民口部门的投入要素。由于军队需求者更注重产品质量，对生产成本和价格的敏感程度远远低于民用消费者，因此假定军工产品运输无须运输成本，而民用产品运输需要交易成本。出于安全性考虑，军工部门主要分布在人口较少的边缘区，而民用工业部门出于接近市场以获得本地市场效应的需要而集聚在核心区，两者的初始区位都是最优区位。下面考察推动市场一体化动机对企业区位决策的影响，从三个层次分别考察集聚经济对企业迁移的推力和拉力影响，整个过程中两区域消费市场规模不变。

对于军工部门而言，研发型部门实现"军转民"需要与民用部门的研发机构和生产机构进行合作创新，由于知识溢出的地方性，合作后的两用创新技术为"军转民"企业所用；终端产品部门实现"军转民"可通过市场购买民用产品作为中间投入品或进行两用技术创新实现；中间产品部门实现"军转民"需要与民用部门的研发机构和生产机构合作，以获得两用技术实现民品的生产，中间产品部门实现"军转民"后的市场扩大到民用市场，且民品运输需要支付相应的运输成本。对于民用部门而言，民用研发型部门实现"民参军"需要与军用部门的研发机构和生产机构进行合作创新，由于知识溢出存在地域性，合作后的创新技术将优先为本地区"民参军"企业所用；终端产品部门和中间产品部门实现"民参军"生产不仅需要与军用部门的研发机构和生产机构合作，还需要获得许可证，以从事军品生产，民用部门实现"民参军"后的市场扩大到民用市场。在不考虑地方政府调控的情况下，各部门迁移决策与产业空间分布如表6.3所示。

表 6.3　不考虑地方政府调控的各部门迁移决策与产业空间分布

类型	子部门	迁移决策	长期分布
民用部门	研发部门	基础研究"−" 应用研究"+"	区域两用技术创新能力相近
	终端产品部门	民用市场为重点的企业"+"	民用市场依赖型"+" 核心区以零部件和原配件等通用性较强的企业为主
	中间产品部门	依赖合作创新型企业"−" 依赖成熟两用技术型企业"+"	
军工部门	研发部门	基础研究"+" 应用研究"−"	区域两用技术创新能力相近
	终端产品部门	集中在核心区	集中在核心区
	中间产品部门		

说明："+"表示集聚力大于分散力，企业部门迁入核心区；"−"表示部门集聚力小于分散力，迁出核心区。

二、"民参军"企业迁移决策与高端制造业空间分布

现在考虑核心区各部门企业区位的选择。民用部门的研发部门实现"民参军"需要依赖与军工部门的合作创新，因此，基本层主导因素为知识溢出，将推动企业向边缘区迁移，产生拉动力，空间层的外部性倾向更加严重，战略层则更加依赖政府调控，两者相对关系受市场一体化程度影响。若政府调控信息较透明，"民参军"渠道畅通，那么知识溢出将占主导作用，研发部门迁出；反之，政府作用占主导，研发部门是否迁移将视政府相对作用而定。同时，还应该考虑到，民用部门的研发部门研发的技术创新只能为民用部门所用，若迁移至边缘区，将技术转化为产品的企业较少，导致研发缺乏动力，从而技术的需求市场对企业迁移形成阻力。因此，若民用研发部门为基础性研究，则迁移至边缘区；若为应用型部门，则将留在核心区。

考虑民用研发部门迁移决策对产业空间分布的影响。由于两用技术创新的能力取决于合作双方专用技术的积累，因此，在基础性研发部门向边缘区迁移初期，两用技术创新效率最高，随着区域内两用技术积累增加，若没有新的异质性技术补给，创新效率将降低，基础性研发部门最终在边缘区相对

169

集中；应用型研究部门随基础性研发部门的迁出，导致区域内异质性技术积累减少，对知识溢出的依赖性将超越对需求市场的依赖程度，达到临界点后可能也向边缘区军用部门迁移。这与文献实证研究结论也是一致的，如 Kenney 和 Florida（1994）发现，应用型研发活动和制造业地点的关系要比基础研发与制造业地点的关系更重要，Tecu（2011）对生物制造业的面板数据分析表明，研发活动与制造业在同一区位时，研发效率是与制造业不在同一区位时的 2.5 倍。由于运输成本和通信技术进步对知识溢出效应影响较小，因此，运输成本和通信技术进步不会改变空间布局，两区域的技术创新能力差距将逐渐缩小。

核心区民用部门的生产子部门实现"民参军"生产，不仅需要与军用部门的研发机构和生产机构合作，还需要获得许可证。由于已经假定军品运输无运输成本，因此，企业分布与军品市场分布无关。但两用技术创新要求的知识溢出将牵引企业迁出核心区，靠近军用部门。然而，战略层的区域政策和历史条件仍然是影响企业迁移决策的重要因素。同时，两者还可以通过民用部门的研发子部门两用技术创新获得两用技术，而无须迁移出核心区；两者不仅生产军品，还同时生产民品，且民品运输需要支付运输成本，因此核心区民用消费市场对企业仍然有足够大的吸引力。因此，在市场融合动机下，不考虑区域政策因素和历史条件影响，民用生产制造商的迁移决策由两用技术创新的来源决定：若民用产品仍是企业生产重点，那么企业将留在核心区；若军品消费市场成为企业发展重点，在必须与军用部门合作才能实现两用技术创新的情况下，企业则迁入边缘区，从而导致产业中心改变，在可以通过民用部门研发子部门获得两用技术的情况下，企业将仍然留在核心区。

考虑到民用部门生产子部门迁移带来的产业空间变化。若民用产品仍然为企业生产重点，那么，企业将留在核心区。与此同时，由于民用部门的基础研究部门和应用研究部门在长期内都向边缘区迁移，那么技术依赖型的民用企业将随之迁往边缘区，而从事军品简单生产制造的民用企业将继续留在核心区，导致核心区参与市场融合的企业绝大部分为生产程序较简单、技术依赖程度较低的两用企业。若军品消费市场为企业发展重点，那么部分两用技术依赖型企业将迁入边缘区，同样将导致核心区参与市场融合的企业绝大部分为生产程序较简单的两用企业，这部分企业对两用技术创新要求较低，主要为两用型零部件或原材料公司，面临着竞争压力大，随时可能退出军品市场的问题。

三、"军转民"企业迁移决策与高端制造业空间分布

军用部门的研发型部门实现"军转民"需要与民用部门的研发机构和生产机构进行合作创新，由于知识溢出的地方性，研发部门实现"军转民"依赖与民用部门的知识溢出进行合作创新，因此，基本层考虑将向知识溢出倾斜，即知识溢出倾向将推动军用研发部门向核心区迁移，寻找异质性较强的民用技术部门进行合作创新，综合层的外部性倾向更加严重，战略层则更加依赖历史性因素和政府因素，即政策制度的限制条件，如对技术解密的限制、部门迁移的限制等。还应该考虑到，军用部门研发子部门研发的技术创新只能为"军转民"部门所用，若迁移至核心区，则会使两用技术转化为民品的企业较少，导致研发缺乏动力，从而技术的需求市场对企业迁移形成阻力。因此，若军用研发部门为基础性研究，则迁移至边核心区；若为应用型部门，则将留在边缘区。

同民用研发部门迁移决策对产业空间分布的关系类似。由于两用技术创新的能力取决于合作双方专用技术的积累，基础性研发部门向核心区迁移初期，两用技术创新效率最高，随着区域内两用技术积累的增多，若没有新的异质性技术补给，创新效率将降低，基础性部门最终会在核心区相对集中。应用型研究部门随基础性研发部门迁入核心区，导致边缘区异质性技术积累减少，对知识溢出的依赖性将超越对需求市场的依赖程度，达到临界点后可能也会向核心区民用部门迁移。由于运输成本和通信技术进步对知识溢出效应影响较小，因此，运输成本和通信技术进步不会改变空间布局，两区域的技术创新能力差距将逐渐缩小。可见，军用部门和民用部门的研发子部门迁移决策的逻辑一样，导致的分布结果却正好相反。

军用部门终端产品子部门实现"军转民"生产，可以通过两种方式：一是与民用部门进行两用技术创新从而生产民品；二是购买民用部门生产的军品，仍然生产军品，两种方式对企业的迁移决策影响不同。第一种情况下，两用技术创新要求的知识溢出将牵引企业迁入核心区，靠近民用部门，同时，终端产品生产商所生产的民品运输存在运输成本，根据新经济地理学理论，企业将倾向于在市场规模较大的区域集中，两种力量都牵引终端产品部门迁入核心区，导致核心区终端产品部门制造厂商数量增加。第二种情况下，由于假定军品无须运输成本，因此，对投入产品区位变化不敏感，企业仍然位于边缘区。但同时还应该看到，第一种情况还存在的一种情况是，两用技术创新不仅源于企业自

身与民品部门合作创新，还可源于本区域的军用部门研发子部门两用技术创新，随着军用研发子部门向核心区迁移，可能对企业迁入核心区产生拉动力；终端产品部门还同时生产军品，但军品运输无成本。综合来看，终端产品部门将向核心区集聚。

军用部门中间产品子部门实现"军转民"生产，需要与民用部门的研发机构和生产机构合作，两用技术创新要求的知识溢出将牵引企业迁入核心区，靠近民用部门。与终端产品部门迁移决策分析类似，中间产品部门将迁入核心区。

四、区域政策、迁移成本与企业迁移决策

现实的迁移决策往往还受很多其他因素的复杂影响，其中最重要的是迁移成本和区域政策，那么这两种因素将对高端装备制造企业迁移决策和产业分布带来何种影响呢?

以核心区民用部门为例，迁移成本主要包括固定资本的搬迁和部门重建所需成本，即历史初始条件带来的迁移成本，如研发部门的大型实验设备、生产部门的厂房等，迁移成本的存在抵消了部分集聚经济，从而减弱了企业的搬迁动力。然而，迁移后的重建成本不仅包括固定资本的重新投资，还包括劳动力的迁移或重新招募。当固定成本重建足够大且边缘区劳动力工资较高时，部门企业难以从搬迁中获得利润，将继续留在核心区，使得核心区成为"民参军"企业集聚区；当边缘区劳动力工资较低且总部与分厂之间的沟通交流成本较低，各部门仍然可以通过建分厂以降低成本，企业在该区域内建分厂，使得边缘区民参军企业增加；当总部与分厂之间的沟通交流成本较高时，则企业既不设立分厂，也不搬迁，仍留在原来区位，核心区企业数量不变但企业规模增加，仍然表现为核心区高端制造业集聚(迁移决策过程见图 6.2)。随着运输成本下降且通信技术进步，设立分厂成为越来越常用的方式。

我们在考察政府税收和补贴对产业集聚的影响时，已经探讨过区域政策对军品份额企业带来的不同影响：边缘区对企业民品实施税收优惠和补贴时，将有助于留住一部分"军转民"企业，并吸引核心区的"民参军"企业，使得两区域市场融合差异变小；政策信息越透明，"民参军"的交易成本越小，就越能吸引更多民营企业参军，从而推动高端制造业集聚。

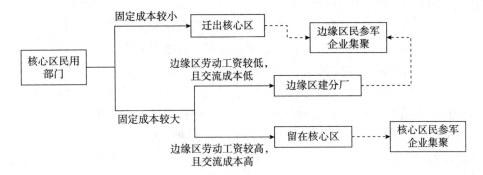

图6.2　核心区民用部门迁移决策过程

第 三 节　 案 例 研 究

异质性企业选址受不同集聚经济影响不同，其产业集聚路径也不同。日本典型产业集聚变迁和发展历程为我们提供了很好的研究案例。本节以群马县太田市和东京大田区两个典型高端制造业集聚发展为案例的研究，是对企业选址模型的检验。

一、群马县太田市高端制造业集聚变迁

太田市目前是日本著名车辆零部件和金属制造企业集聚区，其发展源于军工企业中岛飞行机株式会社，历经三段变迁。

(一)初始阶段：战略驱动型高端制造业集聚

群马县是日本为数不多的内陆县，太田市地处山区，初始养蚕业和农业生产发达，有日本最早的缫丝厂"富冈缫丝厂"。按新古典经济学理论，在汽车制造业方面，太田市无论在劳动力、资源还是资金方面都没有要素禀赋优势。新经济地理学理论认为，历史性因素或偶然性因素都对经济活动空间分布起着决定性作用，太田市汽车制造业集聚中心的成因中，偶然性因素占重要地位。1917年，群马县退役海军飞机厂厂长中岛知久平在太田市开办"飞行机研究

所"，即后来的中岛飞行机株式会社。中岛飞行机株式会社接受日军的订货和资金，成为日本战斗机厂商，并迅速成长为日本航空巨头，产量远远超过三菱重工和川崎航空，并带动关联企业上千家，雇佣员工达五万人，太田市也随之成为北关东重要的航空发动机和部件产业集群。这一阶段，日本处于战时统制经济阶段，太田市制造业主要为军工产业，经济成本相对于战争需求微不足道，政府投入大量资金推动区域内航空技术研发，使得区域内生产率大大增加，关联产业迅速发展，并通过循环累积效应带动企业数量大大增加。然而，这种经济活动的空间集聚建立在两个非持续性因素基础之上：一是战争，二是政府大量投资，这也意味着该集聚过程难以长期维系。

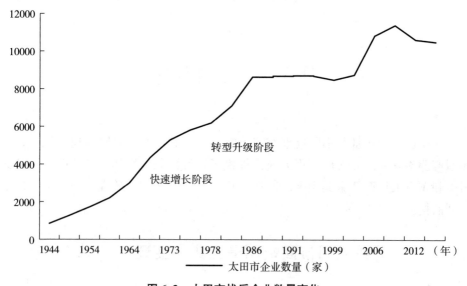

图 6.3　太田市战后企业数量变化

（二）发展阶段：龙头企业带动型高端制造业集聚

"二战"后，作为战败国的日本政府强制将该公司重组为数家独立企业，包括富士重工、岩手富士工业、日特金属工业、富士精密工业等公司，其中以太田制作所和吞龙工厂重组而成的富士重工成为日本重要的汽车制造商和军工生产商。重组后的公司在区域内产生强大的正向溢出效应，大批零部件生产商在周边成立，寻求规模报酬递增的外部性经济。同时，由于汽车产业和军工产品生产较长产业链以及富士重工等大型企业带来的大量上游产品需求市场，上游企业更容易在这里找到相匹配的中下游企业，太田市还形成了以富士重工为中心，由一级、二级、三级供应商组成的纵向型结构。这一阶段，由于较强的匹配效应和知识溢出效应的循环累积机制，太田市企业不断迁入，形成大型产业集群。同时，这些中小型企业还为同位于群马县的尼桑柴油机公司、大发公司以及其他周边其他县的公司提供产品。如图 6.3 所示，战后至 20 世纪 80 年代以前，太田市企业数量稳步增加，这一期间也是日本汽车工业快速发展的阶段。太田市作为集聚中心的集聚租为正，不断吸引企业入驻和劳动力流入。与此同时，太田市道路运输成本也在战后迅速下降，其道路长度在战后 20 年保持快速增长速度（见图 6.4）。运输成本下降，加快了劳动力流动速度，提高了贸易自由度，有利于推动企业空间分布向核心—边缘模型发展。

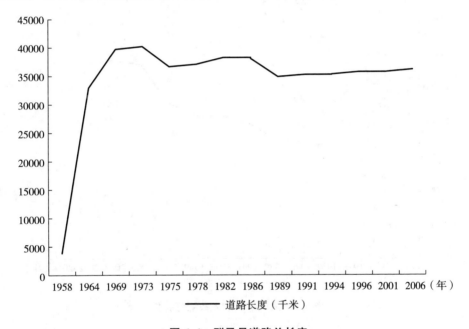

图 6.4 群马县道路总长度

(三)转型阶段：运输成本变化与集聚中心转移

20 世纪 80 年代后，全球化进程加快，加上日本经济增长速度放慢，环境问题日益凸显，工业发展急需转型升级。太田市地处内陆，在外向型主导经济中并不占优势，生活设施和其他基础设施相较 100 千米外的东京有较大差距。一方面，随着交通基础设施不断完善，运输成本下降；另一方面，太田市以汽车零部件生产为主，而日本国内汽车市场竞争激烈，包括其核心企业富士重工在内的日本汽车制造商纷纷将销售市场向海外拓展，而只将少数核心制造厂商留在国内，导致企业数量增速放缓(见图6.3、图6.5)，产业集聚发展停滞。如富士重工将总部设在东京，仅在太田市保留三个生产汽车零部件的工厂，而在栃木县和爱知县等航空产业密集的县设立工厂生产航空产品。与东京相比，太田市的劳动力成本较低，并能获得汽车零部件产业集聚化发展的优势，而将总部设在东京，则靠近防卫省和首都优势市场资源。进入21世纪后，日本经济发展强调IT立国和产业集群式发展，太田市汽车制造业也随之转型升级，企业专业化分工更加明确，科技发展带来整体生产率进一步提高，企业又开始慢慢进驻太田市，太田市从业人员也在21世纪后有显著增长(见图6.5)。

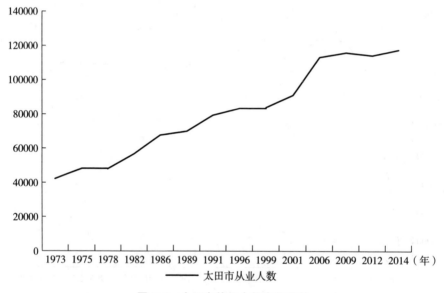

图6.5　太田市从业人数变化趋势

二、东京大田区高端制造业集聚变迁

大田区是日本乃至世界机械金属制造业和加工业集聚区，其高端制造业集聚形成过程又与群马县太田市不同。

(一)初始阶段：要素集聚型高端制造业集聚

大田区位于东京东南部，距东京中心较远，与神奈川县川崎市相望，区内大部分为平原。凭借地理优势，大田区从日本大正天皇时起就出现了大批中小型企业，商业发达，工业区域初步形成，并成为京滨工业带的一个重要区域。如图 6.6 所示，大田区虽然面积只有东京的 2.8%，其 2010 年人口密度是东京人口平均密度近 2 倍，是日本人口平均密度的 34 倍。尽管"二战"期间大田区人口急速下降，但战后不到十年，大田区人口密度就恢复到战前人口密度。此外，大田区还有着通向全国和世界各地的交通基础设施：位于大田区的羽田机场是日本少有的几个全天候机场，距离国际机场成田机场也只有一个半小时高速路程，大田区还是连通横滨中心与东京中心的首都高速 1 号羽田线的终点，与东京中心地区和周边产业区交通非常便利。四面通达的交通使得全国人口乃至世界各地人口源源不断地流入大田区，流入东京及周边地区，带动了人口自然集聚和产业集群发展，促进了当地经济和区域发展模式转型，并推动了"东京—大阪"工业带产业集聚发展，形成多个不同领域的产业集群。此外，有着七百多年历史的大田区，公园、学校等公共设施完善，生活便利，也吸引外来人口不断集聚，为产业集聚化发展提供了条件。

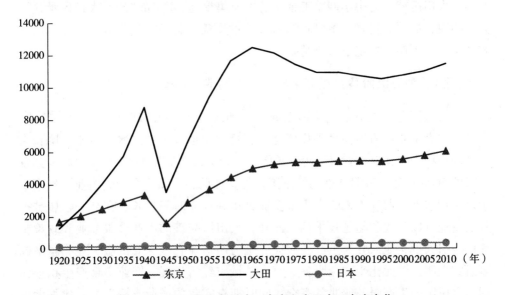

图 6.6 1920~2010 年日本、东京和大田人口密度变化

数据来源：大田区人口总数来自大田区官网：http：//www. city. ota. tokyo. jp/. 东京和日本全国人口数据来自 Statistics Bureau, Ministry of Internal Affairs and Communications；"Population Census"，人口密度则根据公式人口密度＝总数/面积计算得到，密度单位为人/km^2。

(二)发展阶段：金融外部性驱动型高端制造业集聚

随着日本临海工业开发，金属制造业大规模集聚于大田区。1983 年，大田区制造业规模发展达到顶峰，共有 9177 家企业，其中 80% 以上属于金属制造业。大田区制造业以中小型企业和微型企业为主，30 人以下企业占 94.6%，9 人以下企业占 80% 以上，这些中小型企业提供了区内大量就业机会。虽然单个中小型企业产量较小，但空间密集分布的地理优势使产品在企业间运输非常方便快捷，节省了大量运输成本和运输时间，能更快地应对市场变化以做出变更。正因为如此，大型公司和订货商也更愿意选择大田区的中小型企业作为子承包商。大田区 90% 以上的中小型企业从事着直接或间接地接收大企业订单（转包）的工作，在特定的加工领域实现专业化，从多家企业接收作业订单，形成风险分散化的企业网络。如斯巴鲁电脑公司，既直接为防卫厅的局域网内部系统提供服务，也从川崎重工、日立等大型企业承接国防业务。

大田区发达的制造业水平始于其高标准的军工标准。从昭和时期（1926 年）开始，大田区就成为中小型军工企业的重要集聚地。"二战"后，大田区承接了大量防卫省的军需资材订单（特需）和美军的军需品订单，这都为其在技术层面和质量、管理层面奠定了重要基础。

(三)转型升级阶段：战略主导型高端制造业集聚

大田区制造业在 1983 年抵达顶峰后，迎来了转型升级阶段。在这一阶段，由于日本大型企业纷纷向海外投资建厂，日元贬值，国内采购量急剧下降，大田区中小型企业在这种背景下纷纷关闭，企业数量由原来的 9000 多家减少到近年来的 5000 多家，并且还在持续下降。尽管如此，大田区金属制造业仍然高于东京平均水平。留存下来的中小型企业大多为成立时间较长、在某一领域掌握其他企业难以替代和超越技术的。此外，大田区完善的生产性服务业和政策支撑也吸引大批企业入驻。生产性服务业是为制造业直接配套的服务业，越来越多研究表明，多元化生产性服务业对推动城市经济发展、产业集聚产生积极作用。大田区的生产服务业非常齐全，同时拥有完备的产业支援设施：建立大田区产业广场，为区内企业提供举办活动、培训等提供场所；建设工厂公寓，设置专门资金改善员工福利；同时推动产学、产产合作体发展，建立大田区制造业研究开发合作系统。此外，大田区入选国家战略特区，享受国家产业强化政策和都市开发、金融、教育、医疗政策照顾。多元化的产业结构、完善的产业支援服务以及便利的生活环境，都有利于吸引企业入驻与集聚。

到 2013 年，大田区制造业工厂占东京从事制造业工厂总数的 11.8%，从业者占东京制造业从业者的 8%，是东京所有区中制造业工厂数和从业者数量最多的。这其中，又以金属制品制造、一般机械制造和电气机械器材制造所占比最高，通用机械器具、生产用机械器械、业务用机械器具这 3 种制造业总产值约占东京都整体的 18.5%，这在整个日本都算极高的比例。大田区制造业中，金属制造业、机械制造企业占大田区内企业总数近 60%（见图 6.7）。

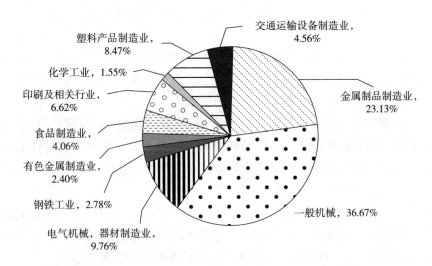

图 6.7　2013 年度大田区制造企业分类型数量构成
资料来源：东京市大田区政府网站，http：//www.city.ota.tokyo.jp/.2014-05-22。

三、几点启示

群马县太田市和东京大田区在不同阶段的初始条件不同，影响产业空间分布的主导因素也不同，导致不同阶段高端制造业集聚路径存在较大差异，尽管如此，两者仍然存在许多共同之处。日本典型高端制造业集聚的变迁给我们几点启示：第一，优惠政策和历史初始条件（或偶然性因素）主要在产业集聚发展初始阶段和转型阶段发挥作用，难以持续发挥作用，这对地方政府予以启示。第二，通过龙头企业带动、产业间前后关联是推动高端制造业集聚发展壮大的主要集聚路径。第三，运输成本下降使得国防科技工业趋于分散分布。

第四节 本章小结

本章基于"空间—技术—区域政策"的理论分析框架，构建了一个由基本层、空间层和战略层构成的三层次高端装备制造企业选址模型，并对异质性高端装备制造企业选址及其高端制造业集聚路径进行了较为全面的分析，得出以下几点结论：

第一，基本层和战略层因素影响企业集聚经济大小，空间层因素则决定企业能否通过区位决策获得集聚经济，三者相互影响，紧密关联，共同影响企业区位定位，并进而影响国防科技工业空间分布。

第二，影响企业区位定位的主导因素不同，其高端制造业集聚路径也不同。根据主导影响因素的不同将高端制造业集聚路径分为两大类型：外部性驱动型和战略驱动型。外部性驱动型又可分为金融外部性驱动型和技术外部性驱动型；战略驱动型可分为战略主导型和路径依赖型。

第三，"军转民"和"民参军"企业的不同部门迁移决策不同，从而影响高端制造业空间分布。长期来看，核心区和边缘区两用技术创新水平在知识溢出效应作用下逐渐接近，"民参军""军转民"企业最终都将集中在核心区。

第七章

高端制造业集聚的国际比较

世界各国产业发展在走向成熟的过程中都出现过产业集聚趋势，并表现为不同类型的产业集聚形式、形成各具特色的产业集群，如丰田式产业集群、硅谷创新式产业集群、意大利式产业集群等。本章首先重点对美国、日本和意大利等发达国家产业集聚现象进行定性研究，接着在国际层面运用全球面板数据对高端制造业集聚绩效进行实证检验，为我国高端制造业集聚提供对比参考。

第一节 国外发达国家高端制造业集聚的定性描述

本节主要对美国、日本和意大利高端制造业集聚的现状、特征及主要集聚路径进行比较研究，与下一节的实证检验相结合，更加全面地呈现高端制造业集聚的全球概况。

一、美国高端制造业集聚

美国虽然不是最早出现产业集聚化现象的国家，却是产业集群发展最为成熟的少数几个国家之一，美国国内分布着上千个不同类型、不同行业的产业集群，如广为人知的硅谷微电子产业集群、底特律汽车产业集群等，这些产业集群构成美国经济发展的不同模块，是美国经济活力和产业竞争力的源泉。

（一）主要高端制造业集聚发展现状

美国拥有门类齐全的工业基础，其高端制造业在数十年的一体化进程中对当地经济产生了较强正外部性，或与当地经济形成了较强的投入产出关联，带动相关产业发展和企业、劳动力、知识流向区域集聚，在多个区域形成以高端制造企业为基础的产业集群。按照国防工业分类，可将美国高端制造业产业集群分为航空航天产业集群、船舶制造业集群、微电子产业集群、核工业集群以及兵器制造业集群五大类，其中尤以前三类发展最为成熟，集聚效应最为明显。

航空航天产业主要集聚在西部、南部沿海地区，如以西雅图–塔科马–奥林匹亚为核心，波音公司前总部所在地的西华盛顿州航空产业集群，有"航空首都"之称、拥有五家大型飞机制造商和麦康奈尔空军基地的堪萨斯州威奇托（Wichta）、航天城休斯敦以及美国最大的飞机维修和保养中心佛罗里达州。此外，犹他州、达拉斯、波士顿等地也有着发达的航空航天配件生产制造业。航空航天产业为当地创造直接或间接的经济，如 2014 年华盛顿州的航空航天产业收入占整个州收入的 22.2%，仅波音公司 2014 年收入就占整个州全年收入的 20%[①]。航空航天产业对当地经济的带动主要通过乘数效应，该产业每收入一美元，为整个州带来额外 0.47 美元的收入，航空航天产业每增加一个就业机会，为整个州带来额外 1.86 个就业机会[②]。

在船舶制造业方面，由于美国产业布局和发展重心转移，美国现有造船厂较少，军用造船厂也仅保留少数较大的几家，船舶产业只在部分州密集分布。根据运输部海事局（MARAD，2013）统计报告，美国现有 117 家造船厂，200 多家船舶修理厂，但其中大部分订单源于美国政府，包括海军、陆军和海岸警卫队。2011 年美国造船厂对美国 GDP 直接和间接经济贡献达到 360 亿美元，300 多家造船厂和维修厂创造了 107240 个就业机会，船舶制造业每增加一美元劳动收入，会带来额外 2.03 美元劳动收入以及 2.66 美元 GDP 增长。美国造船厂主要集聚在路易斯安那州、密西西比州、佛罗里达州、得克萨斯州、加利福尼亚州等东南沿海各州，在内陆河周边也分布着少量造船厂，这些州靠近海洋水域，有着天然的资源禀赋优势，是多个海军基地所在地。此外，美国船舶产业在"一战"和"二战"中发挥了巨大作用，军用造船厂在战后转为民用和商用，船舶制造企业虽然数量少，但专业化分工明确，产业链完整，与当地经济发展形成渗透力强的投入产出关系，最为典型的船舶产业集聚地区是弗吉尼亚州。弗吉尼亚州 2011 年造船业直接或间接带动的就业人数为 63650，直接从业人数占美国造船业从业人员总数的 24.9%，接近 1/4。美国六大造船厂中就有两家最大的

---

① Washington State Office of Financial Management，https：//ofm. wa. gov/. 2014.

② www. seattlechamber. com/homw/advocacy－news/details/2015/02/17/aerospace－economic－impact－a-nalysis－update. 2014-04-27.

造船厂位于弗吉尼亚州：纽波特纽斯（Newport News Shipbuilding，NNS）和诺福克海军造船厂（Norfolk Naval Shipyard，NNSY）。其中，前者是美国最大的私营造船厂，也是唯一能设计、建造核动力航母以及对核动力航母进行核燃料更换和大修的造船厂；后者依托于美国最大的海军基地，是美国最古老的造船厂之一，属于国家造船厂。不仅两家造船厂之间存在频繁密切的互动，对当地经济也起着非常关键的带动作用。弗吉尼亚州每90个就业机会中，就有一个与船舶产业直接或间接相关①。

在微电子产业方面，以硅谷高科技产业集群为代表，在加利福尼亚州、得克萨斯州、马萨诸塞州、俄勒冈州等地分布尤其密集，相关企业大多集聚在大学周边区域。其中，加利福尼亚州 2013 年销售微电子产品收入占全国该类产品收入的 21%，是美国计算机电子产业分布最为密集的区域，也是军工产业集聚的典型案例。美国在"冷战"期间为了在军备竞赛和太空技术上保持领先地位，投入大量资金资助斯坦福大学、旧金山港等地进行信息技术研发，硅谷所在地的湾区（bay area）是美国海军的主要研发基地，现属于 NASA 的墨菲特基地也坐落于硅谷。早期的硅谷就集聚了大量军工企业，这些企业在海军基地南迁后仍然留在此地，并不断吸引新的企业入驻，推动硅谷成功转型为全球创新产业集群。例如，硅谷计算机及其周边产品在 2015 年第三季度共获得了美国 95%的风投资金，2015 年度硅谷 52%风险投资投向了软件领域。2014 年，仅硅谷注册专利数就占全美国新注册专利数的 13.4%，其中 40.5%的专利在计算机、数据处理和信息储存领域②。实际上，尽管硅谷的绝大多数企业从事商业化活动，但硅谷自始至终都与国防部和国防工业有着非常密切的联系，属于典型的高端制造业集聚。除硅谷外，西雅图、128 公路、奥斯汀等地也都集聚着大量电子信息企业，它们承担着绝大部分美国国防部的软件、计算机硬件以及其他相关元器件的研发承制任务，并进一步吸引越来越多相关企业入驻该地。

在核工业和兵器工业方面，由于 20 世纪 90 年代国防经费锐减后相关企业数量大幅减少，主要经营范围向商业领域转移，整体分布较为分散，并未形成像航空航天领域和电子信息领域的大型产业集群。核武器装备研发制造主要由国家实验室和少数几家大型核工厂承担，如劳伦斯·利物摩国家实验室、潘太

---

① https：//www.americanmaritimepartnership.com/2014/03/27/virginia-leads-nation-u-s-shipbuilding-jobs/.

② https：//www.jointventure.org/images/stories/pdf/index2016.pdf.

克斯工厂(Pantex Plant)、堪萨斯城市工厂(Kansas City Plant)。其中,位于得克萨斯州的潘太克斯工厂是美国唯一的核弹头组装厂和拆解厂,也是世界上最大核武器工厂;堪萨斯城市工厂则为美国核武器提供了85%的非核部件。在这些大型核武器工厂周边虽然也集聚了一些私营企业,但由于核武器装备生产需求量较小,产业链较为单一,企业间投入产出关联度较低,尚未形成成熟的产业集群。美国兵器种类多、兵器制造业能力较强,其兵器工业可分为重型兵器(坦克等)和轻武器(弹药、枪支),现有兵工企业主要在"二战"基础上发展而来,分布在得克萨斯州、加利福尼亚州、宾夕法尼亚州、佛罗里达州等南部和东部制造业基础较好的区域。

(二)美国高端制造业集聚特征

随着"冷战"结束和国防工业转轨进程加快,美国高端制造业产业集群经历了从企业开始集聚到逐渐成熟的过程,并逐渐形成了鲜明的特征。

第一,市场主导特征突出。虽然美国非常重视产业集群政策的运用,对特定产业进行针对性的支持援助,但整体而言,美国军工产业集聚化发展是在市场导向下企业出于自身发展需要而出现并成熟的。一方面得益于美国武器装备商业化采购政策的推行;另一方面得益于两用技术的发展,私营高新技术企业或者因为追寻国防需求在大型军工集团周边、各军种基地周边空间集聚,或者追寻专业化优势,在一定空间范围内集聚,并进一步吸引新的企业入驻。如硅谷高新科技产业集群的形成,尽管与美国国防部、斯坦福大学和旧金山港的大量投资密切相关,但其成熟发展则依赖完全市场化的因素。大量的风险投资、雄厚的技术积累、广阔的市场需求以及源源不断的专业化人才队伍等集聚优势和较强的外部溢出,是不断吸引企业入驻、空间集聚自我加强的关键。市场主导产业集聚与政府主导产业集聚最大的区别是,前者抵御风险能力较强,而后者过多依赖政府倾斜政策和政府引导,脱离了政府往往难以继续维持集聚优势。市场主导同时意味着严酷的市场淘汰机制,反面的例子是美国128公路沿线的军工产业集群和高新技术产业集群。和硅谷一样,128公路也是在"冷战"期间依靠美国政府大量投资于半导体、信息产业而形成的国防科技工业及高新技术产业集聚区,但随着"冷战"结束和国防订单锐减,政府主导作用逐渐减弱,而推动产业集聚的市场因素尚未成熟,因此,128公路沿线国防工业和其他高新企业纷纷倒闭或转移至其他区域。

第二,依托于雄厚的科研力量。由于高端制造业的技术密集属性,其自身发展就需要雄厚的科研力量作支撑，而美国高端制造业集聚的鲜明特征体现在其与区域内科研机构联系非常密切，形成以大学、科研院所、重点实验室等科研机构为核心的，有着较强技术溢出效应的空间集聚区。区域内大学等科研机构与产业之间沟通机制顺畅，两者通过多种方式维持信息互通，有效强化技术溢出效应。例如，斯坦福大学许多教授同时是硅谷公司创始人，学生从上学起就可能去硅谷的公司实习或者创业。斯坦福大学著名的非营利性企业孵化器 StartX 项目，为斯坦福大学的学生、老师或者校友提供创业孵化服务，而硅谷的"风投街"则为斯坦福的创业者提供了最便捷的融资渠道。同时，美国健全的知识产权保护机制和相关配套机制为科研创新者与产业界的权益分配提供了重要保障。在完善的法规配套服务下，科研工作者或知识产权所有人才能与产业之间实现真正的对接，高端制造业集聚才能有稳定的科研力量作为支撑。

第三，人员构成以高学历海外移民为主。产业集聚的重要特征和优势是对外部劳动力的吸引力，美国高端制造业集群劳动力以国外高科技移民为主。例如，西雅图-塔科马-奥林匹亚航空产业集聚区 2001 年至 2014 年净国际移民比率为 0.48%，是美国平均净移民比率的 1.5 倍；2000~2014 年，拥有本科及其以上学历的人员总数占总人口比例的 35.65%，是全国平均水平的 1.2 倍[1]。在硅谷，1996 年至 2015 年，硅谷每年增加的海外移民人口数量平均达 16600 人，且 21% 拥有研究生及以上学历[2]。大规模高学历海外移民主要源于两个渠道，一是美国国内各大高等院校毕业生和研究机构研究人员，尤其是集聚区内的优质综合性研究机构；二是来自海外各国源源不断的技术移民，这些海外移民的共同特征是拥有高学历和掌握前沿科技，在母国难以找到合适薪水的工作或难以适应母国工作环境。海外移民除了向美国产业集聚发展输出知识，还联通了美国与世界各国的产品、销售、知识、研发网络，对产业集群的进一步发展起着重要作用。

(三)美国高端制造业集聚路径

不同行业高端制造业集聚的初始条件不尽相同，其发展路径也不一样。依据初始条件和主导影响因素不同，美国产业集聚路径可大致分为五大类

---

[1]　http://www.clustermapping.us/region/economic/seattle_tacoma_olympia_wa/performance.

[2]　https://www.jointventure.org/images/stories/pdf/index2016.pdf.

（Markusen，1991）：民转军用型、军企带动型、区域孵化型、技术外部性驱动型、需求衍生型。

"民转军用型"产业集聚路径，是指某区域内在承接军事订单前或军工企业入驻前已经集聚了大量企业、劳动力、服务业等资源，但以商业生产为目的，随着国防订单的增多，该区域商业企业逐渐转变为以国防生产为目的，进而吸引更多劳动力和服务型企业进驻。这种发展路径的优势在于，军工产业集聚化发展的客观条件成熟，如位于美国明尼阿波利斯（Minneapolis）的霍尼韦尔公司（Honeywell）①此前以生产加热器为主，在"二战"期间接受美国国防部订单生产坦克潜望镜稳定器和自动导航装置。随后，霍尼韦尔公司接到国防部源源不断的订单，单独成立航空部门，与美国空军、海军形成长期合作，逐渐成为美国国防部主承包商（Votteler，Thom，2003）。作为明尼阿波利斯的大型公司，霍尼韦尔公司的转型带动了大批合作厂商和竞争厂商在公司周边入驻，形成以军工企业和国防订单为核心的高端制造业集聚区域。类似地，还有雷神公司（Raytheon）、普惠公司（Pratt and Witney）。但劣势也在于此，以商业生产为目的的厂商在资源配置等方面容易形成思维定式，可能难以实现转换。

"军企带动型"产业集聚路径，是指在现有工业中心或集聚区外、位于偏远地区的一些企业，因为承接国防资助和国防订单而发展，并吸引外来企业入驻和当地企业在周边创立，慢慢形成高端制造业集聚区。这种路径的优势是军工企业核心主导地位明显，有赖以支撑的国防订单和国防政策，但劣势是偏离现有商业中心，对高水平技术人才吸引力较弱以及对政策敏感度较高。比较典型的例子是洛杉矶及加州南部航空航天产业的发展。20世纪20年代的洛杉矶工业并不发达，但成立了少量以生产飞机和飞机零部件的小企业，这些小企业在20世纪20年代开始接收国防订单开始生产机身，并慢慢发展壮大，如道格拉斯公司（Douglas）成为美国军队最大供货商。接着，其他航空制造公司陆续在周边成立，并不断吸引制造、通信、软件和服务业企业的入驻，从而带动整个洛杉矶地区的工业发展，形成后来的洛杉矶航空工业、电子产业集聚区。

"区域孵化型"产业集聚路径，是指军工复合体与地方经济合作共同培育新企业，新企业的成长以及国防订单的增多，增加了该区域作为国防生产研发中心的吸引力，从而吸引大量企业、劳动力和科研机构入驻，形成军工产业集聚。这种路径的优势是有强大的政策支撑，但劣势是独立的军事基地在专业分工、

---

① 霍尼韦尔公司在1999年搬迁至新泽西州的莫里斯。

管理等方面都难以与地方经济进行合作。如在战争期间或为了启动某些关键项目，美国国防部会选定一片区域，这片区域通常为在某一方面具有优势的小镇，建立军事基地，如空军试验基地。由于军事基地本身有大量人力资源，这些人力资源会进一步吸引高科技军工企业或为军事基地服务的国防承包商。经过这种效应的循环累积，该军事基地所在区域逐渐成为大量熟练工人、企业和资本的集聚区，并进一步推动高端制造业集聚化发展。

"技术外部性驱动型"产业集聚路径，是指高等院校和研究机构的研究人员和管理人员承担国防独立研发项目，这样长期以来就会在学校或研究机构周边形成校外研究机构和独立公司，推动实验室研究项目向生产转化。这种路径的优势是本身集聚了大量高科技研发人才资源，但劣势是资金缺乏。比较典型的案例是斯坦福大学与硅谷的崛起、加州理工大学与洛杉矶航空工业发展、MIT与128公路的发展等。

"需求衍生型"产业集聚路径，是指在关键军事设施，如航空试验基地、导弹卫星发射中心、五角大楼等周边形成的军工产业或服务业集聚。这些军事设施或指挥中心由于拥有选择国防承包商和国防订单的决策权，周边即使没有当地经济的支持也能吸引国防生产或服务业集聚。如在华盛顿DC集聚了大量国防承包商的总部或办公室，这些机构的设立往往是为了游说政府、争取国防订单而设立。这种路径的优势是，无须依靠当地经济发展，关键军事设施本身就有足够吸引力可以吸引大量企业入驻，但劣势是容易形成过度拥挤效应。

高端制造业集聚的五种路径不是独立存在的，同一个区域可能同时有多重集聚路径。不论哪种集聚路径，军工产业集聚要顺利发展成熟都需要具备劳动力资源、技术人员、资金、政策支持等诸多条件。

二、日本高端制造业集聚

日本产业集聚现象出现于19世纪末，日本中小型企业厅1996年的调查显示，当时全国共有537个产业集群。日本政府也非常重视产业集聚化发展对推动经济转型和提高产业核心竞争力的作用，自2001年以来日本经济产业省和文部科学省多次出台产业集群规划（朱惠斌，2014）。值得注意的是，由于日本特殊的武器装备生产市场背景，其高端制造业也随国内产业集聚化发展而集聚在一定空间内。

(一)日本高端制造业集聚发展现状

日本高端制造企业专业化分工程度高,主要可分为两种类型,一是大型企业,如三菱重工、川崎航空工业、东芝公司、日立造船、美弥齿轮、日本制钢所等为防卫省研制武器装备的主要承包商。二是负责生产组件或零部件的中小型企业,如飞机制造需要近1200家中小型企业相互合作,约1300家企业参与生产坦克及相关组件,约8300家企业参与生产驱逐舰及相关组件①。各中小型企业都掌握独特技术,相互合作,形成大型企业的供应商体系。在2014年武器出口禁令放松前,日本武器装备市场只有自卫队一个买家,每年国防采购预算受限于自卫队年度采购预算,企业的军需依存度②非常低。根据美国防务新闻网2015年统计报告,日本共有七家公司进入全球军工企业前100名(见表7.1),平均军需依存度只有3.3%,而这七家公司国防销售额占日本2014年装备采购费用总额的40.75%。根据日本防卫省2014年的统计数据,2003年至2007年间,国内排名靠前的57家军工企业③军需依存度超过50%的仅有7家。

表 7.1   日本主要军工企业(前七位)的军需依存度(2014年)

位次	公司/企业	国防销售额/亿美元	总销售额/亿美元	军需依存度/%
1	三菱重工业	26.26	468.97	5.6
2	川崎重工业	19.09	170.94	11.2
3	日本电气	10.11	292.96	3.5
4	日本全日空航空公司	9.26	171.00	5.4
5	三菱电机	8.60	431.43	2.0
6	石川岛播磨重工业	6.18	145.29	4.3
7	富士通	5.25	474.37	1.1
	总计	84.75	2154.96	3.3

---

① Defense of Japan, 2015. Minister of Defense. http：//www. mod. go. jp/e/publ/w _ paper/pdf/2015/ DOJ2015_3-2-1_web. pdf.

② 军需依存度=军工销售收入/总收入。

③ Defense of Japan, 2014. http：//120. 52. 72. 28/www. mod. go. jp/c3pr90ntcsf0/e/publ/w_paper/pdf/ 2014/DOJ2014_4-1-1_web_1031. pdf.

一方面，日本受限和平宪法，不能大规模生产武器装备；另一方面，需依赖追求利润的民营企业，保持制造最先进武器装备的生产能力，这就要求日本对军工企业的布局与分工做出高效配置。产业集聚为军工产业转型发展提供土壤和机遇，高端制造业集聚依托于一般产业集群，并随时间推移而发生动态变化。

日本产业集聚现象出现较早，早在"二战"以前就已经出现了以丝绸编织、陶器制造等传统工业为主的产业集群，而机械制造业集群和服务业产业集群出现较晚。遍布全国的大小产业集群，为军工产业集聚化发展提供了成长土壤，以航空航天产业和汽车制造业为例，航空航天产业主要集中在中部地区，如新潟县的新潟市，爱知县的名古屋、北名古屋、清须市等地，车辆制造主要集中在北海道、东北、中国和九州等岛上县市。名古屋是三菱重工航空宇宙系统制作所总部所在地，周边集聚着大量航空组件生产商，如生产液压高压管的生产商 Hirotaka MFG 有限公司，生产航空器部件和小口径枪弹的 Asahi-Seiki 制造有限公司，生产液压装备、电子机械以及轻武器的 Howa 机械有限公司，生产电子测量装备的 NST 有限公司。这些企业既生产民用产品，也生产军用产品，是大型军工企业的子承包商。

（二）日本高端制造业集聚特征

与美国高端制造业集聚相比，日本高端制造业集聚具有鲜明的国家主导特色，此外，中小型企业众多、国防工业与民营经济深度融合、支撑政策完备等特征。

1. 以数量众多的中小型企业为成长土壤

产业集聚与中小型企业发展密切相关，这对国防科技工业同样适用。日本于 1999 年以法律形式确定了中小型企业在未来发展中的主体地位。从世界各国的产业集聚发展情况来看，中小型企业是推动产业集聚化发展的直接主体。在日本，员工少于 300 人或资产少于 3 亿日元的企业属于中小型企业①，2012 年日本建筑产业、制造业、信息与通信产业内中小型企业各占 99.9%、99.5% 和 98.9%，中小型企业就业人数占企业总就业人数的 69.7%，是支撑日本大型企业和产业发展的关键力量。根据日本中小型企业厅 2013 年调查，日本共有 537 个产业集群，绝大部分由中小型企业集聚而形成。在经济产业省发布的产业集

---

① The Small and Medium Enterprise Agency. (2014) Statistics on Small and Medium Enterprises.

群规划中，中小型企业是推动地方经济恢复活力、形成产业集群的关键。在军工产业领域，中小型企业数量占总数的99%以上，这些中小型企业同时经营民营业务，主要分布在制造业领域和通信产业领域。日本装备采购体制中虽然设有竞争投标机制，但通常出现只有一家大型企业申请的情况，因而其武器装备的研发与生产需要依靠大量中小型企业合作完成。

2. 金融支持体系完备

资金流动不仅和劳动力流动一样直接决定产业的空间分布，还在很多方面直接或间接影响经济活动分布。融资对任何产业发展都至关重要，对军工产业和民营中小型企业尤其如此。一般来说，国家装备采购费用和对外出售是一国军工产业发展的重要资金来源，日本军工产业在这两方面都没有优势。因此，日本军工产业发展必须独辟蹊径。

一是财团体制。日本财团是掌握多家企业和金融机构的大型集团，财团不仅在内部企业中控股，财团之间还会互相持股，形成稳定的企业关系网络和金融网络。日本财团可分为纵向和横向两种结构，且两种结构同时存在于同一财团中：纵向结构以大型母公司为中心，在其系统内形成大量关系企业，内部关联紧密，如三井住友财团的核心企业丰田企业集团与零部件制造企业和供应商之间存在相互依赖关系；横向结构则相对松散，往往由金融机构、综合商社和制造企业组成，集团内企业间互相依赖程度较低，如三菱财团内的三菱重工、三菱电机等内部企业间的平行关系。财团体制对产业发展的优势体现在综合商社上，综合商社拥有强大的金融实力，以贸易为平台介入产业链的各个环节。日本大型军工企业都是六大财团的核心企业，如三菱重工、三菱电机属于三菱财团，日立、日本精工属于富士财团，日本电气、马自达属于住友财团。财团通过纵向垂直管理，支持大型军工企业的子承包商运营，还通过横向并购、扶持相关联企业成长，深度渗透到产业链各环节及周边产业发展。日本大型企业几乎均以财团形式管理和运行，财团内企业数量众多，规模各异，但都通过财团内部保持密切关联，企业间往往处于同一产业链上下游不同环节，存在投入产出关联，共同的财团关系形成企业信任网络，从而大大减少了企业间的交易成本和生产成本，并降低了产品价格和产品质量方面的风险，实现集聚效应。从这个方面来讲，财团机制实现了产业链的纵向整合，大大降低了交易成本、提高了分工效益。

二是建立专门服务于中小型企业的金融支持体系。高端制造业集聚的核心主体是中小型企业，而那些独立于财团外的中小型企业最容易面临融资困难。完备的中小型企业金融支持体系，为军工产业集聚提供了强大的后盾。日本中小型企业金融支持体系包括政府金融和民间金融。日本建立了完备的政策金融公库为那些难以从银行贷款的中小型企业提供低汇率融资，包括商工组合中央金库、国民金融公库和中小型企业公库等三家专门服务于中小型企业融资的金融公库，设立中小型企业经营力强化基金、企业再建资金等专门基金。2014年，政策金融机构发放的中小型企业贷款占总贷款约14%，其中，制造业占47%，交通运输通信业占9.1%。此外，日本还有完善的民间中小金融机构和中小型企业信用担保体系作为传统金融机构的补充，例如，建立和完善信用保证协会，服务中小型企业贷款，在担保额度和担保要求等方面都相较传统金融机构更为宽松。

两方面的金融支持对应"两极化"工业结构，大型企业及其供应商背后有财团雄厚的经济实力作为支撑，而中小型企业则主要依靠民间金融机构和政策性金融机构获得贷款和周转资金。

3. 支持性的政府采购政策和科研政策

优先采购国内企业武器装备，尤其是中小型企业军工厂产品，扩大了中小型企业的需求市场，企业追求"本地市场效应"而空间集聚。如日本《中小型企业基本法》强调，政府应该采取措施增加中小型企业获得政府采购。2012年，日本政府和其他公共事业单位与中小型企业订立的合同总额占所有合同总额的53.5%，日本中小型企业厅还提出了要在2014年将这一比例提高至56.7%，以支持那些拥有技术但规模和订单不足的中小型企业发展。在武器装备采购中，同等质量或质量相差不大条件下会优先从国内采购。这种对国内军工产业和中小型企业的市场保护，为军工企业集聚的核心——中小型企业——成长具有重要的保护和推动作用。

政府补贴技术研发减少了企业研发投入，提高了企业实际收益，有利于推动包括国防工业在内的高新技术产业集聚化发展。由于日本军工产品在国内市场份额有限，将军工技术转化为商用技术的成本相对较大，国防研发大都直接从国防经费中拨款。日本早在20世纪末就明确提出，把加强国防科研、增强技术基础作为指导国防建设的重要方针。尽管日本国防研发经费占国防支出的比例并不高，如2015年仅占2.9%，但这个公布的数字远少于实际的国防研发费用，日本往往还依托于两用技术研发项目发展国防科技。如2015年设立的5亿美元"创新科技安全项目"，旨在加强产业界、学术界和政府的合作，促进开放创新，研发两用技术，既为国防科技发展服务，也推动民用技术商业化应用。

此外，日本政府也充分认识到中小型企业在科技创新过程中扮演的角色，坚持技术先导的产业政策对中小型企业研究开发和试验经费免税 12%，企业用于购置基础技术(包括尖端电子技术、生物技术、新材料技术、电信技术及空间开发技术)开发的资产免税 7%。

(三)日本高端制造业集聚路径

根据产业集聚的初始条件可将日本高端制造业集聚路径分为四种类型：基于传统产业区发展而来的高端制造业集聚、基于城镇发展的高端制造业集聚、基于城市发展的高端制造业集聚，以及政府主导的国家高新技术产业集聚。

基于传统产业区发展而来的高端制造业集聚，主要是由金属加工、机械器具、陶瓷等传统产业形成的高端制造业集聚。例如东大阪市高端制造业集聚，以机械器具制造业、塑料制品制造业为主，2013 年共有 4 人以上企业达 2709 家[①]，工厂密度居日本所有城市前列[②]。东大阪的高端制造业集聚以中小型企业为主，其发展与日本军工企业的发展关系密切，其中最重要的军工企业是"二战"时期亚洲最大军工厂"大阪兵工厂"(Osaka Army Arsenal)。尽管大阪兵工厂在 1945 年日本投降后被摧毁，但兵工厂原有的 64000 名员工及兵工厂合作企业在战后迅速成为推动东大阪经济复苏的关键力量，他们创建了东大阪市的大型企业及数量众多的中小型企业，并通过这种方式保留了原兵工厂的生产技术，完成了技术溢出过程，推动东大阪形成以金属制造等传统产业为基础的高端制造业集聚。类似的产业集群还有东京和名古屋传统产业集群。

基于城镇发展的高端制造业集聚。这种类型的产业集群由于规模相对较小，企业间往往通过纵向垂直关联保持密切联系、形成以少数大型企业和周边中小型企业构成的高端制造业集聚，该种类型的产业集群构成了日本产业集群的主要部分。例如，群马县太田市，以富士重工为中心，由一级、二级、三级供应商中小型企业构成具有密切联系的纵向性高端制造业集聚。爱知县丰田市就是以丰田公司为核心、数量众多的中小型企业为零部件供应商以汽车零部件配套生产、形成长期合作关系的城镇高端制造业集聚。

---

① [日]东大阪市《东大阪市统计书》(2013 年)。
② [日]日本总务省《事业所、企业统计调查报告》(2006 年)。

基于城市发展的高端制造业集聚，是伴随城市的发展，企业为充分利用城市人口密集、基础设施和服务设施便捷等优势而形成的产业集群（Yamawaki，2002）。这种类型的高端制造业集聚以中小型企业为主，各企业间分工明确、通过相互合作转包等相对垂直关联形成较为复杂的关系网络。例如，东京大田区，集聚了5000余家中小型企业，这些企业直接或间接地承担大企业转包业务，并在特定领域实现专业化。

上述三种类型高端制造业集聚过程中，企业主要受市场作用自发在特定空间集聚，在日本还存在一类以政府主导为主要推动力形成的产业集聚，其中筑波科学城就是典型代表。

筑波科学城是日本政府为振兴科学技术、实现"科技立国"的重要战略部署，1963年经内阁批准在距离东京市中心60公里的筑波山开始创建，是一个由政府主导的国家项目。目前，科学城集聚了43个国家研究所、20万人、约1万科研人员，形成以筑波大学和国家级研究中心为核心的日本高科技研究中心，是日本最大的科学中心和技术创新中心。筑波科学城在电子学、生物工程技术、机电一体化、新材料、信息工程、宇宙开发、环境科学、资源能源、地球科学、土木建筑、农业等领域都成为日本科技创新的领头羊，并不断缩短与欧美等国家的技术差距。除高等院校和科研机构外，日本政府也试图在科学城促进"产学研"发展，在城区中心设施完备后，政府引导民营企业进驻，培育大学与产业之间形成有机联系，同时还注重提高其国际影响力，吸引大批国际研究人员和跨国研究机构的入驻。筑波科学城面向全国承担多个领域的研究项目，包括大量政府和国防基础科研项目，试图在基础科研领域实现市场融合。

筑波科学城具有鲜明的国家主导特色，是在毫无基础的条件下、由政府全新打造的国家级科技研究中心，耗资巨大，在初期也取得较好的成效。但也正是由于政府介入太深，导致其在后期发展暴露出诸多问题，例如技术创新动力不足、成果转化效果不明显、资本化率低等，甚至被一些学者称为"科学乌托邦"。

三、意大利高端制造业集聚

意大利是产业集聚化较早发展成功的国家，早在20世纪七八十年代就以产业区经济发展路径受到学术界和世界各国的关注。上百个以中小型企业为主体的产业区①，分布在全国各个市，支撑着意大利经济发展和国防发展，被称为"第三意大利"。产业区不仅是意大利经济发展的重要支撑，也是国防工业发展趋势，产业区相比非产业区系统拥有更稳定和更快的反应能力②。虽然近些年受到来自欧洲其他国家竞争的影响，意大利产业区竞争力有所下降，但对研究产业集聚仍然具有重要借鉴意义。

(一)意大利高端制造业集聚发展现状

意大利军工产业以航空航天产业、船舶产业、高科技电子信息产业为主，是全球重要的武器装备供应国，意大利 2011~2015 年的武器出口在欧洲排名第五，在全球排名第八，武器出口占全球比例 2.7%③。同中小型企业产业区发展相适应，意大利军工产业也呈现区域化集中发展特征，并与当地经济通过多种方式耦合发展。

意大利高端制造业集聚化发展与军工产业金字塔结构密切相关。同大多数国家的国防承包商结构一样，意大利国防承包商为金字塔结构。位于金字塔结构最顶层的是四家大型承包商：芬梅卡尼卡(Finmeccanica)、芬坎蒂尼(Fincantieri)、阿维奥(Avio)和依维柯(Iveco)，其中芬梅卡尼卡是意大利最大的主承包商，主要生产直升机、航天产品、电子信息产品等高科技航空航天类产品，为全球第九大军工企业④；芬坎蒂尼为第二大主承包商，是欧洲最大的船舶制造厂。位于第二层的主要是承包高科技子系统生产研发，或零部件生产的中型公司，如传感器、宇航通信系统等，这些公司包括 Agusta Westland、AleniaAeronautica、Ansaldo、OtoMelara、Wass 等，其中大部分公司从属于芬梅卡尼卡集团。位于金字塔最底层的是上百家为主承包商生产零部件或提供服务的中小型企业。由于在意大利武器装备承包程序中，主承包商有权自主选择子承包商和零部件供应商，而不受意大利国防部影响。因此，国防工业金字塔结构底层中小型企业往往集中于中间层中型公司周边，为军工产业集聚化发展创造了条件。

---

① 意大利国家统计局网站. http：//timeseries. istat. it/fileadmin/allegati/Industria/Pdf_in_inglese/14_Full_text. pdf.
② 意大利国家统计局的工业与服务业全面普查结果.
③ SIPRI factsheet 2016. http：//books. sipri. org/files/FS/SIPRIFS1602. pdf.
④ SIPRI yearbook 2015.

军用船舶产业是意大利的传统产业，主要集中在意大利北部和南部沿海区域，集聚区大多属于军港，有着天然的自然优势和传统制造业基础。北部造船业主要集中在拉斯佩齐亚(La Spezia)、热那亚(Genoa)、威尼斯和的里雅斯特(Trieste)等区域，这些区域同时也是海军驻地、传统港口与造船业中心，集聚了大型船厂和大批生产零部件的小型船厂。南部造船业主要集中在包括塔兰托(Taranto)、布林迪西(Brindisi)和巴里(Bari)。例如，的里雅斯特是意大利国有造船业巨头芬坎蒂尼的总部；南部的塔兰托是意大利海军的重要基地，区域内集中有大量生产海军装备和军舰零部件的中小型企业，并专门成立了塔兰托海军机械联盟(C. N. T)，为海军和政府提供船舶现代化和维护工作，该联盟涵盖当地80%的企业，员工约为500人，主要由小型企业构成[①]。整体而言，意大利军用船舶制造业主要集聚在东北和西北传统工业区，这些工业区有雄厚的制造业基础、丰富的劳动力市场和大批生产零部件的中小型企业；军用船舶服务和维修主要集聚在海军基地周边，以小型和微型企业为主。

航空航天产业是意大利最大的制造业部门。意大利航空航天产业在军用直升机、无人机、航空电子系统、航空交通管制系统等多个领域具有核心竞争力，主要由大型企业集团和300多家中小型企业构成，这些企业主要分布在五个区域：北部的皮埃蒙特(Piedmont)、翁布里亚(Umbria)和拉齐奥(Lazio)地区，以及南部的坎帕尼亚(Campania)和普利亚(Apulia)地区。例如，皮埃蒙特是意大利航空航天产业的发源地，首府都灵也是意大利最大的航空航天产业集聚区，国内25%的航空航天产品在皮埃蒙特生产。皮埃蒙特不仅囊括了国内外多家大型航空航天企业，如 Alenia Aeronautica、Thales Alenia Space 和 Avio，以及280多家中小型企业[②]，还有丰富的高校资源和研究资源，如都灵理工大学、都灵大学等，区域内航空航天产业吸收就业人数达15200[③]。南部的普利亚航空产业区，汇聚了50多家企业，既包括大型国防承包商 Alenia、AgustaWestland、Selex SystemiIntegrati 和 Avio，也包括大量小型的新兴高科技企业，雇佣员工接近6000人，是欧洲乃至世界重要的航空制造业中心。

① 塔兰托海军机械联盟官网，http://www.consorziocnt.com/.
② 都灵-皮埃蒙特航空航天产业官网，https://www.aero-mag.com/piedmont-leads-the-way/.
③ 都灵航空航天与国防会议2015，http://torino.bciaerospace.com/index.php/piemonte-region-aero-space.

电子信息产业是意大利的优势产业，拥有 75000 多家从业企业，雇佣员工达 46 万余名[1]，军用电子信息产业发达且呈集聚化发展，主要集中在中部和北部地区，包括伦巴第大区、皮埃蒙特大区和艾米利亚-罗马涅（Emilia-Romagna）大区，此外还有拉齐奥、比萨（Pisa）和里窝那（Livorno）等地区（Iammarino，2004），同民用电子信息产业集聚区一样，军工电子信息产业集聚以中小型企业为主，主要集中在电子信息服务和电子元器件生产领域，如电子战系统、火炮控制系统、雷达系统、航空电子设备等。由于电子信息产业，尤其是电子元器件制造业是现代高科技产业发展的基础，电子信息产业区通常与航空航天产业区、船舶产业区重合。

表 7.2　意大利主要军工产业及其集聚区

行业	产业集聚区域
军用船舶产业	船舶制造业：北部传统工业区，如拉斯佩齐亚、热那亚、威尼斯和的里雅斯特等沿海地区； 船舶维修服务：海军基地周边，如塔兰托、巴里等地区
航空航天产业	北部传统工业区：皮埃蒙特、翁布里亚和拉齐奥地区； 南部新兴工业区：坎帕尼亚和普利亚
电子信息产业	北部传统工业区和行政区：皮埃蒙特大区和艾米利亚-罗马涅大区

（二）意大利高端制造业集聚特征

意大利高端制造业集聚既不同于美国门类齐全、市场主导的集聚，也不同于日本分包式、专业化分工明确的集聚，而是受传统工业发展和欧盟整体发展需求影响，形成自身鲜明的特征。

第一，以数量众多、与区域同业的中小型企业为主体。意大利国家统计局（ISTAT）2011 年统计结果显示，国内共有 141 个产业区，产业区制造业就业是全国制造业就业的 65.8%，集聚了全国 22% 的居民。产业区平均覆盖范围为 15 个市，平均就业人员为 34663 人，平均居民人数达 94513[2]。每个产业区都形成

①　安卓信用保险公司市场监督 2016，https：//group.atradius.com/publications/market-monitor-ICT-italy-2016.html.

②　意大利国家统计局网站，http：//www.istat.it/en/archive/150367.

了独具特色、有国际竞争力的产品，产业区与产业区之间专业分工较为明确。与日本大量分包式、专业分工明确的中小型企业不同，意大利产业区的中小型企业大多与地域同业，即以产业内集聚为主。以同一产业内中小型企业为主体的产业集聚，在吸纳就业和与民用企业互动合作方面比大型企业更有优势。且企业间信息和知识传播速度快，学习效应和知识溢出效应相对跨产业的企业网络更加明显。但同时，创新活动主要由大型企业承担，中小型企业负责产品生产制造环节，企业间形成上下游供应链关系或水平竞争关系。

第二，以国有大型军工企业和私营中小型企业有机结合为特色。与日本不同，意大利大型军工企业均为国有控股，并有专门的法律规范监督国有企业经营①。例如，芬梅卡尼卡公司的最大股东是意大利政府经济金融部，持股30.2%②；芬坎蒂尼为政府通过财政部国家技术投资公司（Fintecna）控股的子公司，持股71.6%③。大型国有企业被视为意大利国家竞争力的保证，并在两方面为军工产业集聚提供了条件：一方面，来自国防部的国防采购订单，为企业提供了稳定资金流；另一方面，政府为企业在拓展军火贸易出口业务以及开展国际合作提供政治保证，同时还参与企业战略规划决策过程。由于有源源不断的国防订单和军火订单，大量私营中小型企业在主承包商或第二层中间承包商周边不断集聚，这对经营民用产品和服务的企业也有吸引力，不断吸引更多中小型企业和劳动力集聚。

第三，以出口导向的外向型军工生产为主。受国际金融危机和财政危机的影响，意大利国防开支大幅下降，国内武器装备订单骤减，武器销售82%依赖出口（Aaron Mehta，2014）。出口导向型军工生产导致武器装备供应链向国外延伸，产业区成为国际武器装备生产的区域枢纽，产业区内企业受到来自世界各国企业的竞争，而经过出口激烈竞争后的企业大多在某一领域具有核心竞争力。出口导向型军工生产同时也影响产业区内企业关系：大型军工企业倾向于将生产周期分散化（姜卡罗·科洛等，2008），以利用世界经济中存在的低成本优势，不仅有利于与产业区优势中小型企业建立更加稳固的供应链关系、科技进步和产品升级，还有利于扩大产业区信息与知识库（Tattara et al.，2006），增强溢出效应，从而使产业区内企业受益。

---

① 近年来，随着意大利私有化改革的不断发展，许多国有企业逐渐私有化，但涉及国家战略利益部门的国防工业领域的大型企业仍由国家控股。

② Finmeccanica Annual Financial Report 2015.

③ https：//www.fincantieri.it/cms/data/pages_wide/000009.aspx.

第四，受政治性因素影响较大。意大利军工产业集聚受政策影响较为明显，主要体现在两个方面。首先，大型军工企业为国有企业，政府部门直接影响企业的战略方向。国有企业不仅要受意大利本国政府的政策调控影响，还要受欧盟相关产业组织协会宏观调控影响，在并购、扩张以及企业重要战略活动方面都易受政策影响。而大型军工企业是意大利高端制造业集聚的核心企业，对产业区内中小型企业发展方向和生产活动起着重要作用，因而军工产业集聚也容易受到政策影响。其次，军工企业竞争受政治性因素影响较大。意大利政府国防采购较不透明，采购主要出于政治性考虑和带动就业考虑，从而引发不正规竞争和政策推动型产业区。例如，为推动国防工业合理布局和转型，意大利政府 1993 年创建为期五年、金额高达 5000 亿美金的转型基金，为军工企业提供贷款以供其增强军工竞争力并拓展民用产品，同时和当地政府、企业和其他部门合作，推动军工产业区发展。类似这样的法律法规主要针对产业区内军工企业转型活动，并以中小型企业为主。

(三)意大利高端制造业集聚路径

高端制造业集聚化发展路径既与工业产业区发展历史和小作坊生产模式密切相关，也与产业区企业间合作模式和集聚经济的不断自我加强有关。根据产业集聚形成初始条件和运行模式，可将意大利军工产业集聚路径分为"产业区集团"模式、"企业网络"模式和"嵌入式"模式。

第一，"产业区集团"集聚路径，是基于产业区内企业在长期合作基础上建立的，以一家或几家军工企业为领航企业主导产业区发展战略，其他企业或民用企业在发展战略上与领航企业协同，但仍为独立主体，在运营和管理上保持自主性。领航企业并不一定是大规模企业，但要在设计技巧、营销战略等方面发挥主导作用。这种集聚路径的优点在于，产业区企业间相互信任，交易成本低，信息和知识传播速度快，应对市场变化反应速度快，并不断吸引熟练工人和新企业进入产业区；缺点在于，产业区发展过度依赖领航企业，考虑到出口导向型的武器装备生产方式，产业区企业不仅要面临国内同业竞争压力，还要抵抗国际贸易风险，而一旦领航企业战略方向有所偏差，将使整个产业区面临较大风险。目前，产业区集团发展模式已经成为意大利军工产业集聚的主要路径。例如，普利亚航空产业区形成以 Alenia 和 Agusta Westland 等大型企业为领航企业、大量中小型配套企业的"产业区集团"。

第二，"企业网络"集聚路径，是指产业区以中小型企业为主、大规模企业很少或几乎没有，存在完善的金融、咨询、保险等中介和服务业，形成完整的企业网络结构，企业专业化程度高，企业间存在密切的投入产出联系，彼此分工协作或存在激烈竞争，知识溢出效应明显，不断吸引相关领域熟练工人集聚和企业为追求规模经济而入驻。"企业网络"军工产业集聚路径，通常由生产某大型系统的零部件供应商组成，由于大型企业倾向于将生产周期分散化，也推动企业专业分工不断深入和精细化，并进一步细化企业网络结构。这种路径的优点是产业区内配套完善、信息流动快、技术溢出效应强，对熟练工人和企业都有很强吸引力；缺点是产业区内中小型企业数量多，容易形成拥挤效应，研发创新能力有限，主要承担较为简单和科技含量较低的零部件制造。例如，皮埃蒙特航空航天产业区，以大量中小型企业为主，且有完善的科研—生产—销售—信息网络，形成以生产零部件为主的军工产业区。

第三，"嵌入式"集聚路径，是指依托现有产业区雄厚的工业制造基础、劳动力市场以及专业化分工的中小型企业网络，产业区企业按照政府国防订单或大企业订单要求，生产某一军工产品，通过检测后统一通过政府或大企业进行销售。产业区可能不存在纯军工企业，或军工企业很少，军工产品生产嵌入在现有企业生产活动中，同样可以在产业区形成集聚效应。这种路径的优点是有利于形成有区域竞争力的军工产业和面向出口市场作出快速反应，同时军工生产活动柔性较大，在军工产品订单减少时可以转换为生产民用产品；缺点是难以吸引大量熟练工人和科技资源，创新效率较低。例如，威尼托大区的维琴察（Vicenza）是意大利第三大出口产业中心，集聚了大量中小型企业，以生产计算机零部件、机械加工等为主，并为大型承包商供应零部件。米兰、都灵理工大学科技园、巴里等地区，军工产业虽然不是区域主导产业，但产业区内企业同时承接军工生产订单，企业间形成稳定供应链关系，产生集聚经济和正向外部效应。

四、几点启示

美国、日本和意大利等发达国家军工产业与我国国防工业在企业属性、供需条件和市场环境方面都存在巨大差异，然而其通过"产业区""产业带"等军工产业集聚发展，以降低生产成本、提高生产效率、实现与区域经济紧密联系的做法，对我国优化国防科技工业布局有以下几点启示。

第一，依据国防工业产业组织形态和国内产业基础，合理选择高端制造业集聚路径。日本军工产业受限于和平宪法的规定，军工产业集聚路径以依托型为主；意大利因国土面积狭小，"产业区"基础条件完善，也形成依托产业区和"嵌入式"的高端制造业集聚路径；美国国防工业基础和国家工业基础完善，区域众多，且不同区域高端制造业集聚路径不同。我国高端制造业集聚发展，应充分认识到军工集团仍然是我国国防工业体系的主体部分，并结合不同区域的初始条件进行综合分析，选择合理的高端制造业集聚路径。

第二，政府在高端制造业集聚化发展的不同阶段适时"进"与"退"。尽管美国、日本和意大利等发达国家军工产业集聚主要在市场机制主导下形成，但政府无一例外都起到了重要作用。例如，日本政府投资和制定相关政策引导在集群发展初期和转型期间起着重要作用；美国的国防订单则积极推动了区域军工产业及相关联产业的发展。

第三，在军费缩减和全球化背景下，发达国家的军工产业在全球进行配套生产，导致出口成为推动军工产业集聚的重要动力。

第二节 对高端制造业集聚效应的实证检验

本节将从国际层面对高端制造业集聚效应进行实证检验。将高端制造业集聚的研究拓展到国际层面分析的一个重要的依据是，建立包括国防工业在内的国家制造业基础已经成为许多国家的普遍做法，因此，本章将以国家为单位进行国际层面高端制造业集聚实证研究。

一、文献回顾

"冷战"后国防工业领域的世界两极格局瓦解，全球化进程的加速增强了世界各国经济的相互依赖程度，随着美苏联军事援助事实上的消失，之前接受援助的国家需要支付全款以获得国外武器（Johnson，1994），武器出口越来越接近一般的商品出口。"冷战"后国际军火贸易市场竞争程度增强，巴西、韩国、印度等国家武器出口呈连年增长趋势，与此同时，这些国家正在成为新兴全球制造业中心。武器装备制造作为一国制造业的重要组成部分，其发展不仅受国防政策和战争状况的直接影响，也与该国制造业发展密切相关。那么"冷战"后世界军火市场格局的变动，是否源于制造业布局变化？一国制造业集中能否提高该国武器出口竞争力？或者说，国家在多大程度上可以通过提高制造业集聚水平来提升其武器出口竞争力？

国际竞争力体现为外贸竞争力，而出口竞争力是其重要表现（陈立敏，2020）。鉴于此，国内外大量学者从产业、政府、市场等多个视角寻找出口竞争力的来源，近年来随着新经济地理学的发展，从空间视角研究出口竞争力成为新的趋势。对于一般产业而言，产业集聚对提升一国产业出口竞争力和国际竞争力有着重要作用。Porter（1990）认为产业的地理集中性影响产业国际竞争力，而出口竞争力是国际竞争力的重要方面。Krugman（1980，1996）考虑规模经济和贸易成本带来的本地市场效应，指出一国倾向出口有较大国内需求的产品，这意味着产业集聚对促进一国出口具有重要作用。Bagella 等（2000）、Becchetti 等（2000）研究表明，企业空间集聚有利于提高出口。Chevassuse 等（2003）也指出，企业所处的空间环境对出口竞争力也有很大影响。Antonietti 等（2014）采用增强版 CDM 模型对意大利制造企业实证研究发现，产业集聚对企业研发、创新以及出口倾向和相对出口密度都有正向作用。Greenaway 等（2008）从企业微观层面观测到，产业集聚的溢出效应可以提高企业进入出口市场的概率，也就是增加出口倾向。Claver（2011）发现，本地市场效应对产业集聚有正向作用。国内对产业集聚与出口竞争力研究以实证分析为主，实证结果大多支持产业集聚对提升产业出口竞争力或国际竞争力有正向作用。如朱钟棣和杨宝良（2003）认为，产业集聚形成规模经济和收益递增会产生本地市场效应，从而产生净出口。杨丹萍（2009）、杨丹萍和毛江楠（2011）实证分析发现，产业集聚与出口贸易和国际竞争力呈显著正相关。然而，杨丽华（2013）指出较低的产业集聚程度对高技术产业出口有较大贡献，当产业集聚程度继续升高，其对出口的贡献反而会下降。

以上研究从理论和实证方面深化了对产业集聚与出口竞争力关系的理解，然而现有研究局限于一国产业空间分布与出口竞争力的研究，选用数据多为时间序列数据或截面数据，忽略了国家个体效应与时间趋势。此外，不同产业面临的出口环境和出口约束条件不同，该结论能否用于武器装备制造业还有待考察。尽管国防工业发展与一国制造业基础的密切关系已经得到广泛认可，但很少有文献对这一问题进行深入研究，从空间分布角度开展的研究则更少。

与现有文献相比，本书的贡献主要体现在：①采用显示性比较优势指数和区位熵指数测度武器出口竞争力和国家制造业集聚度，在全球范围内探讨制造业集聚度与武器出口竞争力的关系，理论分析表明，增加制造业集聚度将显著提高武器出口竞争力，但制造业集聚度并非越高越好，制造业过度集中反而会降低武器出口竞争力；②利用全球 212 个国家和地区 1992~2014 年的数据进行检验，结果表明，制造业集聚度与武器出口竞争力存在稳健显著的倒"U"形关系；③进一步考察发达国家与发展中国家，在不同战争状况条件下，对制造业集聚度与武器出口竞争力的关系进行检验，结果表明，发达国家制造业集聚度门槛值远高于发展中国家，国家 GDP 变化、国防开支占 GDP 比重变化等其他变量可以影响门槛值的差距；战争状况恶化等因素，均将提高制造业集聚度门槛值。

二、制造业空间集聚与武器出口竞争力的机理分析与事实依据

虽然目前少有研究考察制造业产业集聚与武器出口竞争力的关系，但这并不意味着两者之间不存在关系或关联很弱。相反，制造业产业集聚与武器出口竞争力之间的关系容易运用现有理论和数据厘清。

(一)机理分析

影响武器出口竞争力的因素包括影响武器装备供给和需求的经济性因素和政治性因素，由于政治环境可以看作外生给定，制造业集聚主要通过从供给与需求两方面影响武器出口竞争力。供给方面，根据 Eaton 和 Kortum（2002）的引力模型，出口价格由生产成本、贸易成本、生产效率、实际汇率决定，生产成本越低、国际贸易成本越小、生产效率越高、实际汇率越低，则出口价格相对就会越低，出口价格低、产品质量好的武器在经济性因素方面占据贸易优势。Porter（1990）的钻石模型进一步将需求条件纳入出口竞争力（国际竞争力）的影响因素中。对于武器装备制造业而言，其需求市场包括国内和国际两个市场，任何一个需求市场的偏好和约束变动都会对出口竞争力产生影响。

供给层面，制造业空间集聚带来的外部性和溢出效应能有效提高企业生产效率（Lall et al.，2004；Maltese E. et al.，2015；孙浦阳等，2013），高科技企业生产效率从本行业空间集聚受益较多（Henderson，2003）。"冷战"后，武器装备制造业与非民用装备制造业界限越来越模糊，国家高端制造业呈现主流发展趋

势，且武器装备制造业大多为高科技制造业，其发展符合高科技制造业发展的一般特征。大量制造业向某一空间集中会带来多种外部性，包括马歇尔外部性（Marshallian externality）、雅各比外部性（Jacob's externality）以及波特外部性（Porter externality），三者都会提高集聚区企业全要素生产率。全球制造业在部分国家集聚，有利于武器装备制造业更快地在本国找到配套厂商，提高生产效率和降低生产成本，从而提高该国武器出口竞争力。

需求层面，制造业集聚的本地市场效应有利于提高一国武器出口竞争力。在报酬递增和存在贸易成本情形下，拥有较大国内市场需求的国家将成为净出口国（Krugman，1980），Davis 和 Weinstein（1996）指出，在报酬递增情况下拥有超常需求（Idiosyncratic Demand）的国家将成为生产区并出口该商品，这种本地市场效应在异质性企业条件下依然存在（Okubo and Rebeyrol，2006）。高科技制造业，尤其是武器装备制造业具有报酬递增特征，其需求市场包括国内和国际两大市场，但主要竞争还是源于国内市场。即使是波音公司、雷神公司等大型国际军火公司，其竞争也主要源于美国本土。制造业集聚带来的本地市场效应，形成激烈的国内市场竞争，不但刺激了国内需求，还带动了产品质量的提升以及营销和产品的创新，扩大国际需求市场，从而影响了出口竞争力（钱学锋，2007）。

然而，制造业并非集聚度越高越好，制造业集聚度对武器出口竞争力的促进作用随制造业集聚度的增加而减弱。当更多制造企业向一国集中，会带来拥挤效应，出现部分要素密度过高、要素比例失衡等问题（邓慧慧，2009），对该国武器出口竞争力带来两方面负面影响。第一，稀缺要素价格的上涨，使得武器装备制造业要素成本如土地租金、劳动力单价等上升，生产成本随之上升，逐渐抵消制造业集聚正外部性带来的企业全要素生产率提升带来的成本下降优势，从而降低武器出口竞争力。第二，制造业进一步集中可能带来过度竞争，生产效率下降（Cainelli et al.，2014），制造业产品供给过度和生产能力严重过剩，产品创新不足，使得武器装备制造业难以找到高质量的配套产品，武器装备性能优势下降，从而降低出口竞争力。

因而，我们提出假设：制造业集聚度的增加在一定范围内会提高武器出口竞争力，但过度集中的制造业会降低武器出口竞争力，制造业集聚度与武器出口竞争力之间存在倒"U"形关系。

(二)事实依据

"冷战"后，随着武器新项目的减少以及国家对国防工业的干预变弱、国内武器装备需求数量减少，这些压力都迫使军工企业通过出口市场和国际合作以降低武器单位生产成本(David，2004)，国防工业向合理化和全球化发展。从全球 212 个国家和地区武器出口与制造业集聚度的关系来看(见图 7.1)，以制造业集聚度为 0.5 作为分段节点对武器出口 TIV 值与制造业集聚度数据进行二次拟合，结果发现：当制造业集聚度小于 0.5 时，武器出口随制造业集聚度的增加而增加，即制造业越集中，武器出口量就越大；当制造业集聚度大于 0.5 时，武器出口与制造业集聚度数据二次拟合曲线表呈"U"形。而在制造业布局方面，发达国家和发展中国家制造业集聚度尽管部分年份有所上升，但整体呈现连年下降的趋势。集聚度与武器出口均值间存在显著倒"U"形关系。而发达国家武器出口量远远高于发展中国家，而制造业分布也比发展中国家更为集中(见图 7.2)。整体来看，发达国家武器出口均值逐年减小，而发展中国家武器出口均值缓慢上升，两者的武器出口均值差距逐渐变小。

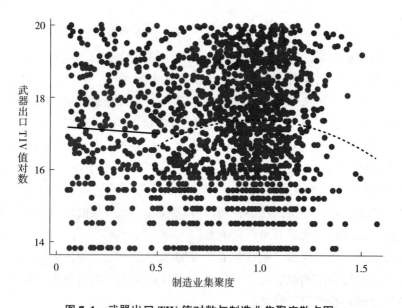

图 7.1　武器出口 TIV 值对数与制造业集聚度散点图

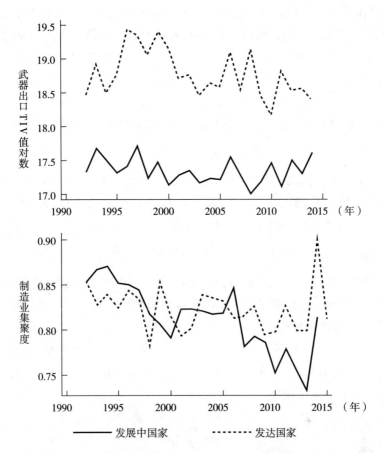

图 7.2 发达国家与发展中国家武器出口 TIV 值对数和制造业集聚度

数据来源：世界银行的 World Development Indicators（WDI）数据库。

三、变量选取、模型设定与数据说明

（一）变量选取

1. 武器出口竞争力

目前，国内外学者常用于测算国际竞争力的指数包括三种：显示性比较优势指数、净出口显示比较优势、显示性竞争力指数。后两种指数都需要用到进口数据，而显示性比较优势指数（RCA）只需使用出口数据，且最后结果为比值，可消除量纲的影响，因此，本书选取 RCA 指数作为出口竞争力测算指标。RCA 指数由 Balass(1965)提出，通过计算一国某种产品出口值中所占份额与该种产品的世界出口总值在世界全部出口产品总值中所占份额的比例，来确定该国在某产品出口方面是否有比较优势。如 Herciu(2013)使用 RCA 指数和波特的钻石模型测算了罗马尼亚的国际竞争力，Batra 和 Khan(2005)计算了中国和印度的 RCA 指数，表明两国在劳动密集型制造业具有比较优势。RCA 的计算方法如下：

$$RCA_{ij} = (X_{ij}/X_{it})(X_{wj}/X_{wt}) \tag{7.1}$$

其中，X_{ij} 表示 i 国第 j 种产品的出口额，X_{it} 表示 i 国全部产品的出口额，X_{wj} 表示世界第 j 种产品的出口额，X_{wt} 表示世界全部产品的出口额。类似地，将 RCA 应用于计算武器出口竞争力，计算公式为

$$RCA_{ij} = (EM_{ij}/EM_{it})/(EM_{wj}/EM_{wt}) \tag{7.2}$$

其中，EM_{ij} 表示 i 国武器的出口额，EM_{it} 表示 i 国全部产品出口额，EM_{wj} 表示世界武器出口总值，EM_{wt} 表示世界全部产品出口额。

2. 东道国制造业集聚度

测算产业集聚度使用最广泛的方法是区位熵，采用某地区某产业占该国该产业的比重与该地区工业总值与全国工业总值比重之比。类似地，将区位熵应用于计算全球制造业集聚度，计算公式为

$$Agg = \frac{I_m/W_m}{I_i/W_i} \tag{7.3}$$

其中，I_m、I_i 分别表示一国制造业增加值与工业增加值，W_m、W_i 分别表示世界制造业总增加值与世界工业总增加值，相关数据可从世界银行数据库获得。

根据式 7.2、式 7.3 计算武器出口竞争力与制造业集聚度，并画出散点图和二次拟合曲线(见图 7.3)。图 7.3 表明当制造业集聚度小于一定值时，武器出口竞争力随制造业集聚度增加而增加；随着制造业集聚度进一步增大，武器出口竞争力反而减小，即武器出口竞争力与制造业集聚度间存在倒"U"形关系。

3. 控制变量

为考察制造业集聚度对武器出口竞争力的影响，需要同时控制经济状况、战争状况，以及其科技创新情况。

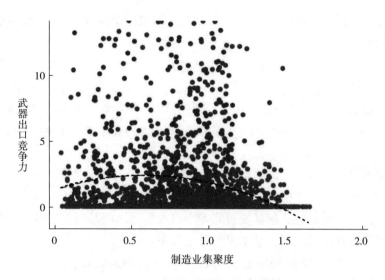

图 7.3　武器出口竞争力与制造业集聚度散点图

参照经济和平研究所(Institute for Economics and Peace, IEP)的全球和平指数(*GPI*)统计方法和瑞典乌普萨拉武装冲突数据库(UCDP)数据,文章采用虚拟变量战争指数 *war* 对全球 212 个国家和地区战争状况进行排序分级。参照 *GPI* 的分级,我们设定虚拟变量 *war* 的取值分别为 0、1、2,无冲突或 *GPI*≤1.9,令 *war*=0;冲突级别为 1 或 1.9<*GPI*≤2.9,令 *war*=1;冲突级别为 2 或 2.9<*GPI* 的,令 *war*=2。对于仅作为支持国家而非主要参与国家的,令 *war*=1。由于 IEP 统计仅从 2008 年开始,且只对 162 个国家进行统计,其余年份和国家则在借鉴 IEP 对 *GPI* 统计的基础上,采用 SIPRI、UCDP 武装冲突数据和国际战略研究所(IISS)武装冲突数据库的数据,对各国 *war* 进行赋值①。

此外,创新能力被证明对提高全要素生产率非常有效。考虑到数据的可获得性,本书采用专利数量(*patent*)衡量国家创新能力。同时,采用国防开支占 GDP 比重(*expenditure_mgdp*)代表国家对国防工业重视程度,使用 GDP 的对数(ln*gdp*)作为国家经济状况的衡量指标。

(二)模型设定

在检验武器出口与制造业集聚之间的关系时,由于不同国家的出口特征和

---

① 数据处理存在矛盾时以 UCDP 数据为主,冲突国家识别以是否参与为准,而非发生地点。

制造业特征不同，因此需要考虑存在于不同国家的个体效应。因此，我们将模型设定如下：

$$rca_{it} = \alpha_0 + \gamma_0 agg_{it} + \beta_0 X_{it} + v_i + u_{it} \tag{7.4}$$

式7.4中，rca_{it}表示出口竞争力，agg_{it}表示制造业集聚度，X_{it}表示一系列控制变量，包括卷入战争指数war_{it}，国内生产总值对数（$\ln gdp_{it}$），国防开支占GDP比重（$expenditure\_mgdp_{it}$），专利数量（$\ln patent$），v_i表示个体效应，u_{it}表示随机干扰项。

武器出口竞争力由一国的资源特征和国际地位等特定因素决定，在一定时间内具有持续性，属于前定变量，因此在模型中引入出口竞争力的滞后一期变量。同时，为考察制造业集聚度与武器出口竞争力之间是否存在倒"U"形关系，引入制造业集聚度二次项，基本模型设定如下：

$$rca_{it} = \alpha_1 + \rho_1 rca_{it-1} + \gamma_1 agg_{it} + \sigma_1 agg2_{it} + \beta_1 X_{it} + v_i + \varepsilon_{it} \tag{7.5}$$

式7.5中，rca_{it-1}表示滞后一期武器出口竞争力，$agg2_{it}$表示制造业集聚度的平方，其他变量同式7.4。若制造业集聚度与武器出口竞争力间存在倒"U"形关系，则存在一个门槛值，使得制造业集聚度在小于门槛值时与武器出口竞争力呈正相关，超过门槛值后与武器出口竞争力呈负相关。门槛值的计算方法如下：

$$\eta = -\gamma_1 / 2\sigma_1 \tag{7.6}$$

针对模型(7.5)可能存在内生性问题和个体效应，此处采用广义矩估计方法（GMM）（Arellano and Bond，1991；Arellano and Bover，1995），通过差分和选用工具变量消除个体效应和克服内生性问题。为判断GMM参数估计的有效性，此处将采用Hansen检验识别工具变量有效性，如果不能拒绝工具变量为外生的原假设，则说明工具变量设定是有效的；同时采用Arellano-Bond检验扰动项是否存在二阶序列自相关，如果不能拒绝扰动项无自相关的原假设，则说明GMM估计是有效的。

(三)数据说明

本书使用的数据主要源于瑞典斯德哥尔摩国际和平研究所（SIPRI）武器转移数据库、世界银行数据库（WDI）、经济和平研究所（IEP）数据库、瑞典乌普萨拉武装冲突数据库（UCDP）以及国际战略研究所（IISS）武装冲突数据库。

其中，各国武器出口数据主要源于SIPRI武器转移数据库。SIPRI军火转移数据库和世界军事开支和军火贸易研究所（WMEAT）年鉴是目前统计军火贸易市场数据较为齐全的主要数据库：前者提供了从 1964 年起的包括小型武器在内的所有武器交易数据，后者只包括主要武器系统交易量的数据。但由于 WMEAT 各年度统计基准没有统一，数据难以满足文章研究要求的连贯性。在合并 SIPRI 数据库与 WDI 国家名称时，共有 90 余个国家或地区名称无法对应，相应处理原则为：两个或多个国家合并为一个国家时，采用合并后名称，并将合并前各国数据进行加总计算到新成立国家中；由一个国家分裂为多个国家时，按国土面积比例对原国家出口数据进行计算，结果分别计入各国出口数据，以减少缺失值。

国家战争状况数据主要源于四个数据库。其中，1989~2007 年数据主要源于 SIPRI 关于冲突的数据库[①]、UCDP 数据库[②]、IISS 数据库，2008~2014 年数据则主要引自 IEP 数据库[③]。根据 UCDP 对冲突的界定，如果自然年中有超过 30 个的死亡人数，这一年将会被标识为冲突年份[④]。对冲突国家的识别策略为：一是 UCDP 列出的正面冲突双方及其背后支持国家或地区，二是 SIPRI 列出的恐怖主义活动或冲突国家或地区。只要满足其中一个标准即视为冲突国家，战争状况则依据自然年度死亡人数而确定。

初始数据源于多个数据库，涉及国家数量众多，各变量样本值存在不同程度的缺失（见表 7.3）。同时，出口竞争力、专利数量、GDP 和国防开支占 GDP 比例的样本标准差均在 2 以上，最大值与最小值间相差倍数高达上百倍，表明存在离群值。为减少模型估计对真实情况的偏差，文章对缺失值进行数据插补，并在插补后处理离群值。考虑到数据缺失可能受到国家真实情况影响，可假定其缺失机制属于非随机缺失（MNAR），因此对除虚拟变量 *war* 之外的缺失值采用多重插补法中的序贯回归方法（MICE）。本书采用预测均值匹配（PMM）作为 MICE 插补方法的预测机制，并为每个缺失值插补 20 个插补值。接着，对原始数据进行离群值处理，使用 Winsor 缩尾命令分别对存在离群值的变量 *rca*，*expendit_mgdp*，ln*gdp*，ln*patent* 进行处理，令小于 5% 的值取 5% 分位值，大于 95% 的值取 95% 分位的值。处理后的数据见表 7.4。

① SIPRI yearbook 1989~2007.

② UCDP/PRIO Armed Conflict dataset v. 4-2008，1946~2007.

③ http：//www. visionofhumanity. org/#/page/indexes/global-peace-index.

④ http：//www. pcr. uu. se/digitalAssets/124/124920_1ucdp_prio_armed_conflict_dataset_v. 4_-_2008_codebook. pdf.

表 7.3　初始数据描述性统计

变量	观测值	均值	标准差	最小值	最大值
rca	2993	3.340	23.620	0.000	862.895
agg	3698	0.794	0.330	0.034	1.647
lngdp	4455	23.406	2.443	16.081	30.489
lnpatent	2049	5.609	2.635	0.000	13.466
war	5088	0.242	0.479	0.000	2.000
expendit_mgdp	3294	2.380	2.451	0.000	39.607

表 7.4　处理后的数据描述性统计

变量	观测值	均值	标准差	最小值	最大值
rca	7250	1.962	3.6974	0.000	14.104
agg	7302	0.793	0.328	0.034	1.647
lngdp	7336	23.384	2.262	19.591	27.621
lnpatent	7166	4.356	2.415	0.000	9.058
war	5088	0.242	0.479	0.000	2.000
expendit_mgdp	7276	2.353	1.639	0.564	6.855

从表 7.4 可以得知，武器出口竞争力的均值为 1.962，制造业集聚度的均值为 0.793，说明制造业集聚度越高，武器出口竞争力越大。武器出口竞争力方差大、制造业集聚度方差小，表明国家出口竞争力波动较大，而制造业集聚度波动较小、分布较为平稳。

四、估计结果与分析

(一)模型估计与内生性检验

模型的个体效应可能表现为固定效应或随机效应形式，本节采用 Hausman 检验作为判断依据：Hausman 检验结果不能拒绝个体效应与解释变量无关的原假设，说明个体效应以随机效应形式存在，应使用随机效应估计模型，否则应使用固定效应估计模型。同时，针对模型可能存在的内生性问题，本书采用固定效应工具变量模型进行估计，假定制造业集聚度为内生变量，采用滞后一期、二期差分作为工具变量，并对估计结果进行 Davidson-MacKinnon 检验，如果检验结果不能拒绝变量为外生变量的原假设，则说明模型不存在内生性问题，反之，则说明模型估计存在内生性问题。估计结果与内生性检验见表 7.5。

表 7.5　估计结果与内生性检验

解释变量	被解释变量 rca		
	fe	Re	feiv
agg	0.354 *	0.313 *	−1.369
	(0.189)	(0.180)	(0.938)
war	0.138	0.181 *	0.104
	(0.104)	(0.102)	(0.119)
lngdp	0.084 **	0.096 ***	0.116 **
	(0.037)	(0.035)	(0.046)
lnpatent	−0.099 ***	−0.113 ***	−0.050
	(0.030)	(0.029)	(0.041)
expendit_mgdp	0.706 ***	0.733 ***	0.589 ***
	(0.037)	(0.035)	(0.051)
_cons	−1.558 *	−1.816 **	−0.810
	(0.835)	(0.784)	(1.027)
观测值	4814	4814	3884
国家数	212	212	212
Hausman 统计量	13.56 **		
MacKinnon 检验值			3.223 *
F/Wald 统计量	74.639	451.889	1814.799

说明：括号中为标准误，＊、＊＊、＊＊＊分别表示在10%、5%和1%水平上统计显著。

模型估计的 Hausman 检验结果 F 值为 13.56(见表 7.5)，在 5%显著水平下拒绝原假设，表明模型中存在个体效应，且固定效应估计模型是较为合适的模型。MacKinnon 检验结果为 3.223，在 10%水平拒绝内生性变量可以当作外生的原假设，即模型存在内生性问题。在固定效应模型估计条件下，制造业集聚度系数为正，且在10%显著水平下通过检验，表明制造业集聚度的增加可以显著提高武器出口竞争力。

(二)考虑内生性的 GMM 估计

1. 全样本估计

为克服内生性问题和处理个体效应，此处以武器出口竞争力和制造业集聚度的滞后一期为工具变量，采用系统 GMM 和差分 GMM 分别对模型(5)进行检验，检验结果见表 7.6。

从两种估计方法的结果来看，两种方法均不能拒绝 Arellano-Bond 检验不存在二阶序列自相关的原假设，且 Hansen 过度识别约束检验 p 值均在 0.1 至 0.9，证明系统 GMM 估计与差分 GMM 估计结果均是有效的。两种估计方法结果一致表明，当期制造业集聚度与武器出口竞争力存在一种稳定显著的倒"U"形关系，即制造业集聚度并非越高越好，超过一定值反而会抑制武器出口竞争力提升。

在不控制其他变量情况下，系统估计与差分估计结果均表明，制造业集聚度每增加一个百分点，武器出口竞争力将提高 3% 左右，制造业集聚度的门槛值在 0.7 左右，且均在 1% 的显著水平下通过检验。控制其他变量后，制造业集聚度的差分 GMM 与系统 GMM 估计结果均增加，制造业集聚度与武器出口竞争力的倒"U"形关系在控制其他变量情况下依然显著，且制造业集聚度门槛值增加，表明受其他变量影响，制造业集聚的内部规模经济和外部规模经济强于拥挤效应，主要表现为集聚经济，企业生产率提高(Kakamu et al., 2012)，增加制造业集聚度将继续提高武器出口竞争力，直到拥挤效应再次超过集聚经济。

受国家 GDP 增长、国防开支占 GDP 比例增加等因素影响，国防研发力度和对劳动力的吸引力度增加，有利于增加劳动力市场蓄水池容量和知识溢出，从而增强产业集聚规模经济(Rosenthal and Strange, 2001)，因此，制造业集聚区最优规模变大，表现为制造业集聚度门槛值增加。此外，门槛值的系统 GMM 估计结果变动小于差分 GMM 估计结果变化，表明系统 GMM 估计结果更加稳健(Che et al., 2013)。

不论是差分 GMM 估计还是系统 GMM 估计，战争状况、GDP 和国防开支占 GDP 的比例都与出口竞争力呈显著正相关，且在 1% 显著性水平下通过检验。但专利数量对武器出口竞争力没有显著影响，可能的原因是，专利难以直接转

化为武器装备生产能力，且武器出口竞争力的影响还受到专利转化效率、武器
装备制造投入成本、武器价格等多种间接因素影响。

表 7.6　全样本 GMM 估计结果

解释变量	被解释变量 *rca*			
	差分 GMM(two-step difference)		系统 GMM(two-step system)	
L. rca	0.063 ***	0.100 ***	0.080 ***	0.103 ***
	(0.008)	(0.007)	(0.003)	(0.002)
agg	3.198 **	2.991 ***	5.131 ***	2.868 ***
	(1.303)	(1.060)	(0.545)	(0.310)
agg2	−1.701 *	−2.232 ***	−3.066 ***	−2.032 ***
	(0.888)	(0.686)	(0.356)	(0.222)
war	0.734 ***		0.515 ***	
	(0.276)		(0.087)	
ln*gdp*	0.198 **		0.149 ***	
	(0.084)		(0.033)	
ln*patent*	−0.089 *		−0.026	
	(0.054)		(0.025)	
expendit_mgdp	1.399 ***		1.033 ***	
	(0.077)		(0.025)	
_cons			−6.027 ***	0.821 ***
			(0.642)	(0.085)
门槛值	0.94	0.67	0.83	0.70
样本值	4067	4217	4475	4553
国家数量	212	212	212	212
AR2p	0.508	0.302	0.671	0.292
Hansen p	0.293	0.287	0.241	0.207

　　说明：括号中为标准误，＊、＊＊、＊＊＊分别表示在 10%、5% 和 1% 水平上统计显著。N 表示观测值，N-g 表示国家数量。AR2p 表示二阶自回归的 Arellano-Bond 检验 p 值，Arellano-Bond 检验零假设为差分后的残差项不存在二阶序列相关。Hansen p 是 Hansen 检验 p 值，零假设为过度识别约束检验是有效的。

2. 发展中国家与发达国家的分组检验

为进一步检验发展中国家与发达国家武器出口竞争力与制造业集聚度的关系，我们对样本进行分组并检验，将人均 GDP 大于等于 10000 美元划分为发达国家，人均 GDP 小于 10000 美元划分为发展中国家，分组检验结果见表 7.7。

表 7.7　发达国家与发展中国家分组 GMM 估计结果

解释变量	被解释变量 rca							
	差分 GMM（two-step difference）				系统 GMM（two-step difference）			
	发展中国家		发达国家		发展中国家		发达国家	
L. rca	0.088 ***	0.148 ***	0.604 ***	0.041 ***	0.138 ***	0.201 ***	0.015 **	0.040 ***
	(0.001)	(0.006)	(0.087)	(0.015)	(0.008)	(0.003)	(0.007)	(0.003)
agg	0.911 ***	3.336 *	17.201 *	7.065 **	11.065 ***	2.337 **	5.671 ***	3.802 ***
	(0.122)	(1.707)	(9.235)	(3.386)	(2.325)	(0.935)	(1.173)	(0.769)
agg2	−1.255 ***	−2.887 **	−6.165	−3.461 *	−7.505 ***	−2.577 ***	−1.676 **	−0.883 *
	(0.076)	(1.214)	(5.357)	(2.081)	(1.577)	(0.649)	(0.690)	(0.478)
war	−0.056 **		−0.152		0.134 **		−1.123 ***	
	(0.024)		(0.300)		(0.063)		(0.305)	
lngdp	0.434 ***		−0.102		0.787 ***		0.237 ***	
	(0.041)		(0.231)		(0.084)		(0.057)	
lnpatent	−0.104 ***		−0.783 ***		−0.388 ***		−0.119 *	
	(0.003)		(0.232)		(0.038)		(0.062)	
expendit_mgdp	1.029 ***		0.910 ***		0.854 ***		0.896 ***	
	(0.008)		(0.149)		(0.036)		(0.073)	
_cons					−20.461 ***	1.515 ***	−8.861 ***	−1.082 ***
					(1.511)	(0.279)	(1.171)	(0.263)
门槛值	0.36	0.58	1.40	1.02	0.74	0.45	1.69	2.15
样本值	1970	2109	2097	2108	2171	2244	2304	2309
国家数	119	119	201	201	120	120	206	206
AR2p	0.882	0.275	0.261	0.283	0.595	0.285	0.603	0.309
Hansen p	0.510	0.296	0.152	0.161	0.503	0.373	0.185	0.163

说明：括号中为标准误，* 、** 、*** 分别表示在 10%、5% 和 1% 水平上统计显著，其他同表 8.16。

发展中国家和发达国家分组检验结果均表明当期制造业集聚度与武器出口竞争力呈显著正相关，制造业集聚度与武器出口竞争力存在稳定显著的倒"U"形关系。

在不控制其他变量情况下，差分 GMM 和系统 GMM 估计结果均显示，发达国家制造业集聚度门槛值远高于发展中国家，且发达国家当期制造业集聚度变动 1% 所带来的出口竞争力变化百分比要超过发展中国家，且均在 1% 的显著水平下通过检验。发达国家制造业集聚度门槛值高于发展中国家的可能原因是，发达国家劳动力平均素质较高、技术发达、生产管理水平先进等因素，使得集聚区知识溢出效应强、劳动力市场蓄水池容量大，使得规模经济在与拥挤效应的博弈中占主导地位，制造业集聚区最优规模变大，即制造业门槛值增加。

控制其他变量后，制造业集聚度与武器出口竞争力的倒"U"形关系依然显著，发达国家与发展中国家的制造业集聚度门槛值差距要大于不控制其他变量时的估计结果。发展中国家的制造业门槛值变化大于发达国家，如在系统 GMM 估计条件下，控制其他变量后发达国家制造业集聚度门槛值下降 21%，而发展中国家门槛值则增加 64%。制造业集聚度门槛值增加对发展中国家的益处是显而易见的，发展中国家可以通过加大创新力度、增加国家 GDP 等其他影响因素，增加制造业集聚区知识溢出效应和正外部性，使得制造业空间集聚的集聚经济大于拥挤效应，从而提高制造业门槛值，延缓拐点的到来。因此，尽管发达国家制造业集聚度门槛值远高于发展中国家，但这种差距在其他变量影响下将变小。

3. 战争状况对估计结果的影响

战争是拉动武器装备需求与生产的直接和主导因素。卷入战争中的国家为了增加打赢战争的概率，更有可能重点发展国防工业，加大武器装备研发投入和提高装备性能，从而提升武器出口竞争力。战争也是武器装备性能的第一试验场，通过战争检验的武器装备性能往往更优越，出口竞争力也随之增加。但战争状况恶化也可能严重影响国防工业正常生产，且生产的武器装备将优先用于国内战争，从而减少出口和降低出口竞争力。为考察国家战争状况对武器出口竞争力以何种影响为主，根据不同战争状况进行分组检验，检验结果见表 7.8。

如表 7.8 所示，不同战争状况下所有估计结果均表明，制造业集聚度与武器出口竞争力存在正相关，且两者存在稳健的倒"U"形关系，但国家战争状况和其他变量均显著影响制造业集聚度门槛值水平。

表7.8　战争状况对估计结果的影响

解释变量	被解释变量 rca							
	差分 GMM（two-step difference）				系统 GMM（two-step difference）			
	war=0		war=1 或 2		war=0		war=1 或 2	
L.rca	0.043 *** (0.008)	0.053 *** (0.007)	0.022 *** (0.000)	0.389 *** (0.134)	0.055 *** (0.002)	0.076 *** (0.001)	0.105 *** (0.016)	0.243 *** (0.072)
agg	6.242 *** (1.467)	5.618 *** (1.157)	1.099 *** (0.036)	2.471 (4.912)	6.535 *** (0.558)	1.776 *** (0.109)	3.547 ** (1.429)	3.890 * (2.052)
agg2	-3.575 *** (1.001)	-4.149 *** (0.748)	-0.231 *** (0.024)	-1.436 (3.130)	-3.987 *** (0.372)	-1.589 *** (0.073)	-2.891 *** (1.039)	-2.579 * (1.333)
war	-1.707 *** (0.210)		-0.463 *** (0.004)		-1.322 *** (0.090)		-0.531 *** (0.114)	
lngdp	-0.024 (0.063)		0.110 *** (0.000)		-0.018 (0.027)		0.907 *** (0.094)	
lnpatent	-0.069 (0.045)		0.217 *** (0.001)		-0.051 *** (0.016)		-0.024 (0.036)	
expendit_mgdp	1.069 *** (0.065)		0.860 *** (0.002)		0.952 *** (0.025)		0.634 *** (0.056)	
_cons					-2.097 *** (0.589)	1.490 *** (0.034)	-21.766 *** (2.296)	0.132 (0.684)
门槛值	0.87	0.68	2.38	0.86	0.82	0.56	0.61	0.75
样本值	3157	3278	910	939	3491	3555	984	998
国家数	212	212	172	172	212	212	178	178
AR2p	0.888	0.953	0.253	0.418	0.869	0.777	0.150	0.438
Hansen p	0.485	0.451	0.731	0.409	0.269	0.218	0.753	0.148

说明：括号中为标准误，*、**、*** 分别表示在 10%、5% 和 1% 水平上统计显著，其他同表 8.16。

和平时期（war=0），不论控制其他变量与否，系统 GMM 估计与差分 GMM 估计的所有结果均在 1% 显著水平下通过检验，制造业集聚度与武器出口竞争力存在稳健显著的倒"U"形关系。当不控制其他变量时，制造业集聚度门槛值分别为0.68(差分 GMM 估计)、0.56(系统 GMM 估计)；控制其他变量后，制造业集聚度门槛值变为0.87和0.82。制造业集聚度门槛值在控制其他变量后均增加，如 GDP、国家专利等增加可以延缓拐点的到来，也就意味着在拐点到来之前继续增加制造业集聚度，将显著提高武器出口竞争力。

战争期间($war=1$或2)，制造业集聚度与武器出口竞争力之间的倒"U"形关系仍然显著，但制造业集聚度门槛值变大。在不控制其他变量情况下，差分 GMM 估计结果表明，国家战争恶化，制造业集聚度在小于0.86时将促进武器出口竞争力，在大于0.86时反而降低武器出口竞争力；系统 GMM 估计结果在10%显著水平下通过检验，制造业集聚度门槛值为0.75。在控制其他变量情况下，无论是差分 GMM 还是系统 GMM 估计结果，其门槛值远远大于和平时期的结果，这表明战争显著地影响制造业集聚度门槛值。

因此，无论国家战争状况如何，制造业集聚度与武器出口竞争力的倒"U"形关系均稳健，但战争状况恶化将增加制造业集聚度门槛值，延缓拐点的到来。国家战争状况恶化时制造业集聚度门槛值反而增加的可能原因是，国家在战争时期将增加制造业中武器装备制造业的比例，提高国防工业资金和劳动力投入，导致在同等制造业集聚度条件下知识溢出效应增强，国防承包商生产率反而上升，武器出口竞争力相对提高，表现为制造业集聚度门槛值增加。

五、小结及启示

本节采用显示性比较优势指数和区位熵指数测定武器出口竞争力和制造业集聚度，并基于全球212个国家与地区数据进一步检验了制造业集聚度与武器出口竞争力的关系。理论分析表明，在政治环境给定情况下，制造业空间集聚的正外部性有利于提高武器装备制造业生产率，并通过本地市场效应形成武器装备制造业超常需求，提高武器出口竞争力。然而，制造业集聚度并非越高越好，过度集中的制造业可能带来拥挤效应和创新不足等负面效应，影响企业生产率提升，从而降低武器出口竞争力。估计表明，制造业集聚度与武器出口竞争力存在稳健显著的倒"U"形关系，即制造业集聚度在小于门槛值范围内，增加制造业集聚度显著提升武器出口竞争力，超过门槛值反而会降低武器出口竞争力。发达国家与发展中国家分组估计结果表明，发达国家制造业集聚度门槛值远高于发展中国家，但两者的差距可以通过控制其他因素而变小。此外，随着战争状况的恶化，制造业集聚度门槛值将增加，延缓拐点的到来。

上述结论对中国提高武器装备出口竞争力有以下几点启示：第一，在抵达制造业集聚度门槛值前，加大制造业集聚度以提高武器出口竞争力。中国尚未抵达制造业集聚度门槛值，可通过推动产业园区等形式提高装备制造业集聚度，提升军工企业生产效率，增强武器出口竞争力。第二，充分考虑其他变量，如创新政策、国防开支占 GDP 比重等因素对制造业集聚度门槛值的影响，制定相关政策以提高制造业空间集聚的知识溢出效应和劳动力市场蓄水池容量，增强集聚经济，从而提高制造业集聚度门槛值，延缓拐点到来的速度。第三，超过门槛后，降低制造业集聚度，或降低制造业占工业增加值比重，可以显著提高武器出口竞争力。降低制造业占工业增加值比重，既可以降低制造业增加值，也可以通过增大工业增加值来实现。

第三节 本章小结

本章结合定性研究和定量研究展现了全球高端制造业集聚的全貌。定性比较研究表明，产业集聚已经成为国外发达国家军工产业发展和提高武器装备竞争力的重要方式。实证检验表明，高端制造业集聚度与武器装备出口竞争力存在倒"U"形关系。国际比较研究对评估我国国防科技工业发展现状，以及推动我国高端制造业集聚都具有重要的启示。

第八章

推动我国高端制造业集聚的对策建议

前文理论分析和实证研究表明，空间、技术和区域政策因素在不同维度、不同程度影响高端制造业集聚规模及其空间分布动态均衡，政府合理运用政策工具能有效改变资源的空间分布，从而推动高端制造业集聚。此外，本书认为，高端制造业集聚是一种效率优先的制度安排，在不同空间层面的基本空间单位不同：在全国范围内讨论高端制造业集聚，各省、自治区、直辖市或区域是基本单位；跨省区域层面讨论高端制造业集聚，区域内各省、自治区及直辖市是基本单位；在省级层面讨论高端制造业集聚，各市、县、地区是常用的基本单位。本章主要基于国家层面，从空间、技术和区域政策三个方面提出推动我国高端制造业集聚的对策建议。

第一节　推动区域一体化进程

描述性统计结果表明，我国高端制造业过早进入分散阶段。理论研究表明，现阶段采取措施降低运输成本、推动市场一体化、培育本地市场、增强规模经济和正外部性仍能显著推动高端制造业集聚。

一、加快完善交通和通信等基础设施建设，降低运输成本

前文研究表明，运输成本下降有利于促进高端制造业集聚，对中西部三线地区高端制造业集聚影响尤为显著。因此，应着力完善区域交通和通信等基础设施，促进高端制造业集聚。

（一）完善区域内和跨区域的交通基础设施

重点完善跨省和跨区域的高速公路、铁路、航空等运输网络建设，降低生产要素运输成本和劳动力迁移成本，为高端制造业集聚提供基础条件。受限于特殊地理地质条件，我国中西部地区交通基础设施明显落后于东部地区，部分省市高铁、高速公路网络尚不健全，在一定程度上制约了高端制造业集聚。

（二）加快物流服务业发展

降低运输成本不仅依赖于便捷的交通基础设施，还依赖于发达的物流产业、高效的交通管理。位于中西部三线地区的高端装备制造企业，其市场经营范围显著受限于物流产业发展程度。因此，须在物流产业不发达的中西部地区大力推动物流园建设，建成以成都、西安、兰州等城市为中心的中西部物流枢纽网络，并依托"一带一路"倡议大力发展物流服务业。

（三）推动区域通信网络建设

电子通信等技术的发展不仅能大大降低高端装备制造企业的运输成本和要素流动成本，还能显著拓展企业的市场范围，这为中西部地区推动高端制造业集聚提供了重要机遇。信息通信等公共基础设施是信息化的前提条件，地方政府应加快网络设施、通信设施建设步伐，推动新一代通信技术发展和信息高速公路建设，并鼓励高端制造业采用互联网模式发展。

值得注意的是，由于运输成本降低并不一定带来高端制造业集聚，通过降低运输费用推动高端制造业集聚更适用于交通基础设施不完善的区域。

二、建立健全区域制造业资源共享机制，增强规模经济

通过共享信息以降低交易成本和风险是高端制造业集聚的重要动因之一。政府应着力构建区域信息交流平台、减少市场分割和地方保护、提高资源流动自由度，降低交易成本，增强规模经济，推动高端制造业集聚。

建立健全区域制造业信息交流平台和机制。建议搭建区域技术交流平台、人才流动平台、投资基金等技术、人才、资本等要素资源共享平台，减少不必要的中间环节，降低要素资源流动成本和交易成本，增强规模经济，并通过分类效应和选择效应推动高端制造业集聚。

减少区域之间市场分割和地方保护，推动区域市场一体化进程。本书研究表明，跨区域贸易成本抑制高端制造业集聚，区域市场一体化是推动区域高端制造业集聚的关键。然而，因受地区行政分割、人才分类管理等传统体制机制，以及地方政府制定的发展目标不同等因素影响，我国依然存在较为严重的地方保护和市场分割现象，导致区域高端制造业集聚受阻。因此，应加速区域市场一体化进程，充分释放市场资源配置潜力，建立区域性交易市场，组建跨省市、跨行业的产业协会，区域内各地方政府协调配合，共同拟定高端制造业发展规划，促进人才、技术和资本等资源要素在区域内更自由地流动。

三、加速培育本地市场，增强高端制造业集聚正外部性

规模经济和外部性是高端制造企业选址的重要影响因素。理论分析和实证研究表明，市场规模越大，分工程度越高，越容易形成规模经济和正外部性，高端制造业集中度越大。因此，推动高端制造业集聚的最根本的途径是加速培育本地市场。

(一)完善区域人才市场体系

高素质、熟练技能人才集聚是形成高端制造业集聚的基本前提。因此，政府应采取措施，形成双向流动的劳动力厚市场，增强人才集聚正外部性：鼓励本地高等院校与高端制造企业和科研单位合作培养人才，加大联合培养人才力度。

(二)促进本地中小型企业发展

中小型企业是推动经济增长、吸收劳动力的主体，也是高端制造业的重要组成部分，是构成装备建设原材料和零部件供应商的主要来源，依托中小型企业形成高端制造业集聚已经成为发达国家高端制造业集聚的主要模式之一。目前，产业链配套不完善已经成为制约我国高端制造业集聚的重要因素之一，其根本原因是中小型企业成长缓慢，企业分工程度有待加深，导致高端制造业集聚效应难以发挥。因此，应加强区域内部门联动，加快促进中小型企业发展，从财政政策、融资支持、政府服务体系等多方面为中小型企业成长提供良好环境。

(三)培育两用中心交易市场

需求市场是拉动高端制造业集聚的重要原因。我国市场融合需求市场潜力

大，许多领域的两用市场仍有待开发。地方政府应积极培育两用中心交易市场，选取区域内交通运输较为便捷的地区作为中心市场，以点带面、扩大区域市场规模；配合城镇化步伐，在城镇化、城市化过程中积极培育本地市场，拓展市场规模。

第二节 增强区域知识溢出

知识溢出效应能显著提升高端制造业集中程度，知识溢出效应越强，集聚区内企业研发成本越低，因而越能吸引更多企业入驻。政府应加大创新投入、推动技术产业化、着力破除制约知识溢出的制度壁垒，有效增强区域知识溢出效应。

一、加大创新投入，提高区域技术创新能力

技术创新本质上是一个投入产出过程，主要创新投入包括人力资本、知识资本和物质资本。

在人力资本方面，增加教育和培训投入，引入高技术人才，提高人才素质。实证研究表明，人力资源受教育年限与高端制造业发展和高端制造业集中度都存在显著正相关。目前，我国中西部内陆地区和东北地区劳动力数量丰富但素质相对较低，且面临严峻的人才外流问题，通过增加教育投入提高人力资源质量具有重要的特殊意义。中西部地区和东北地区有着国防科技资源密集的优势，但从业人员受教育程度和技能熟练程度较低在一定程度上削弱了这一优势。因此，要加大对中西部的教育和培训投入，鼓励企业与区域内高等院校或东部高等院校联合培养人才；鼓励引入外来高技术人才，并加大对人才引入的政策扶持力度；鼓励兴办职业技术学校、职业技能培训机构，提高劳动力技能熟练程度。

在知识资本方面，加大引入高新技术力度，尤其是加大对中小型企业研发的政策扶持和财政支持力度，提高知识资本存量。知识溢出内生模型表明，创新主体的异质性知识存量是推动技术创新的主要动力，因此，不断引入先进技术是提高技术创新效率的重要途径；鼓励企业增加研发创新投入，成立企业研

发中心，增加专用性知识存量；增加引进新技术的财政支出比例，引进国内外大型研发机构落户，并通过引进、消化、吸收、再创新提高技术创新效率；政府主导构建区域科技协同创新网络，推动跨区域协同创新；鼓励区域内优势企业"走出去"，利用好全球创新资源，提高区域创新能力。

在物质资本方面，增加对技术创新的资金投入，并通过扶持科技重点实验室、大型试验设备建设，降低技术创新部门的固定成本和迁移成本，集聚创新资源。技术创新通常风险较大，需要雄厚的资金支持，因此，政府应主导建立由政府、企业、保险公司、担保公司以及风险投资公司等机构构成的技术创新风险补偿机制，为技术创新活动提供风险对冲和融资支持；推动大型试验设备、试验基地的共享、共用和共建，建立区域技术研发中心、中间试验基地和信息库等，降低技术创新的固定投入；在增加对技术创新资金投入的同时，优化资金投向投量，提高创新活动资金投入的使用效率。

二、推动技术成果转化，提高区域科技进步贡献率

通过技术产业化实现经济效益和安全效益是技术创新的直接动力，也是推动高端制造业集聚的重要集聚力。因此，政府应着力推动技术成果转化，通过政府主导、项目牵引、发展产业园等方式，提高科技进步贡献率，增强区域知识溢出效应。

充分发挥政府主导作用，推动企业、科研机构战略合作，实现技术成果转化。设立成果转化专项资金，为企业提供资金支持、管理指导和咨询服务；通过公开招标、投标以及强制性政策措施，推动大型集团与开展技术创新的中小民营企业进行战略合作，实现创新技术向装备生产领域的转化应用；完善技术成果转化产权归属和利益分配制度，为企业合作开发、成果转化提供良好的环境；政府主导建立以企业为核心的区域产学研合作体制机制，鼓励形成技术转移与产业孵化中心，利用企业和科研院所的优势实现科研与生产的结合与双赢。

充分发挥重大项目牵引功能，拓展市场、融合市场。利用高端制造业行业特点和优势，结合"三大战略"与"四大板块"区域发展战略，统筹谋划一批国家重大项目，选准优势领域和重点领域，在国家层面实施技术产业化重大专项，推动海洋、太空、网络空间等通用性强的重点领域和新兴领域合作开发和技术创新成果转化；与"一带一路"沿线国家合作，以国家重大项目为抓手，推动高端制造业"走出去"，参与国际竞争，推进国际产能合作、工程承包和战略资源

开发，深入开拓市场；政府引导国家重大项目与区域社会经济发展布局有机结合，促进国防建设与区域经济深度融合。

充分发挥高新区、新型工业化产业示范基地等园区经济优势，通过"干中学"集中促进技术成果转化。通过区域产业政策规划，有计划地引导大型集团和龙头企业入驻高新区等产业园区，充分利用园区较多的配套企业和高新技术优势，促进技术成果产业化；鼓励园区内企业、高校和研究机构联合创建技术联盟、企业孵化中心等平台和中介发展，充分发挥区域科技协同创新网络的"网络效应"。

三、破除制约知识溢出的制度壁垒，提高区域科技协同创新积极性

商品流通的可计划性、可预测性和可控性相比，知识和技术的流通具有更多的不确定性，尤其是对于知识产权意识较为薄弱的企业来说，知识溢出可能产生较大负外部性，从而削弱协同创新积极性。因此，政府应尽快破除制约知识溢出的制度壁垒，建立知识产权激励机制、加强产权保护，营造良好的技术创新制度环境。

加快建立统一的强制性国家标准体系。随着《深化标准化工作改革方案》的颁布，我国标准通用化进程明显加快，但仍不能满足科技工业快速发展的需求，这一问题在网络空间、太空、海洋、量子计算等新兴领域表现得尤为突出。应尽快组织力量制定国家通用标准，尤其在新兴领域要抢占先机，抢先制定国际标准；合理选择通用标准强度，构建动态标准形成机制，部分军用标准出于安全保密需要仍须保留，过低的标准强度将损害国家安全利益，因此应在满足国家安全需要的基础上，确定标准强度和动态形成机制。

尽快建立激励相容的科技知识产权保护机制。尽管知识产权保护在一定程度减少了区域内技术资本存量，不利于短期内知识溢出，但完善的知识产权保护机制在长期内能有效提高技术创新主体的预期收益，吸引创新主体集聚，提高协同创新积极性。因此，要在国家层面统一组织力量尽快编制出台知识产权法规条例，用强制性方式确保知识产权得到保护；政府应主动提供知识产权相关服务和知识普及、鼓励相关法律咨询机构发展，增强知识溢出的正外部性，降低技术创新合作过程中的交易成本，提高科技协同创新积极性。

第三节　实施差异化区域高端制造业政策

一、区域政策要与国家整体发展目标相协调

尽管我国重视高端制造业和市场融合，各地方政府也出台了相关政策，但区域政策之间存在同质性明显、"单打独斗"现象严重等问题，亟须出台统筹考虑国家发展目标和区域实际情况的区域政策和区域规划。

区域政策要充分考虑国家整体发展需求。推动高端制造业发展，实现国防科技工业和国家制造业转型升级，要求把国防建设纳入经济社会建设大格局中，推动制造业资源融合共享、共建、共用。不论是"一带一路"倡议，还是京津冀协同发展、长江经济带的提出，其产业政策、财税政策、人才政策、科技政策等均应充分考虑市场融合需求，将区域经济发展需求和国家建设需求结合起来，并在推动高端制造业集聚方面进行积极探索。

区域政策目标要与国家整体发展目标要求相适应。根据"构建一体化国家战略体系和能力"这一重要战略目标，区域政策要主动与国家整体发展战略目标相适应，突出军事需求牵引，充分利用区域内优势制造业资源，建成具有区域特色的高端制造业集聚区。各区域发展规划要积极协同配合，共同开发利用区域内制造业资源，构建中部国防科技工业支撑带、长三角高端制造业支撑带，实现区域发展需求与国家经济发展的有效融合，为国家提供战略安全保障。

二、科学制定补贴政策

地方政府对高端装备制造企业进行补贴的目的是鼓励区域高科技工业市场融合和刺激区域经济增长。然而，内陆欠发达地区财政收入有限，往往通过其他形式进行激励，如为高端装备制造企业廉价或免费提供土地、税收抵扣等一次性、生产性补贴。本书理论和实证研究表明，这种补贴方式尽管在短期内可以增加区域高端装备制造企业数量，但吸引的主要是低效率企业，对区城高科技工业长期发展反而不利。因此，政府在制定补贴政策时，要充分考虑高端装

备制造企业的异质性，制定科学、合理的补贴政策。

长期来看，沿海发达地区实施税收优惠政策优于直接出让土地，内陆欠发达地区实施研发补贴优于生产性补贴。由于高效率企业和民品份额较高的企业对税收优惠的敏感程度要高于低效率企业和民品份额较低的企业，沿海发达地区对高端装备制造企业进行税收减免，相对内陆地区能吸收更多高端装备制造企业，从而推动区域高端制造业发展；内陆欠发达地区财政收入有限，可供支配的财政支出相对较少，对高端制造企业的政府补贴应以技术创新补贴为主，通过降低企业支付的研发成本，提高企业生产效率和区域内知识溢出水平，长期将更有利于内陆欠发达地区的高端制造业发展。

建立政府补贴效果评估机制。地方政府补贴是一种政策干预，其目的是吸引更多高端装备制造企业以推动区域内高端制造业发展，而随着高端制造业集聚效应不断增强，企业在市场机制作用下将不断在集聚区域内集中以降低成本和寻求规模经济，此时政府应逐渐减少政策干预。同时，不同区域的政府补贴金额和补贴方式不同，补贴效果也不尽相同。因此，有必要构建科学合理的补贴效果评估机制，设计激励相容的评价体系，并根据评估结果调整补贴额度和补贴方式，以更好地发挥政府引导作用。

三、合理选择高端制造业集聚路径

我国社会经济资源区域分布不均衡，在资源总量有限、要素和产品流动需要支付一定成本条件下，地方政府应因地制宜合理选择高端制造业集聚路径。

对于军工企业分布较为密集的中西部地区，建议选择路径依赖型高端制造业集聚路径。本研究表明，三线建设为中西部地区集聚了大量军工科技资源和产业资源，对高端制造业集聚仍然发挥着积极的促进作用。因此，中西部地区应充分发挥区域资源优势和深居内陆的战略地理优势，重点发展以整机和系统集成、零部件生产与供应等为主的高端制造业集聚。

对于军事基地较为集中或武器装备市场规模较大的区域，各军种大型训练基地所在区域、各战区机关所在区域，其军事作战需求牵引作用显著，应积极引导发展相关产业，形成战略主导型高端制造业集聚。

对于市场经济较为发达、交通便捷的中心城市，选择外部性驱动型高端制造业集聚路径。在深圳、上海等沿海地区，重点布局通用程度较高和科技含量较高的产业，如航空航天产业、计算机产业等通用高端制造业集聚，以及网络空间、海洋等新兴产业集聚，以更好地利用民用高新技术成果。此外，充分利用沿海地区国际化程度较高、竞争较激烈等优势，推动高端制造业集聚参与国际分工，提高我国武器装备出口竞争力和装备性能。在江苏、浙江等中小型企业发展较为成熟的地区，重点布局产业链较长、高附加值的产业，如发动机等产业，以充分利用当地企业生产和配套优势。

四、优化区域竞争模式

为发展本地高端制造业，区域之间竞争也十分激烈，导致区域产业政策同质化严重、高端制造业同构化明显，使得我国高端制造业分布过早进入分散阶段。因此，有必要由中央统一协调、统筹规划布局，形成良好的地区之间竞合关系，以在全国范围内推动高端制造业集聚、优化资源空间布局。

中央层面统一协调，确保各区域高端制造业布局合理平衡。为争夺高端装备制造企业，地方政府之间可能开展补贴竞争和税收优惠竞争，导致政府补贴不仅达不到预期效果，还可能带来高端制造企业以获取补贴为目的的迁移现象，导致整体效率降低，不利于地区长期发展。因此，中央层面一方面应鼓励地方政府推动高端制造业市场融合，另一方面还要对各地区补贴政策及其他政策优惠进行适度引导，避免各地区的恶性竞争；建立跨区域议事协调机构，推动各地高端制造业发展规划的协调配合。

提倡以深化分工为导向的高端制造业集聚，形成区域之间错位发展格局，提高军民资源配置整体效益。为有效改善各地区高端制造业同构化可能带来的资源错配，各地方政府应把产业政策重心放在推动产业升级和技术创新方面，推动区域内新产品开发和新技术应用，避免产品结构过于单一，不断创新技术和管理，丰富产品结构，深化区域之间分工，从而扩大规模经济，规模经济的增加有利于促进高端制造业集聚，并形成良性循环，提高区域高端制造业集聚竞争力。

第四节　总结与展望

随着我国经济发展步入新常态、市场融合进入新时代、区域发展战略发生重大调整，区域高端制造业发展机遇与挑战并存。高端制造业集聚是推动国防科技工业与地方经济耦合发展的重要途径，也是实现国家战略的重要载体，已经成为美国、日本、意大利等发达国家产业发展的新趋势。因此，如何推动高端制造业集聚化发展，既是区域经济发展面临的重要任务，也是亟待解决的重大课题。本书从理论和实证层面分别做了尝试。

本书基于新经济地理学理论，综合运用新古典经济学、国防经济学、产业组织理论、空间经济学等相关理论和研究方法，从空间、技术和区域政策三个维度重点研究了高端制造业集聚的影响因素和内在机制，得出以下主要结论。

第一，在空间方面，高端制造业两用产业活动的资本不可分性和需求不可分性，决定了企业必须把空间作为成本的重要因素考虑进来。运输成本、规模经济和外部性与距离密切相关，是影响高端制造业集聚的主要空间因素：运输成本抑制产业集聚，但运输成本降低将导致高端制造业集聚的集聚力与分散力同时增强；规模经济是一种集聚力，企业为追求规模经济有动力扩大规模或在空间上接近其他企业，从而形成高端制造业集聚；产业活动同时存在正外部性和负外部性，正外部性产生集聚力，推动高端制造业集聚；负外部性产生分散力，抑制高端制造业集聚。

第二，在技术方面，知识的特性和种类、知识接受者的差异决定了知识溢出的空间局限性。在知识溢出外生情况下，当市场一体化程度较低时，分散力占主要地位，对称均衡为稳定均衡；随着市场一体化程度、局域知识溢出效应、全域知识溢出效应的增加，对称均衡分布的不稳定区间变小，高端制造业集聚更容易形成；然而贴现率增加将加速对称结构的崩溃。此外，资本份额较大的区域对市场一体化程度的变化更加敏感；在资本快速增长时期，市场一体化程度的加深将使得发达地区福利水平更高，从而加剧地区之间福利水平差距。在知识溢出内生情况下，高端制造业集聚可视同两个部门的集聚：技术创新部门集聚和垄断竞争生产部门集聚，且两个部门通常在同一空间集中；高端制造业集聚的集聚力主要包括企业生产率效应、本地市场效应、消费品多样化效应和技术创新效应，分散力主要包括市场挤出效应和对专用技术的保护。电子通信等技术进步带来的运输成本下降将使隐性知识溢出在企业区位决策中的作用增强，推动技术创新部门集聚，并进而推动生产部门集聚。

第三，在区域政策方面，地方税收政策、补贴政策以及历史政策因素都将对高端制造业空间分布起到重要影响。区域税率和特殊产品份额通过影响企业可变成本的流动来影响企业流动规模及方向，从而影响高端制造业空间分布；

在无税收情况下，生产效率较高的企业率先向市场规模较大的区域迁移，而生产效率较低的企业则留在市场规模较小、竞争程度较为缓和的区域；发达地区税率的提高，使得生产效率较高和特殊产品份额较少的企业率先从发达地区向内陆城市迁移，特殊产品份额较高、生产效率相对较低的企业留在发达地区；区域之间贸易成本的下降，将加快企业迁移进程。边缘区地方政府对技术和产品的研发补贴，短期内不会改变国防科技工业布局，但有利于提高区域内企业生产效率，长期内对留住企业起积极作用；对技术和产品的生产性补贴，短期内能有效留住区域内企业，然而补贴最先留住的是生产效率较低的企业，长期内不利于区域内企业生产效率提高和产业升级。当贴现率较高或经济调整速度较慢时，区域政策将持续发挥作用；当贴现率降低或经济调整速度加快时，历史性区域政策作用将不再持续。

第四，本书为提高我国装备出口竞争力提供新视角。装备出口竞争力是国家高科技工业实力的重要体现，当前推动高端制造业发展的重点是引导优势企业进入高科技生产领域，整合优势科技资源，为提高我国装备制造水平和高科技工业竞争力提供支撑。基于全球面板数据对高端制造业集聚效应的实证分析表明，高端制造业集聚程度并非越高越好，制造业集聚度与出口竞争力存在稳健显著的倒"U"形关系，制造业集聚度在小于门槛值，增加制造业集聚度显著提升出口竞争力，超过门槛值反而会降低出口竞争力。对发达国家与发展中国家分组估计结果表明，发达国家制造业集聚度门槛值远高于发展中国家，但两者的差距可以通过控制其他因素而变小。我国尚未抵达制造业集聚度门槛值，可通过推动高端制造业园区等形式提高装备制造业集聚度，提升企业生产效率，增强出口竞争力。

第五，本书构建了一个"基本层—空间层—战略层"的三层次高端装备制造企业选址模型，并对异质性高端装备制造企业选址及其高端制造业集聚路径进行了较为全面的分析。根据主导影响因素不同，高端制造业集聚路径分为外部性驱动型和战略驱动型两大类型。

第六，为推动我国高端制造业集聚，本书从空间、技术和区域政策三方面提出了推动区域一体化进程、增强区域知识溢出、实施差别化区域产业政策等对策建议。

然而，高端制造业集聚化发展是一个复杂的动态过程，除了空间、技术和区域政策等因素，还涉及社会、文化、环境等多方面因素，是一个庞大的课题。本书仅仅从新经济地理学视角进行了理论和实证分析，研究过程中面临的数据可得性等诸多局限性又使得本书未能对很多问题展开深入研究。

一是如何克服新经济地理学理论本身的缺陷，提出更贴近我国实践的理论框架。任何理论都不是十全十美的，新经济地理学理论作为本书的基础理论本身就有一些缺陷。本书虽然试图通过引进异质性企业和区域政策以克服上述缺陷，但对异质性企业的分类仅从产品种类和生产效率两方面进行了区分，并没有考虑企业所有制、企业管理者等因素；对区域政策也仅考虑了地方政府税收政策、生产性补贴和研发补贴的影响，未来的进一步研究可区分中央转移支付和地方转移支付构建一般均衡模型，区分针对消费者的征税和生产者的征税。

二是进一步收集和整理数据，特别是企业层面的微观数据，对于推动高端制造业集聚研究的深入将具有重大贡献。本书仅仅基于国际数据进行了实证研究，囿于政策规定和制度要求，国内有些数据收集整理工作不足，且不能公之于众。然而，进一步收集整理企业数据，并非一人之力能完成，而需要政府部门、企业、学术界共同合作。

三是本书研究所涉及的问题还有待进一步深入。本书仅对一般性的高端制造业集聚进行了初步探索分析，对很多问题的讨论还有待进一步细化，如对高端制造业集聚化发展过程中涉及的技术转移、知识产权制度、装备采购等具体问题对高端制造业空间分布的影响，都是今后研究的方向。

参考文献

[1] Acosta M, Coronado D, Marín R. Potential Dual-use of Military Technology: Does Citing Patents Shed Light on This Process? [J]. Defence and Peace Economics, 2011,22(3):335-349.

[2] Acs Z J, Braunerhjelm P, Audretsch D B, et al. The Knowledge Spillover Theory of Entrepreneurship[J]. Small Business Economics,2009,32(1):15-30.

[3] Alcacer J, Chung W. Location Strategies and Knowledge Spillovers[J]. Management Science,2007,53(5):760-776.

[4] Alcacer J, Chung W. Location Strategies for Agglomeration Economies[J]. Strategic Management Journal,2014,35(12):1749-1761.

[5] Antonietti R, Cainelli G. The Role of Spatial Agglomeration in a Structural Model of Innovation, Productivity and Export: A Firm-level Analysis[J]. Annals of Regional Science,2014,53(1):14310-14312.

[6] Asheim, Bjørn T, Isaksen A. Regional Innovation Systems: The Integration of Local "Sticky" and Global "Ubiquitous" Knowledge[J]. The Journal of Technology Transfer,2002,27(1):77-86.

[7] Audretsch D B, Feldman M P. R&D Spillovers and the Geography of Innovation and Production[J]. The American Economic Review,1996,86(3):630-640.

[8] Audretsch D B. Innovation and Industry Evolution[M]. Massachusetts: MIT-Press,1995.

[9] Azariadis C, Stachurski J. Poverty Traps[J]. Handbook of Economic Growth, 2005(1):295-384.

[10] Bagella M, Becchetti L. The Competitive Advantage of Industrial Districts: Theoretical and Empirical Analysis[M]. Berlin: Springer Science & Business Media,2012.

[11] Baldwin R, Forslid R. Economic Geography and Public Policy[M]. Princeton: Princeton University Press,2005.

[12] Baldwin R, Krugman P. Agglomeration, Integration and Tax Harmonisation [J]. European Economic Review, 2004, 48(1):1-23.

[13] Baldwin R, Martin P, Ottaviano G I P. Global Income Divergence, Trade, and Industrialization: The Geography of Growth Take-offs[J]. Journal of Economic Growth, 2001, 6(1):5-37.

[14] Baldwin R, Okubo T. Heterogeneous Firms, Agglomeration and Economic Geography: Spatial Selection and Sorting[J]. Journal of Economic Geography, 2006, 6(3):323-323.

[15] Baldwin R, Okubo T. International Trade, Offshoring and Heterogeneous Firms[J]. Review of International Economics, 2014, 22(1):59-72.

[16] Baldwin R, Okubo T. Tax Competition with Heterogeneous Firms[J]. Spatial Economic Analysis, 2014, 9(3):309-326.

[17] Baldwin R, Okubo T. Tax Reform, Delocation and Heterogeneous Firms: Base Widening and Rate Lowering Reforms[R]. CEPR Discussion Papers, 2008(6843).

[18] Baldwin R, Okubo T. Tax Reform, Delocation, and Heterogeneous Firms[J]. The Scandinavian Journal of Economics, 2009, 111(4):741-764.

[19] Balland P, Boschma R, Frenken K. Proximity and Innovation: From Statics to Dynamics[J]. Regional Studies, 2015, 49(6):907-920.

[20] Barrios S, Bertinelli L, Strobl E, et al. The Dynamics of Agglomeration: Evidence from Ireland and Portugal[J]. Journal of Urban Economics, 2005, 57(1):170-188.

[21] Batra A, Khan Z. Revealed Comparative Advantage: An Analysis for India and China[J]. Indian Council for Research on International Economic Relations, 2005 (168):1-85.

[22] Bauer C, Ronald B D, Haufler A. Economic Integration and the Optimal Corporate Tax Structure with Heterogeneous Firms[J]. Journal of Public Economics, 2014 (110):42-56.

[23] Baumol, William J, Wallace E. Oates. The Theory of Environmental Policy [M]. Cambridge: Cambridge University Press, 1988.

[24] Baum-Snow N, Brandt L, Henderson J V, et al. Roads, Railroads and Decentralization of Chinese Cities[J]. Review of Economics and Statistics, 2012(4):435-448.

[25] Baum-Snow N. Did highways Cause Suburbanization? [J]. The Quarterly Journal of Economics, 2007, 122(2):775-805.

[26]Becchetti L,Rossi S.The Positive Effect of Industrial District on the Export Performance of Italian Firms[J].Review of Industrial Organization,2000,16(1):53-68.

[27]Berliant M,Fujita M.Culture and Diversity in Knowledge Creation[J].Regional Science and Urban Economics,2012,42(4):648-662.

[28]Berliant M,Fujita M.Dynamics of Knowledge Creation and Transfer:The Two Person Case[J].International Journal of Economic Theory,2009,5(2):155-179.

[29]Berliant M,Fujita M.Knowledge Creation as a Square Dance on the Hilbert Cube[J].International Economic Review,2008,49(4):1251-1295.

[30]Berliant M,Fujita M.The Dynamics of Knowledge Diversity and Economic Growth[J].Southern Economic Journal,2011,77(4):854-884.

[31]Binz,Christian,Bernhard Truffer,et al.Why Space Matters in Technological Innovation Systems—Mapping Global Knowledge Dynamics of Membrane Bioreactor Technology[J].Research Policy,2014,43(1):138-155.

[32]Bitzinger R A.Civil-Military Integration and Chinese Military Modernization [J].Asia-Pacific Center for Security Studies,2004,3(9):1-4.

[33]Bitzinger R A.Towards a Brave New Arms Industry? [M].London:Routledge,2014:63.

[34]Blazek D,Sickles R C.The Impact of Knowledge Accumulation and Geographical Spillovers on Productivity and Efficiency:The Case of US Shipbuilding during WWII[J].Economic Modelling,2010,27(6):1484-1497.

[35]Borck R,Koh H J,Pflüger M.Inefficient Lock-in and Subsidy Competition [J].International Economic Review,2012,53(4):1179-1204

[36]Boschma R,Frenken K.The Spatial Evolution of Innovation Networks. A Proximity Perspective[J].The Handbook of Evolutionary Economic Geography,2010:120-135.

[37]Boschma R.Proximity and Innovation:A Critical Assessment[J].Regional Studies,2005,39(1):61-74.

[38]Bosker M,Brakman S,Garretsen H,et al.Looking for Multiple Equilibria When Geography Matters:German City Growth and the WWII Shock[J].Journal of Urban Economics,2007,61(1):152-169.

[39]Bosker M,Brakman S,Garretsen H,et al.Relaxing Hukou:Increased Labor

Mobility and China's Economic Geography[J].Journal of Urban Economics,2012,72
(2):252-266.

[40] Bracco E. Industrial Agglomeration: Economic Geography, Technological
Spillover and Policy Incentives[J].Rivista Internazionale di Scienze Sociali,2014,124
(1):3-18.

[41] Braczyk H J, Philip N C, Heidenreich M. Regional Innovation Systems: The
Role of Governances in a Globalized World[M].London:Psychology Press,1998.

[42] Brakman S, Garretsen H, Schramm M. The Spatial Distribution of Wages:
Estimating the Helpman-Hanson Model for Germany[J].Journal of Regional Science,
2004,44(3):437-466.

[43] Brakman S, Garretsen H, Schramm M. The Strategic Bombing of German
Cities during World War Ⅱ and Its Impact on City Growth[J].Journal of Economic
Geography,2004,4(2):201-218.

[44] Breschi S, Lissoni F. Localized Knowledge Spillovers vs Innovative Milieux:
Knowledge Tacitness Reconsidered [J]. Papers in Regional Science, 2001 (80):
255-273.

[45] Brülhart M, Jametti M, Schmidheiny K.Do Agglomeration Economies Reduce
the Sensitivity of Firm Location to Tax Differentials? [J]. The Economic Journal,
2012,122(563):1069-1093.

[46] Broekel T, Boschma R. The Cognitive and Geographical Structure of Know-
ledge Links and how They Influence Firms' Innovation Performance[J].Regional Studies,
2017,6(2):3-26.

[47] Brzoska M.The Economics of Arms Imports after the End of the Cold War
[J].Defence & Peace Economics,2004,15(2):1-22.

[48] Cainelli G,Fracasso A,Vittucci Marzetti G.Spatial Agglomeration and Produc-
tivity in Italy:A Panel Smooth Transition Regression Approach[J].Papers in Regional
Science,2015,94(S1):S39-S67.

[49] Carter A.Anatomy of Dual-use Relationship,Quoted in Brzoska M & Lock
P.Restructuring of Arms Production in Western Europe[M].Oxford:Oxford University
Press,1992.

[50] Castells M.The Informational City:Information Technology,Economic Restruc-
turing,and the Urban-regional Process[M].Oxford:Blackwell,1989.

［51］Castells M.The Rise of the Network Society：The Information Age：Economy，Society，and Culture［M］.New York：John Wiley & Sons，2011.

［52］Chaney T.Distorted Gravity：The Intensive and Extensive Margins of International Trade［J］.The American Economic Review，2008，98（4）：1707-1721.

［53］Cheng，Leonard K，Yum K K.What are the Determinants of the Location of Foreign Direct Investment? The Chinese Experience［J］.Journal of International Economics，2000，51（2）：379-400.

［54］Chevassus - Lozza E，Galliano D.Local Spillovers，Firm Organization and Export Behaviour：Evidence from the French Food Industry［J］.Regional Studies，2003，37（2）：147-158.

［55］Che Y，Lu Y，Tao Z，et al.The Impact of Income on Democracy Revisited［J］.Journal of Comparative Economics，2013，41（1）：159-169.

［56］Claver N D，Castejón C F，Gracia F S.The Home Market Effect in the Spanish Industry，1965-1995［J］.Annals of Regional Science，2011，46（2）：379-396.

［57］Combes P P，Duranton G，Gobillon L，et al.The Productivity Advantages of Large Cities-Distinguishing Agglomeration from Firm Selection［R］.Instituto Madrileo de Estudios Avanzados（IMDEA）Ciencias Sociales，2009.

［58］Combes P P，Lafourcade M.Transport Costs：Measures，Determinants，and Regional Policy Implications for France［J］.Journal of Economic Geography，2005（5）：319-349.

［59］Cooke P，Boekholt P，Schall M，et al.Regional Innovation Systems：Concepts，Analysis and Typology［C］.EU-RESTPOR Conference.Global Comparison of Regional RTD and Innovation Strategies for Development and Cohesion.Brussels，1996.

［60］Cooke P，de Laurentis C.11 Evolutionary Economic Geography：Regional Systems of Innovation and High-tech Clusters［J］.The Handbook of Evolutionary Economic Geography，2010：239.

［61］Cooke P，Schienstock G.Structural Competitiveness and Learning Region［J］.Enterprise and Innovation Management Studies，2000（3）：265-280.

［62］David P A，Hall B H，Toole A A.Is Public R&D a Complement or Substitute for Private R&D? A Review of the Econometric Evidence［J］.Research Policy，2000（29）：497-529.

［63］Davis D R，Weinstein D E.A Search for Multiple Equilibria in Urban Industrial Structure[J].National Bureau of Economic Research,2004(w10252).

[64]Davis D R,Weinstein D E.Does Economic Geography Matter for International Specialization? [R].National Bureau of Economic Research,1996.

[65]Davis D R,Weinstein D E.Market Access,Economic Geography and Comparative Advantage:An Empirical Test[J].Journal of International Economics,2003, 59(1):1-23.

[66]De Bok M,Van Oort F.Agglomeration Economies,Accessibility and the Spatial Choice Behavior of Relocating Firms[J].Journal of Transport and Land Use, 2011,4(1):5-24.

[67]Devereux M P,Griffith R,Simpson H.Firm Location Decisions,Regional Grants and Agglomeration Externalities[J].Journal of Public Economics,2007,91(3): 413-435.

[68]Döring T,Schnellenbach J.What do We Know about Geographical Knowledge Spillovers and Regional Growth?:A Survey of the Literature[J].Regional Studies, 2006,40(3):375-395.

[69]Drucker J.Couparative Identification of Defense-Oriented Economics[R]. The Office of Economic Adjustment Report,2012.

[70]Drucker J.Spatial Distribution of Defense Prime Contracting Industries[R]. The Office of Economic Adjustment Report,2012.

[71]Drucker J.Spatial Distribution of Supply Chain of Defense Contracting Industries [R].The Office of Economic Adjustment Report,2012.

[72]Dumais G,Ellison G,Glaeser E.Geographic Concentration as a Dynamic Process [J].Review of Economics and Statistics,2002,84(2):193-204.

[73]Dundervill Jr R E,Gerity P F,Hyder A K.Defense Conversion Strategies [M].Berlin:Springer Science & Business Media,2013.

[74]Dunne J P.The Defense Industrial Base[J].Handbook of Defense Economics, 1995(1):399-430.

[75]Dupont V,Martin P.Subsidies to Poor Regions and Inequalities:Some Unpleasant Arithmetic[J].Journal of Economic Geography,2006(6):223-240.

[76]Duranton G,Morrow P,Turner M A.Roads and Trade:Evidence from the US [J].Review of Economic Studies,2014,81(2):681-724.

[77]Duranton G,Puga D.Diversity and Specialisation in Cities:Why,Where and

When does It Matter? [J].Urban Studies,2000,37(3):533-555.

[78]Duranton G,Puga D.Micro-foundations of Urban Agglomeration Economies [J].Handbook of Regional and Urban Economics,2004 (4):2063-2117.

[79]Eaton J,Kortum S.Technology, Geography, and Trade[J].Econometrica, 2002,70(5):1741-1779.

[80]Ellison G,Glaeser E L.Geographic Concentration in US Manufacturing Industries:A Dartboard Approach [J].Journal of Political Economy,1997,105(5):889-927.

[81]Ellison G,Glaeser E L,Kerr W R.What Causes Industry Agglomeration? Evidence from Coagglomeration Patterns[R].NBER Working Paper,2007(13068):17.

[82]Fallah B N,Partridge M D,Olfert M R.New Economic Geography and US Metropolitan Wage Inequality [J]. Journal of Economic Geography, 2011, 11 (5): 865-895.

[83]Fally T,Paillacar R,Terra C.Economic Geography and Wages in Brazil:Evidence from Micro-data[J].Journal of Development Economics,2010,91(1):155-168.

[84]Fan J,Zou B.Industrialization from Scratch:The Persistent Effects of China's "Third Front" Movement[J].Working Paper,2015.

[85] Fazio G, Maltese E. Agglomeration Externalities and the Productivity of Italian Firms[J].Growth and Change,2015,46(3):354-378.

[86]Feldman M, Ausdretsch D.Innovation in Cities:Science-Based Diversity, Specialization and Localized Competition[J].European Economic Review,1999(43): 409-429.

[87]Forslid R,Midelfart K H.Internationalisation,Industrial Policy and Clusters [J].Journal of International Economics,2005(66):197-213.

[88]Freeman C.Networks of Innovators:A Synthesis of Research Issues[J]. Research Policy,1991,20(5):499-514.

[89]Fujita M,Krugman P.The New Economic Geography:Past,Present and the Future[J].Papers in Regional Science,2004,83(1):139-164.

[90]Fujita M,Mori T.Frontiers of the New Economic Geography[J].Papers in Regional Science,2005(84):377-405.

[91]Fujita M,Thisse J F.Economics of Agglomeration:Cities,Industrial Location, and Globalization[M].Cambridge:Cambridge University Press,2013.

[92]Fujita M.Towards the New Economic Geography in the Brain Power Society [J].Regional Science and Urban Economics,2007,37(4):482-490.

[93]Funk R J.Making the Most of Where You are:Geography,Networks,and Innovation in Organizations[J].Academy of Management Journal,2014,57(1):193-222.

[94]Garcia-Lopez M A,Holl A,Viladecans-Marsal E.Suburbanization and Highways:When the Romans,the Bourbons and the First Cars Still Shape Spanish Cities. Universitat Autonoma de Barcelona & IEB,2013.

[95]Gaspar J,Information Technology and the Future of Cities[J].Journal of Urban Economics,1998,43(1):134-156.

[96]Ghani E,William R K,O'connell S.Spatial Determinants of Entrepreneurship in India[J].Regional Studies,2014,48(6):1071-1089.

[97]Glaeser E L.Are Cities Dying[J].The Journal of Economic Perspectives, 1998,12(2):139-160.

[98]Glaeser E L,Janet E.Kohlhase.Cities,Regions and the Decline of Transport Costs[J].Papers in Regional Science,2004,83(1):197-228.

[99]Glückler J.Economic Geography and the Evolution of Networks[J].Journal of Economic Geography,2007,7(5):619-634.

[100]Goerlich F J,Mas M.Drivers of Agglomeration:Geography vs History[J]. Open Urban Studies Journal,2009(2):28-42.

[101]Gonzalez X,Pazo C.Do Public Subsidies Stimulateprivate R&D Spending [J].Research Policy,2008,37(3):371-389.

[102]Graf H,Henning T.Public Research in Regional Networks of Innovators:A Comparative Study of Four East German Regions[J].Regional Studies,2009,43(10): 1349-1368.

[103]Greenaway D,Kneller R.Exporting,Productivity and Agglomeration[J]. European Economic Review,2008,52(5):919-939.

[104]Haufler A,Wooton I.Country Size and Tax Competition for Foreign Direct Investment[J].Journal of Public Economics,1999(71):121-139.

[105]Helble M C,Okubo T.Heterogeneous Quality Firms and Trade Costs[J]. World Bank Policy Research Working Paper Series,2008(4550).

[106] Helpman E, Melitz M, Rubinstein Y. Estimating Trade Flows: Trading Partners and Trading Volumes[J].The Quarterly Journal of Economics,2008,123(2):

441-487.

[107]Henderson J V.Marshall's Scale Economies[J].Journal of Urban Economics, 2003,53(1):1-28.

[108]Herciu M. Measuring International Competitiveness of Romania by Using Porter's Diamond and Revealed Comparative Advantage[J].Procedia Economics and Finance,2013(6):273-279.

[109]Herstad S J,Aslesen H W,Ebersberger B.On Industrial Knowledge Bases, Commercial Opportunities and Global Innovation Network Linkages [J]. Research Policy,2014,43(3):495-504.

[110]Hühnerbein O,Seidel T.Intra-regional Tax Competition and Economic Geography[J].The World Economy,2010,33(8):1042-1051.

[111]Hirschman A O.The Strategy of Economic Development[M].New Haven Connecticut:Yale University Press,1958.

[112]Hoekman J,Frenken K,van Oort F.The Geography of Collaborative Knowledge Production in Europe[J].Annals of Regional Science,2009(43):721-738.

[113]Holmes T J.How Industries Migrate When Agglomeration Economies are Important[J].Journal of Urban Economies,1999(45):240-2643.

[114]Honig B,Lerner M,Raban Y.Social Capital and the Linkages of High-Tech Companies to the Military Defense System:Is there a Signaling Mechanism? [J].Small Business Economics,2006(27):419-437.

[115]Huggins R,Thompson P.Entrepreneurship,Innovation and Regional Growth: A Network Theory[J].Small Business Economics,2015,45(1):103-128.

[116]Hummels D,Skiba A.Shipping the Good Apples Out? An Empirical Confirmation of the Alchian-Allen Conjecture[J].Journal of Political Economy,2004,112 (6):1384-1402.

[117]Iammarino S,Jona-Lasinio C,Mantegazza S.Labour Productivity,ICT and Regions:The Revival of Italian "Dualism"? [J].SPRU Electronic Working Paper Series,2004(127).

[118]Imagawa T.Essays on Telecommunications, Cities, and Industry in Japan [M].Massachusetts:Harvard University,1997.

[119]Jacobs J.The Economy of Cities[M].New York:Random House,1960.

[120]Johnson J L.Financing the Arms Trade[J].Annals of the American Academy

of Political & Social Science,1994,535(1):110-121.

[121]Kakamu K,Polasek W,Wago H.Production Technology and Agglomeration for Japanese Prefectures during 1991-2000[J].Papers in Regional Science,2012,91(1): 29-41.

[122]Karlsson C, Gråsjö U. Knowledge Flows, Knowledge Externalities, and Regional Economic Development[M].Handbook of Regional Science.Berlin:Springer Berlin Heidelberg,2014.

[123]Karlsson C, Manduch A. Knowledge Spillovers in a Spatial Context - A Critical Review and Assessment[M]// Fischer M & J Frölich (Eds.), Knowledge, Complexityand Innovation Systems.Heidelberg,Springer,2001:101-123.

[124]Kind H,Knarvik K M,Schjelderup G.Competing for Capital in a "lumpy" World [J].Journal of Public Economics,2000(78):253-274.

[125]Kirkpatrick D L I.Trends in the Costs of Weapon Systems and the Conse-quences[J].Defence & Peace Economics,2004,15(3):259-273.

[126] Kotha S. Spillovers, Spill - ins, and Strategic Entrepreneurship: America's First Commercial Jet Airplane and Boeing's Ascendancy in Commercial Aviation[J]. Strategic Entrepreneurship Journal,2010,4(4):284-306.

[127]Krugman P.Geography Development and Economic Theory [M].Cambridge: MIT Press,1996.

[128]Krugman P.History Versus Expectations[J].The Quarterly Journal of Eco-nomics,1991,106(2):651-667.

[129]Krugman P.Increasing Returns, Industrialization, and Indeterminacy of Equilibrium[J].The Quarterly Journal of Economics,1991:617-649.

[130]Krugman P.Increasing Returns,Monopolistic Competition,and International Trade[J].Journal of International Economics,1979,9(4):469-479.

[131]Krugman P.Scale Economies, Product Differentiation, and the Pattern of Trade[J].The American Economic Review,1980,70(5):950-959.

[132]Krugman P.The New Economic Geography,Now Middle-aged[J].Regional Studies,2010,45(1):1-7.

[133]Krugman P.The Role of Geography in Development[J].International Regional Science Review,1999,22(2):142-161.

[134]Krugman P,Venables A J.Integration,Specialization,and Adjustment[J].

European Economic Review,1996,40(3):959-967.

[135]Lall S V,Shalizi Z,Deichmann U.Agglomeration Economies and Productivity in Indian Industry[J].Journal of Development Economics,2004,73(2):643-673.

[136]Leamer E E,Storper M.The Economic Geography of the Internet Age[J]. Location of International Business Activities,2014:63-93.

[137]Lee M.New Economic Geography and Tax Competition in the PRC:A Firm-Level Data Analysis with Policy Implications[J].Asian Development Bank Economics Working Paper Series,2012(297).

[138]Leslie S W.The Biggest "Angel" of Them All:The Military and the Making of Silicon Valley[M]//Kenny M(Eds.),Understanding Silicon Valley.Stanford,California:Stanford University Press,2000:48-67.

[139]Letaifa S B,Rabeau Y.Too Close to Collaborate? How Geographic Proximity Could Impede Entrepreneurship and Innovation[J].Journal of Business Research,2013, 66(10):2071-2078.

[140]Liefner I,Hennemann S.Structural Holes and New Dimensions of Distance: The Spatial Configuration of the Scientific Knowledge Network of China's Optical Technology Sector[J].Environment and Planning,2011,43(4):810-829.

[141]Lorenz E H.Trust and the Flexible Firm:International Comparisons[J]. Industrial Relations:A Journal of Economy and Society,1992,31(3):455-472.

[142]Lucas R E.On the Mechanics of Economic Development[J].Journal of Monetary Economics,1988,22(1):3-42.

[143]Ludema R D,Wooton I.Economic Geography and the Fiscal Effects of Regional Integration[J].Journal of International Economics,2000,52(2):331-357.

[144]Lugovskyy V,Skiba A,Quality Choice:Effects of Trade,Transportation Cost,and Relative Country Size[R].University of New South Wales,2009.

[145]MARAD.The Economic Importance of the U.S Shipbuilding and Repairing Industry[R].2013-05-30.

[146]Markusen A,Brzoska M.The Regional Role in Post-Cold War Military Industrial Conversion[J].International Regional Science Review,2000,23(1):3-24.

[147]Markusen A R.The Rise of the Gunbelt:The Military Remapping of Industrial America[M].Oxford:Oxford University Press on Demand,1991.

[148]Marshall A.Industry and Trade:A Study of Industrial Technique and Busi-

ness Organization [M].London:Macmillan,1919:410.

[149] Martin R, Sunley P. Deconstructing Clusters: Chaotic Concept or Policy Panacea [J].Journal of Economic Geography,2003,3(1):5-35.

[150] Mattes J.Dimensions of Proximity and Knowledge Bases: Innovation between Spatial and Non-Spatial Factors[J].Regional Studies,2012,46(8):1085-1099.

[151] McFadden D.Conditional Logit Analysis of Qualitative Choice Behavior[J]. Frontiers in Econometrics,1973(10):105.

[152] Megiddo D.The Hidden "Secret" of Israeli Medical Technology[J],IVC-Israel Venture Capital & Private EquityJournal,2005,5(1):14-17.

[153] Mehta A. Report: Western Defense Industry Future Imperiled by Local Programs[EB/OL].2014-5-24. http://www. defensenews. com/story/defense/policy-budget/industry/2016/05/24/western-defense-industry-future-imperiled-local-programs-avascent/84861496/.

[154] Meister C, Weaker C.Physical and Organizational Proximity in Territorial Innovation System[J].Journal of Economic Geography,2004(4):1-2.

[155] Melitz M J.The Impact of Trade on Intra-Industry Reallocations and Aggregate Industry Productivity[J].Econometrica,2003,71(6):1695-1725.

[156] Mills E S.Sectoral Clustering and Metropolitan Development[J].Sources of Metropolitan Growth,1992:3-18.

[157] Mori T, Turrini A. Skills, Agglomeration and Segmentation [J]. European Economic Review,2005,49(1):201-225.

[158] Murata Y.Taste Heterogeneity and the Scale of Production: Fragmentation, Unification,and Segmentation[J].Journal of Urban Economics,2007,62(1):135-160.

[159] Oerlemans L,Meeus M.Do Organizational and Spatial Proximity Impact on Firm Performance? [J].Regional Studies,2005(39):89-104.

[160] Okubo T.Antiagglomeration Subsidies with Heterogeneous Firms[J].Journal of Regional Science,2012,52(2):285-299.

[161] Okubo T, Borusyak K. Intra-Firm Linkages in Multi-Segment Firms: Evidence from the Japanese Manufacturing Sector[R].Research Institute of Economy, Trade and Industry (RIETI),2016(16001).

[162] Okubo T,Picard P M,Thisse J F.The Spatial Selection of Heterogeneous Firms[J].Journal of International Economics,2010,82(2):230-237.

[163]Okubo T,Rebeyrol V.Home Market Effect and Regulation Costs Homogeneous Firm and Heterogeneous Firm Trade Models[R].COE/RES Discussing Paper,2006(153).

[164]Okubo T,Tomiura E.Industrial Relocation Policy and Heterogeneous Plants Sorted by Productivity:Evidence from Japan[J].Regional Science and Urban Economics,2012,42:230-239.

[165] Okubo T, Tomiura E. Productivity Distribution, Firm Heterogeneity, and Agglomeration:Evidence from Firm-level Data[R].Research Institute for Economics & Business Administration.Kobe University,2011.

[166]Okubo T,Tomiura E.Skew Productivity Distributions and Agglomeration:Evidence from Plant-Level Data[J].Regional Studies,2014,48(9):1514-1528.

[167]Okubo T.Trade Liberalisation and Agglomeration with Firm Heterogeneity:Forward and Backward Linkages[J].Regional Science and Urban Economics,2009,39(5):530-541.

[168] O'sullivan A.Urban Economics[M].8th Revised edition. New York:Mc Graw Hill Higher Education,2012.

[169] Ottaviano G I P.Integration, Geography and the Burden of History[J].Regional Science and Urban Economics,1999,29(2):245-256.

[170]Ottaviano G I P."New" New Economic Geography:Firm Heterogeneity and Agglomeration Economies[J].Journal of Economic Geography,2011,11(2):231-240.

[171]Paci R,Marrocu E,Usai S.The Complementary Effects of Proximity Dimensions on Knowledge Spillovers[J].Spatial Economic Analysis,2014,9(1):9-30.

[172] Plummer L A, Gilbert B A. The Effect of Defense Agency Funding of University Research on Regional New Venture Creation[J].Strategic Entrepreneurship Journal,2015,9(2):134-152.

[173]Quigley J M.Urban Economics[M]//Steven N D, Lawrence E B(ed.) the New Palgrave Dictionary of Economics[M].2nd Edition.New York:Palgrave Macmillan,2008.

[174]Redding S J,Turner M A.Transportation Costs and the Spatial Organization of Economic Activity[J].Handbook of Regional and Urban Economics,2015(5):1339-1398.

[175]Rhode P W.After the War Boom:Reconversion on the US Pacific Coast,

1943-1949[J].National Bureau of Economic Research Working Paper,2003(w9854).

[176] Rosenthal S S, Strange W C. Evidence on the Nature and Sources of Agglomeration Economies[J].Handbook of Regional and Urban Economics,2004 (4): 2119-2171.

[177] Rosenthal S S,Strange W C.The Determinants of Agglomeration[J].Journal of Urban Economics,2001,50(2):191-229.

[178] Russek S.Differential Labour Mobility and Agglomeration[J].Papers in Regional Science,2010,89(3):587-606.

[179] Schumpeter J A.Business Cycles[M].New York:Mc Graw-Hill,1939.

[180] Scitovsky T.Two Concepts of External Economies[J].Journal of Political Economy,1954(62):143-151.

[181] Scott A J.Technopolis:High-Technology Industry and Regional Development in Southern California[M].California:University of California Press,1993.

[182] Shaver J M, Flyer F. Agglomeration Economies, Firm Heterogeneity, and Foreign Direct Investment in the United States[J].Strategic Management Journal,2000 (35):1175-1193.

[183] Spence A M.Industrial Organization and Competitive Advantage in Multinational Industries[J].The American Economic Review,1984,74(2):354-360.

[184] Spulber D F.Global Competitive Strategy[M].Cambridge:Cambridge University Press,2007.

[185] Tabuchi T,Thisse J F,et al.Technological Progress and Economic Geography [R].CIRJE Discussion Papers,2014

[186] Tabuchi T, Thisse J F.Taste Heterogeneity, Labor Mobility and Economic Geography[J].Journal of Development Economics,2002,69(1):155-177.

[187] Tattara G,Corò G,Volpe M.Andarsene per Continuare a Crescere[J].Economia E Societ Regionale,2006(3).

[188] Tavassoli S,Bengtsson L,Karlsson C.Strategic Entrepreneurship and Knowledge Spillovers:Spatial and Aspatial Perspectives International Entrepreneurship and Management Journal,2016(13):233-249.

[189] Ter Wal A L J.The Dynamics of the Inventor Network in German Biotechnology:Geographic Proximity Versus Triadic Closure[J].Journal of Economic Geography, 2013,14(3):589-620.

［190］Vinha L.Reassessing the "Guns and Butter" Debate：The Role of Military Revolutions and Defense Industry Innovation in Contemporary Spatial Development. Aurora Geography Journal,2010(3):89-111.

［191］Votteler T(Ed). International Directory of Company Histories［M］.Detroit：St.James Press.2003:231-235.

［192］Walker W.From Components to Integrated Systems［M］.Dordrecht：Kluwer Academic Publishers,1988.

［193］Warntz W.Transportation,Social Physics,and the Law of Refraction［J］. The Professional Geographer,1957,9(4):2-7.

［194］Wrede M.Heterogeneous Skills and Homogeneous Land：Segmentation and Agglomeration［J］.Journal of Economic Geography,2013,13(5):767-798.

［195］Yamawaki H.The Evolution and Structure of Industrial Clusters in Japan ［J］.Small Business Economics,2002,18(1):121-140.

［196］Zhu X W,Song H S.Agglomeration Effects and Tax Competition between Heterogeneous Regions［R］.CRPE Working Paper,2013.

［197］Zodrow G R,Mieszkowski P M.Property Taxation and the Under-Provision of Local Public Goods［J］.Journal of Urban Economics,1986,19(3):354-370.

［198］阿林·杨格.报酬递增与经济进步［M］//贾根良.劳动分工、制度变迁与经济发展.天津:南开大学出版社,1999:231.

［199］阿林·杨格.报酬递增与经济进步(中译文)［J］.经济社会体制比较,1996(2).

［200］安虎森,皮亚彬,薄文广.市场规模、贸易成本与出口企业生产率"悖论"［J］.财经研究,2013(5).

［201］奥古斯特·勒施.经济空间秩序:经济财货与地理间的关系［M］.王守礼,译.北京:商务印书馆,2013.

［202］白俊红,李婧.政府R&D资助与企业技术创新:基于效率视角的实证分析［J］.金融研究,2011(6):181-193.

［203］保罗·克鲁格曼.地理和贸易［M］.北京:北京大学出版社,2000:3.

［204］保罗·克鲁格曼.地理与贸易［M］.北京:中国人民大学出版社,2000.

［205］薄一波.若干重大决策与事件的回顾［M］.北京:中共中央党校出版社,1991.

［206］陈建军,陈国亮,黄洁.新经济地理学视角下的生产性服务业集聚及其

影响因素研究:来自中国222个城市的经验证据[J].管理世界,2009(4):83-95.

[207]陈江.基于顾客忠诚的军民融合企业品牌资产提升研究[D].合肥:安徽大学,2013.

[208]陈立敏.国际竞争力就等于出口竞争力吗?:基于中国制造业的对比实证分析[J].世界经济研究,2010(12):11-17.

[209]邓慧慧.贸易自由化、要素分布和制造业集聚[J].经济研究,2009(11):118-129.

[210]董晓辉,张伟超.两用技术产业集群协同创新动力研究[J].科学管理研究,2014(1):143-148.

[211]杜能.孤立国同农业与国民经济的关系[M].北京:商务印书馆,1986.

[212]段会娟,梁琦.知识溢出关联与产业集聚[J].软科学,2009,23(11):9-12.

[213]范剑勇,谢强强.地区间产业分布的本地市场效应及其对区域协调发展的启示[J].经济研究,2010(4):107-119.

[214]冯霞.推进我国产业集聚向产业集群演变[J].天津市经理学院学报,2004(1):17-19.

[215]付文林,耿强.税收竞争、经济集聚与地区投资行为[J].经济学(季刊),2011,10(4):1329-1348.

[216]傅首清.区域创新网络与科技产业生态环境互动机制研究:以中关村海淀科技园区为例[J].管理世界,2010(6):8-13.

[217]葛文杰,尚涛.技术转移视角下军民结合企业成长研究[J].经济研究导刊,2014(18):12-14.

[218]郭嘉仪,苏启林,张庆霖.知识溢出、产业集群与企业选址[J].企业经济,2012(3):25-30.

[219]何郝炬.三线建设与西部大开发[M].北京:当代中国出版社,2003.

[220]何雄浪,李国平.专业化产业集聚、空间成本与区域工业化[J].经济学(季刊),2007,6(4):1021-1040.

[221]何雄浪,杨继瑞,郑长德.企业异质性、规模报酬与劳动力空间流动:基于新新经济地理学的理论研究[J].财经研究,2012(5):114-122.

[222]贺灿飞,潘峰华.产业地理集中、产业集聚与产业集群:测量与辨识[J].地理科学进展,2007,26(2):1-13.

[223]胡鞍钢,王洪川,谢宜泽.强国强军的战略逻辑[J].清华大学学报(哲学

社会科学版),2017(5):141-150.

[224]蒋天颖,刘程军.长江三角洲区域创新与经济增长的耦合协调研究[J].地域研究与开发,2015(6):8-13.

[225]赖琼玲.论国防工业集群化与区域经济发展[J].军事经济研究,2007(2):27-30.

[226]李琳,曾巍.地理邻近、认知邻近对省际边界区域经济协同发展影响机制研究:基于对中三角、长三角省际边界区域的实证[J].华东经济管理,2016,30(5):1-8.

[227]李小建,葛震远,乔家君.偶然性因素对区域经济发展的影响:以河南虞城县稍岗乡为例[J].人文地理,2000(12):1-4.

[228]李振纲,史继忠,范同寿.贵州六百年经济史[M].贵阳:贵州人民出版社,1998:525.

[229]梁涵,姜玲,杨开忠.整合地方政府竞争的新经济地理学模型[J].系统工程理论与实践,2011(1):64-74.

[230]梁琦,李晓萍,吕大国.市场一体化、企业异质性与地区补贴:一个解释中国地区差距的新视角[J].中国工业经济,2012(2):14-25.

[231]林理升,王晔倩.运输成本、劳动力流动与制造业区域分布[J].经济研究,2006(3):115-125.

[232]刘修岩,张学良.集聚经济与企业区位选择:基于中国地级区域企业数据的实证研究[J].财经研究,2010,36(11):83-92.

[233]刘烨,雷平.冰山运输成本的衡量及其中国制造业实证应用[J].经济地理,2015(5):98-104.

[234]刘友金,黄鲁成.产业群集的区域创新优势与我国高新区的发展[J].中国工业经济,2001(2):33-37.

[235]陆国庆,王舟,张春宇.中国战略性新兴产业政府创新补贴的绩效研究[J].经济研究,2014(7):44-55.

[236]路江涌,陶志刚.我国制造业区域集聚程度决定因素的研究[J].经济学(季刊),2007:6(3):801-816.

[237]马红光.培育国防科技工业与区域经济发展的共生机制[J].现代企业,2002(4):16-17.

[238]马力,臧旭恒.企业衍生研究述评[J].管理学报,2012,9(12):1869-1874.

[239]年猛,王垚,焦永利.中国制造企业区位选择研究:集聚经济、市场导向

与政策影响[J].北京社会科学,2015(1):69-78.

[240]钱春丽.国防科技产业集群的历史考察与国际比较[J].科技管理研究,2013(20):195-198.

[241]钱学锋,黄玖立,黄云湖.地方政府对集聚租征税了吗?:基于中国地级市企业微观数据的经验研究[J].管理世界,2012(2):19-29.

[242]钱学锋,梁琦.本地市场效应:理论和经验研究的新近进展[J].经济学(季刊),2007,6(3):969-990.

[243]钱学锋,梁琦.测度中国与G-7的双边贸易成本:一个改进引力模型方法的应用[J].数量经济技术经济研究,2008,25(2):53-62.

[244]钱学锋,梁琦.分工与集聚的理论渊源[J].江苏社会科学,2007(2):70-76.

[245]乔玉婷,曾立,谭林.军民融合产业集群竞争力评估及实证研究[J].装备学院学报,2012,23(2):13-17.

[246]任德孝,刘清杰.集聚经济、税收竞争与资本投资[J].财经论丛,2017(7):29-38.

[247]任胜钢,胡春燕,王龙伟.我国区域创新网络结构特征对区域创新能力影响的实证研究[J].系统工程,2011(2):50-55.

[248]尚涛,张近乐.技术转移、知识积累与军民结合企业成长机制研究[J].西北工业大学学报(社会科学版),2013,33(4):13-16.

[249]孙浦阳,韩帅,许启钦.产业集聚对劳动生产率的动态影响[J].世界经济,2013(3):33-53.

[250]唐厚兴.区域创新系统知识溢出机制及溢出效应测度研究[D].江西财经大学,2010.

[251]托德·桑德勒,基斯·哈特利.当代国防经济前沿[M].曾立,黄朝峰,李湘黔,等译.北京:军事谊文出版社,2011(1):508,517.

[252]王柏杰,李爱文.××××企业效率测算及影响因素分析:来自我国"十大军工集团"上市公司的证据[J].科技管理研究,2016,36(23):67-73.

[253]王丽洁.区域创新能力与经济增长动态关系研究[J].统计与决策,2016(16):142-144.

[254]王培华,唐玲,谢立仁.西安军工企业品牌运营障碍性因素分析[J].西安工业大学学报,2006,26(2):201-204.

[255]王威,郭立宏.西部国防工业的产业集群增长[J].人文杂志,2004(3):

88-90.

[256]王志敏.从集聚到集群:产业集群形成机制分析[J].企业经济,2007(2):39-42.

[257]王子龙,谭清美.区域创新网络知识溢出效应研究[J].科学管理研究,2004,22(5):87-90.

[258]谢燮,杨开忠.交通成本、劳动力流动与区域经济差异:新经济地理学透视[M].长春:吉林出版集团股份有限公司,2015.

[259]休谟.休谟经济论文选[M].陈玮,译.北京:商务印书馆,1997.

[260]许统生,陈瑾,薛智韵.中国制造业贸易成本的测度[J].中国工业经济,2011,5(7):15-25.

[261]雅克·甘斯勒.21世纪的国防工业[M].黄朝峰,张允壮,译.北京:国防工业出版社,2013:97-101.

[262]颜银根.贸易自由化、企业异质化与外向型经济[J].黄河文明与可持续发展,2014(1):37-46.

[263]杨丹萍.产业集聚与出口贸易互动关系之研究:基于浙江省纺织产业的实证分析[J].国际贸易问题,2009(6):77-82.

[264]杨丹萍,毛江楠.产业集聚与对外贸易国际竞争力的相关性研究:基于中国15个制造业变系数面板数据的实证分析[J].国际贸易问题,2011(1):20-28.

[265]杨丽华.长三角高技术产业集聚对出口贸易影响的研究[J].国际贸易问题,2013(7):158-166.

[266]杨小凯,黄有光.专业化与经济组织:一种新兴古典微观经济学框架[J].北京:经济科学出版社,1999.

[267]叶建亮.知识溢出与企业集群[J].经济科学,2001(3):23-30.

[268]叶静怡,林佳,姜蕴璐.知识溢出、距离与创新:基于长三角城市群的实证分析[J].世界经济文汇,2016(3):21-41.

[269]叶素云,叶振宇.中国工业企业的区位选择:市场潜力、资源禀赋与税负水平[J].南开经济研究,2012(5):94-110.

[270][意]姜卡罗·科洛,斯特法诺·米切利.作为地方创新体系的产业区:领航企业及意大利工业新的竞争优势[M].北京:社会科学文献出版社,2008.

[271][英]阿尔弗雷德·马歇尔.经济学原理:现代经济学的奠基之作[M].彭逸林,王威辉,商金艳,译.北京:人民日报出版社,2009.

［272］于志军,杨昌辉,彭张杰.安徽省军工企业技术创新效率评价研究［J］.科技管理研究,2015(20):62-66.

［273］余映雪,姚树荣,包俊英.关于构建四川军地融合特色模式的研究［J］.全国商情:经济理论研究,2008(7):57-59.

［274］喻春光,刘友金.产业集聚、产业集群与工业园区发展战略［J］.经济社会体制比较,2008(6):128-131.

［275］张旭,郭晓音,任晓丽.军工企业资产证券化的资产选择与 SPV 模式设计研究［J］.工业技术经济,2014(6):93-101.

［276］赵建吉,曾刚.基于技术守门员的产业集群技术流动研究:以张江集成电路产业为例［J］.经济地理,2013,33(2):111-116.

［277］赵凯.R&D 成本内生化及政府补贴政策效应研究:基于新经济地理框架［J］.科学学与科学技术管理,2016,37(2):42-52.

［278］赵利利.新技术革命助力民企"参军"［N］.中国科学报,2017-08-10.

［279］赵勇,魏后凯.政府干预、城市群空间功能分工与地区差距:兼论中国区域政策的有效性［J］.管理世界,2015(8):14-29.

［280］中国新一代运载火箭天津基地一期工程顺利完工［N］.中国新闻网,2012-01-31.

［281］中国研制出世界最大振动台有助长征五号研制［N］.中国新闻网,2013-07-19.

［282］钟庭宽,许嵩.国外两用技术转移及促进措施研究［J］.国防技术基础,2012(3):43-48.

［283］周伟林.企业选址、集聚经济与城市竞争力［J］.复旦大学学报(社会科学版),2008(6):94-100.

［284］朱惠斌.日本产业集群规划的特征及启示［J］.世界地理研究,2014(1):93-102.

［285］朱钟棣,杨宝良.试论国际分工的多重均衡与产业地理集聚［J］.世界经济研究,2003(10):32-37.

后 记

第一部学术书稿付梓之际，如同初次上战场的士兵，十年练兵，一朝上战场，能否不负所托？万全准备，仍觉得处处有疏漏，大抵是现在最真实的写照。渺渺宇宙，万里星河，人不过是沧海一粟，不值一提；探索越深，越发觉得所知太少、所识浅陋，但也越发觉得，找到自己钟爱并愿意付诸努力的目标是如此的重要。从这一点看，我算是幸运儿。

上大学前，我从来没有想过自己有一天会身着绿装，也能像男孩一样摸枪练仗，并时刻为上战场、打胜仗作准备；又因为阴差阳错，我被保送到国防科技大学攻读硕士和博士学位，从此与国防经济结缘，在很早就接触到国防科技工业、战略性新兴产业问题。高科技工业的布局问题从来不是一个新问题，也不是一个孤立的问题。很多人可能和我一样，亲戚朋友在高科技企业工作，或者家乡有高科技企业，但高科技企业本身总是有一层浓厚的神秘面纱，对于高科技企业到底是干什么的，高科技企业为什么在这里，为什么人们在高科技企业上班总是显得很隐秘，我们并不清楚。

我幸运地从一开始就深度参与国家级重大课题，并有幸跟随国防科技大学人文与社会科学学院的多位教授、发展与改革委员会和湖南省国防科工局领导到湖南湘潭、株洲、长沙、娄底等地高科技企业进行了密切深入的调研跟踪。在调研过程中，发现当前高科技企业所处的"冰火两重天"境地：从订单数量来看，好的高科技企业是订单追着跑；从所处位置来看，绝大部分高科技企业仍然在偏离市区中心的地区或偏远的城市，少数在市中心，而我们熟知的大型民企，基本在中心城市。这就引起了我的好奇心，处于偏远地区的高科技企业在多大程度受到地理位置劣势的影响？在产业集聚已经被证明是一种提升企业创新效率、提高核心竞争力的有效方式背景下，作为地方政府，应该怎么去合理引导企业在一定区域内集聚，构建良好的产业集聚生态呢？

彼时，正值各地创办高端制造业基地热火朝天之际，政府对如何推动高端制造业基地健康良好的发展都处于探索阶段；中美贸易摩擦不断升级，我国装备受西方国家影响严重，急需创新方式方法提升装备质量和突破核心关键部件研发瓶颈。强烈的使命感驱使我不断深入对这个问题的研究，并把高端制造业集聚问题定为本书选题。

本书的最终成稿和问世，要感谢很多人，有在学术上指引我的恩师、在生活上关心我的朋友和同窗、在人生道路上开导我的人生导师，是他们对我的引导、关心与帮助，才支撑我一步步走到今天：首先要感谢经济管理出版社对书稿出版的支持，尤其是王光艳编辑对我的督促和关心。要感谢我的博导李湘黔教授，从选题、调研到框架修改、定稿都给了我很多宝贵建议；我的硕导黄朝峰教授，从我入学起就对我谆谆教诲，在我遇到困难时总是无私伸出援助之手助我渡过难关，尤其是黄教授对国防经济学的热爱和使命感让我备受触动，是这种情怀让我选择攻读博士学位，并在毕业后继续从事国防经济相关研究工作；要深深感谢我的领导和同事，对本书的撰写和出版提供了强有力的支持。在本书调研和写作过程中，还得到了许多专家和教授的热情指导，参考和引用了许多国内外理论工作者的研究成果和实践者的观点意见，在此一并表示感谢。

最后，要感谢爱人对我的支持和理解，让我得以安心加班，还不时给我出谋划策；深深叩谢父母对我的养育和栽培之恩，感谢姐姐对我的照顾，感谢亲友对我的关心。父母身上具有许多宝贵的品质：朴实、勤劳、善良、正直、坚韧不拔，最难得的是对知识的尊重和开放的教育理念，他们充分尊重我的选择，使我能心无旁骛地做学问。女儿唯有独立自强，把自己的人生之路走好，才是对二老最大的慰藉。

彭春丽

2023 年 8 月